C'est ça

A Communicative Approach to Beginning French

CLAUDINE BENIGNI, M.A.
Monterey Institute of International Studies

HELEN B. HEMPEL, Ph. D.
formerly, Stanford University

WARNER MEMORIAL LIBRARY
EASTERN UNIVERSITY
ST. DAVIDS, PA 19087-3696

▲ Addison-Wesley, Publishing Company
Reading, Massachusetts • Menlo Park, California • Don Mills, Ontario
Amsterdam • London • Manila • Singapore • Sydney • Tokyo

By the same authors:

Chacun son goût   A second-year reader.

Additional materials

1 cassette recording, C-90
Guide, Answer Key and Tapescript

Library of Congress Cataloging in Publication Data

Benigni, Claudine.
  C'est ça.

  1. French language—Readers. 2. French language—
Composition and exercises. I. Hempel, Helen B.
II. Title.
PC2117.B397   1983   448.3'421   82-22684
ISBN 0-201-10097-5
ISBN 0-201-10297-8 (Tapescript and answer key)

Adapted from a work previously copyrighted © 1979 by Francis Grand-Clément, Monika Hedman, Sten-Gunnar Hellström and Almqvist & Wiksell Läromedel AB, Stockholm.

Copyright © 1983 by **Addison-Wesley Publishing Company, Inc.**
All rights reserved. No part of this publication may be reproduced, stored in a retrieval system, or transmitted, in any form or by any means, electronic, mechanical, photocopying, recording, or otherwise, without the prior written permission of the publisher. Printed in the United States of America. Published simultaneously in Canada.

ISBN 0-201-10097-5
  BCDEFGHIJK-AL-89876543

INTRODUCTION

OBJECTIVES

C'est ça is designed for college level and adult education courses. The primary objective of **C'est ça** is to assist students of French in developing fluency and competency in the spoken language, while imparting its most essential structural features. Rather than presenting a full spectrum of grammatical features, **C'est ça** focuses upon those that will serve you most effectively in your pursuit of French for communicative purposes. In other words, **C'est ça** is intended for those of you whose goal is to use French to interact meaningfully with native speakers of French. Upon completing the course you should be able to:

1. handle frequently occurring language situations with relative ease;
2. express an opinion on a variety of issues and topics;
3. follow and understand a native who is speaking at a normal rate about everyday topics;
4. read many types of non-specialized materials with a high level of comprehension;
5. write routine material such as standardized forms requiring personal information;
6. and, in general, predict the function of language elements that are not a part of your active inventory.

ORGANIZATION AND CONTENT

C'est ça consists of:

- *30 basic lessons*. These are subdivided into self-contained segments with their own vocabulary lists, structural notes and exercises. Each of the first fifteen lessons also contain a listening comprehension segment and pronunciation material;
- *2 Mini-document lessons*, designed to form the basis for such learning activities as short speeches, discussion and debate;
- *6 Self Tests (Vous vous rappelez?)*, placed after every fifth lesson;
- a pronunciation and spelling guide;
- a complete reference grammar keyed to the specific grammar elements included in the lessons;
- French-English and English-French vocabularies.

LESSON ORGANIZATION

The opening pages of each lesson consist of dialogs and readings containing a variety of practical cultural information related to the French-speaking world. This material is supported by photographs, drawings, depictions of realia, etc., which serve to establish the situational base. Key sentences from the dialogs that exemplify the lesson's language focus are extracted and displayed at the foot of the page. These key sentences are indexed to refer the student to an explanation of the various structures in the reference grammar section, located near the end of the book.

The opening pages are followed by individual vocabularies, grammar notes (*Langue*), and exercises for each dialog/reading. Though the exercises are extraordinarily varied, they always focus on eliciting competence in communication.

LISTENING COMPREHENSION EXERCISES

The listening comprehension exercises in **C'est ça** are unique in concept and form. If you use them consistently, they will produce excellent results in understanding natural spoken French. Increased mastery of the listening skill always prepares the way for improvement in pronunciation and in fluency of expression.

FOCUS OF C'EST ÇA

It was the intent of the authors to write a program that emphasizes mastery and fluency rather than the study of grammar for its own sake, and that affords students ample opportunity to use the language communicatively. Therefore, in **C'est ça** the emphasis is on the individual's effort to express personal ideas rather than on errors in grammar and pronunciation. Ultimately, this approach produces fluency as well as correctness.

We hope that your experience with **C'est ça** will prove both meaningful and enjoyable and will enable you to use French effectively in getting to know those who speak it and their cultures, and in allowing them to know and understand you.

BONNE CHANCE!

Table des matières

1. Bonjour! vi
2. Allô 4
3. Le voilà 10
4. Merci 16
5. A l'hôtel 22
Vous vous rappelez? 28
6. En France 30
7. L'arrivée 38
8. Il faut payer 44
9. A Paris 50
10. A votre service 58
Vous vous rappelez? 64
11. Grands magasins et petites idées 66
12. Achats 70
13. Le tour du monde en français 76
14. On parle français 80
15. Au kiosque à journaux 88
Vous vous rappelez? 92
16. Quelle est votre opinion? 94
17. Le Sénégal 102
18. On a faim, on a soif 105
19. L'heure et le calendrier 112
20. Le temps qu'il fait 118
Vous vous rappelez? 124
21. Où et quand? 126
22. Rendez-vous impossible 132
23. Le bon chemin 138
24. Circulez 144
25. Le travail et les heures 150
Vous vous rappelez? 156
26. Une journée de travail 158
27. Bon voyage 164
28. Allô, docteur 170
29. Portraits 176
30. Descriptions 181
Vous vous rappelez? 188
31. Mini-documents 190
32. A propos 194
Petite grammaire 199
Pronunciation and Spelling Guide ... 233
Vocabulaire français-anglais 235
Vocabulaire anglais-français 243

Bonjour!

Vocabulaire

1

bonjour [bɔ̃ʒuːʀ]	hello
monsieur [məsjø]	Mr., sir
madame [madam]	Mrs., Ms., madam

2

au revoir [ɔʀ(e)vwaːʀ]	good-bye
à bientôt [abjɛ̃to]	see you soon
mademoiselle [madmwazɛl]	Miss, Ms.

3

salut [saly]	Hi!
Monique [mɔnik]	
Jean [ʒɑ̃]	
alors [alɔːʀ]	well
ça va? [sava]	how goes it?
oui [wi]	yes
bien [bjɛ̃]	well, fine
ça va bien [savabjɛ̃]	fine, (it goes fine)
et [e]	and
toi [twa]	you
ça va [sava]	all right

4

Philippe [filip]	
comment? [kɔmɑ̃]	how?
comment allez-vous? [kɔmɑ̃talevu]	how are you?
très [tʀɛ]	very
très bien [tʀɛbjɛ̃]	very well
vous [vu]	you
aussi [osi]	too, also
merci [mɛʀsi]	thanks

A. Listen and repeat 👓
Imitate the pronunciation as closely as possible. Select names and say hello and good-bye.

1. –Bonjour, madame!
   ◦Bonjour, monsieur!
2. –Bonjour, Monique!
   ◦Bonjour, Jacques!
3. –Au revoir, monsieur!
   ◦Au revoir, madame!
   ...
   –À bientôt, Pascal!
   ◦À bientôt, Nadine!
4. –Salut, Annie!
   ◦Salut, Marcel!
   –Ça va?
   ◦Ça va bien.
5. –Ça va?
   ◦Oui, ça va. Et toi?
   –Ça va.
6. –Bonjour, madame!
   Comment allez-vous?
   ◦Très bien, merci. Et vous?
   –Très bien aussi.

B. Role play 👓
Listen to the tape (or to your teacher) and repeat. Practice the dialogs. Role play.

Mademoiselle	Monique	Jacques
Madame	Nadine	Jean
Monsieur	Marie	Marcel
	Claudine	Pascal
	Annie	Pierre
	Brigitte	Philippe
	Madeleine	Georges
	Louise	Roger
	Chantal	Louis

Sounds and letters 👓

[u] - sound   bonj**ou**r v**ou**s
[wa] - sound   t**oi** au rev**oi**r

Some letters   Lefor**t**   à bientô**t**
in French   commen**t** salu**t** vou**s**
words are not   trè**s**   alor**s**
pronounced.   Garnie**r** Moniqu**e**
They are   Philipp**e** madam**e**
called silent   mad**e**moisell**e**
letters.
                   special case: m**on**sieu**r**

The alphabet

a [ɑ]   h [aʃ]   o [o]   v [ve]
b [be]   i [i]   p [pe]   w [dubləve]
c [se]   j [ʒi]   q [ky]   or [-we]
d [de]   k [kɑ]   r [ɛːR]   x [iks]
e [œ]   l [ɛl]   s [ɛs]   y [igRɛk]
f [ɛf]   m [ɛm]   t [te]   z [zɛd]
g [ʒe]   n [ɛn]   u [y]

Practice reading the French alphabet aloud.

2 Allô!

1
Dans la cabine téléphonique

Voilà Pierre. Il téléphone. À qui?
Il téléphone à Marie.
- Allô, c'est toi, Marie?
○ Oui, c'est moi. Bonjour, Pierre.
- Bonjour, Marie.

2
Voilà Monique. Elle téléphone à Paul.
- Allô, qui est-ce? C'est Paul?
○ Non, c'est Daniel.
- Bonjour, Daniel, c'est Monique. Paul est là?
○ Oui, un instant.
Paul, c'est pour toi. C'est Monique.

Voilà **Pierre**. **Il** téléphone à Marie.　　　　　Voilà **Monique**. **Elle** téléphone à Paul. (→15)

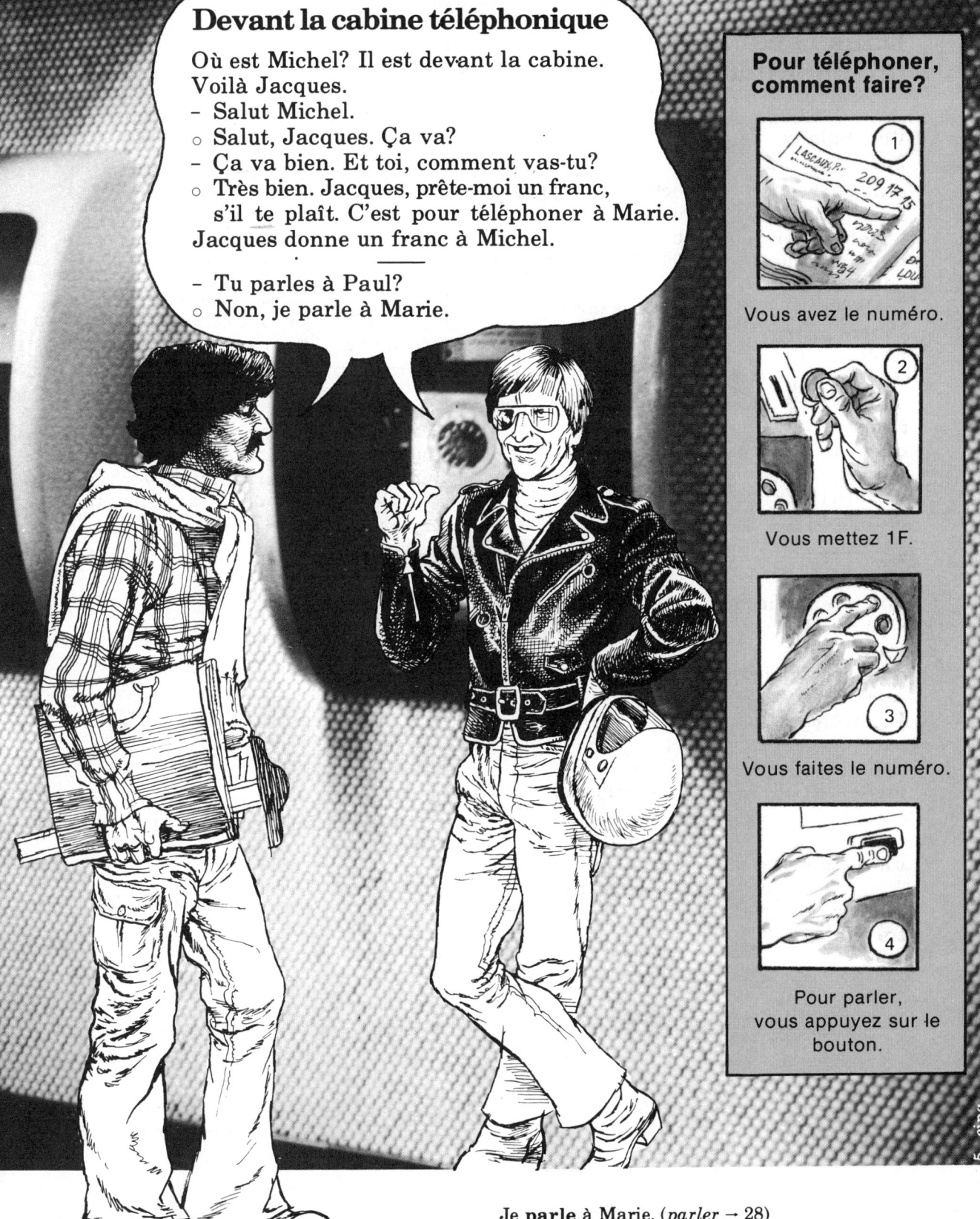

Dans la cabine téléphonique

Vocabulaire

1
allô [alo] — hello (on telephone)
dans [dɑ̃] — in
la cabine [lakabin] — booth
téléphonique [telefɔnik] — telephone (adjective)
voilà [vwala] — there is (are)
Pierre [pjɛːʀ]
il [il] — he
il téléphone [iltelefɔn] — he telephones (calls), he is telephoning
à [a] — to
qui? [ki] — who
Marie [maʀi]
c'est [sɛ] — it is
moi [mwa] — me (I)

2
elle [ɛl] — she
elle téléphone [ɛltelefɔn] — she telephones (calls), she is telephoning
Paul [pɔl]
qui est-ce? [kiɛs] — who is it?
non [nɔ̃] — no
Daniel [danjɛl]
est [ɛ] — is
là [la] — there
un [œ̃] — a, an (indefinite article, masculine singular)
un instant [œ̃nɛ̃stɑ̃] — one moment (just a moment)
pour [puːʀ] — for
toi [twa] — you

Langue

1. Voilà Pierre. — Here's Pierre.
   Il téléphone. — **He** telephones (is telephoning).

   Voilà Monique. — Here's Monique.
   Elle téléphone aussi. — **She** telephones too.

   French has two genders: *masculine* and *feminine*. (See →15.)

2. The **est-ce** in **Qui est-ce?** is the inverted form of *c'est* (it is). Notice the hyphen.

A. Listen and repeat 👓

Practice and imitate the intonation of the dialog. (Pay close attention to the intonation and rhythm of each phrase.) Work in pairs and use your own names, as well as those in the text. Alternate between *non* and *oui*.

1. – C'est toi, Nadine?
   ○ Oui, c'est moi!
2. – C'est toi, Pierre?
   ○ Non, c'est Marcel.
3. – C'est vous, madame Lefort?
   ○ Oui, c'est moi.
4. – Allô, qui est-ce? C'est Paul?
   ○ Non, c'est Daniel.

B. Il? elle? toi? vous?

Complete the answers. Use the correct pronouns.

1. – Paul est là?
   ○ Oui, ... est là. Un instant. Paul, c'est pour *moi* !
2. – Marie est là?
   ○ Oui, ... est là. Un instant. Marie, c'est pour ..... !
3. – Monsieur Lefort est là?
   ○ Oui, ... est là. Un instant. Monsieur Lefort, c'est pour ..... !
4. – Mademoiselle Garnier est là?
   ○ Oui, ... est là. Un instant. Mademoiselle Garnier, c'est pour ..... !

C. Answer the questions
First, answer orally. Then answer in writing.

1. Où est Pierre?
2. Qu'est-ce qu'il fait? [kɛskilfɛ]
   (What is he doing?)
3. Marie est là?
4. Où est Monique?
5. Qu'est-ce qu'elle fait? [kɛskɛlfɛ]
   (What is she doing?)
6. Paul est là?

D. Dialog practice
Practice and memorize both of the dialogs on page 4. (Pay attention to the intonation.) Role play, based on the dialogs.

Devant la cabine téléphonique

Vocabulaire

devant [d(ə)vɑ̃]	in front of
où? [u]	where?
Michel [miʃɛl]	
Jacques [ʒak]	
tu [ty]	you
comment vas-tu? [kɔmɑ̃vaty]	how are you?
moi [mwa]	me
prête-moi [pʀɛtmwa]	lend me
un franc [œ̃fʀɑ̃]	a franc
s'il te plaît [siltəplɛ]	please
pour [puʀ]	in order to
téléphoner [telefɔne]	to telephone
Jacques donne [ʒakdɔn] (*donner*)	Jacques gives
tu parles [typaʀl] (*parler*)	you speak, you are speaking
je [ʒə]	I
je parle [ʒəpaʀl] (*parler*)	I speak, I am speaking

Langue

1. **Forms of address**

   (a) In France the common form of direct address is **vous**. However, **tu** is being used more and more frequently, especially by younger people and among colleagues. When in doubt, always use **vous**.

   (b) C'est **toi**.   C'est **vous**.

   Toi/vous are used after *c'est* and after prepositions.

2. Regular French verbs follow a set pattern; i.e., the six forms have standard endings. The most common class of regular verbs (there are three classes) have the **-er** ending in the infinitive; i.e., téléphon**er**.

   The six forms are:

je téléphone	I telephone
tu téléphone**s**	you telephone
il, elle téléphone	he, she telephones
nous téléphon**ons**	we telephone
vous téléphon**ez**	you (formal) telephone
ils, elles téléphon**ent**	they telephone

   Remember: French verbs may have two English meanings, e.g., I telephone, I am telephoning, etc.

   (See *parler* → 28.)

E. Listen and repeat 🔊
Pay attention to the intonation!

1. – Salut, Pierre! Comment vas-tu?
   ○ Ça va.
2. – Salut, Nadine! Comment vas-tu?
   ○ Très bien, et toi?
   – Très bien.
3. – Bonjour, madame! Comment allez-vous?
   ○ Très bien, et vous?
   – Très bien aussi, merci.

F. Qui parle à qui?
Write three sentences describing who is talking to whom. Use the dialogs in (E) as a model for role playing.

G. Write
Write the following sentences in French.

1. Mr. Lefort is in front of the telephone booth.
2. Daniel gives a franc to Mrs. Lefort.
3. It's for calling (in order to call) Mr. Lefort.
4. She calls.
5. He is there.

H. What was the question?
Make up questions that fit the answers.

1. – ..... ?
   o Très bien, merci, et vous?
2. – ..... téléphone Paul?
   o À mademoiselle Garnier.
3. – ..... ?
   o C'est Pierre.
4. – ..... Michel?
   o Il est devant la cabine téléphonique.

I. Help the cartoonist
Fill in the balloons in French.

J. Write your own dialogs
Use the dialogs on page 5 as a basis for writing your own. Use French names, the names of friends, and your own name. Vary the basic dialogs by including some of the expressions listed below. Then use your dialogs for role playing in pairs.

Variations

Ça va bien.	Things are fine.
Ça va très bien.	Things are very fine.
Pas très bien.	Not so well.
Pas si mal.	Not too bad.
Comme ci, comme ça.	So-so.
Oh!...ça va.	Oh!...OK.

Pour téléphoner, comment faire?

Vocabulaire

faire [fɛ:R] — to make, to do
comment faire? [kɔmɑ̃fɛ:R] — how do you make? how does one make? what do you do? what does one do?
vous avez [vuzave] (*avoir*) — you have
le numéro [lənymeRo] — the number
vous mettez [vumɛte] (*mettre*) — you put (in), you deposit
F [fRɑ̃] — abbreviation for franc(s)
vous faites [vufɛt] (*faire*) — you make (you dial)
parler [paRle] — to speak
vous appuyez [vuzapɥije] — you press
sur [syR] — on
le bouton [ləbutɔ̃] — the button
vous appuyez sur le bouton — you press the button

Sounds and letters

[o] - sound
at the end of a word: allô numéro à bientôt
spelled au, *as in:* Paul au revoir

[ɔ] - sound
before the r-*sound:* alors Lefort

silent letters
téléphon¢ cabin¢
téléphoniqu¢ prêt¢-moi
dan$ tu parl¢$
vou$ faite$ instan⊄
s'il te plaî⊄ devan⊄ c'es⊄
mette⊄ appuye⊄ ave⊄
un fran⊄

K. Listen and repeat

Practice what you hear on the tape (or repeat after your teacher). Explain in French how one makes a call from a telephone booth. (Look at the pictures to aid your memory. Use **vous**.) Write down the instructions in French.

 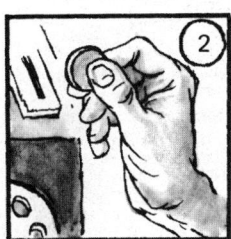 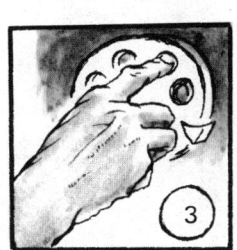 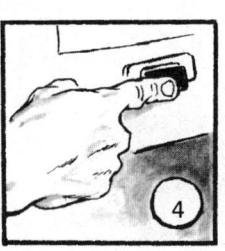

3 Le voilà

Devant la consigne automatique

- Paul, donne-moi la clé, s'il te plaît.
- Une seconde. La voilà.
- Merci beaucoup.
- De rien.

- Prêtez-moi le parapluie, s'il vous plaît.
- Le voilà.
- Donnez-moi la valise, s'il vous plaît.
- La voilà.
- Merci.

Pour laisser la valise à la consigne automatique, comment faire?

  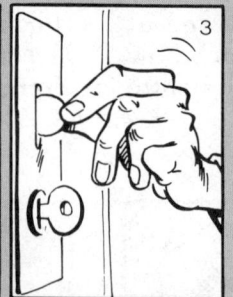  

Vous ouvrez le casier. Vous placez la valise dans le casier. Vous mettez 1 F. Vous fermez la porte à clé. Vous gardez la clé.

Donne-moi **la clé**. (→2) - **La** voilà.
Prêtez-moi **le parapluie**. (→2) - **Le** voilà.

Devant la consigne automatique

Vocabulaire

le [lə]	the (definite article, masculine singular)
le voilà [ləvwala]	there it is
la consigne [lakɔ̃siɲ]	checkroom
automatique [ɔtɔmatik]	automatic
la consigne automatique [lakɔ̃siɲɔtɔmatik]	locker (coin-operated)
donne-moi [dɔnmwa] (*donner*)	give me (informal address)
la clé [lakle]	key
une [yn]	a, an (indefinite article, feminine singular)
la seconde [las(ə)gɔ̃:d]	second
la [la]	the (definite article feminine singular)
la voilà [lavwala]	there it is
beaucoup [boku]	much, many
merci beaucoup [mɛrsiboku]	thank you very much
rien [ʀjɛ̃]	nothing
de rien [dəʀjɛ̃]	you are welcome (literally, it is nothing)
prêtez-moi [pʀɛtemwa] (*prêter*)	lend me (formal address)
le parapluie [ləpaʀaplɥi]	umbrella
s'il vous plaît [silvuplɛ]	please
donnez-moi [dɔnemwa] (*donner*)	give me (formal address)
la valise [lavali:z]	suitcase

Langue

1. The definite article

Masculine singular	Feminine singular
le parapluie	**la** clé

2. The imperative

| Donne-moi la clé, s'il **te** plaît. | *Give me the key, please.* |
| Donn**ez**-moi la valise, s'il **vous** plaît. | *Give me the suitcase, please.* |

If you ask someone to do something using the familiar form of address *tu*, the imperative verb form is *donne, prête, téléphone* (give, lend, phone). It is considered more polite to add **s'il te plaît** (please).

If you ask someone to do something using the polite form of address *vous*, the imperative verb form is *donnez, prêtez, téléphonez*; e.g., **donnez-moi**, (give me). Again, **s'il vous plaît** (please) makes your request more polite.

(See → 27B, 28.)

A. Look, listen and repeat 👁👁

la clé la lettre la photo le sac le parapluie le journal la brosse la valise

B. Practice conversation
Work in pairs; use words from the preceding exercise.

Model
- Prête-moi **le parapluie**.
- Le voilà.

1. – Donne-moi .....
   ○ .....
2. – Prête-moi .....
   ○ .....

- Prêtez-moi **la clé**.
○ La voilà.

3. – Donnez-moi .....
   ○ .....
4. – Prêtez-moi .....
   ○ .....

Practice with words you already know. Add *s'il te plaît* or *s'il vous plaît*.

C. Dialogs
Study the dialogs on page 10 and use them as models to write your own version.

D. Listening comprehension ●●
Look at the pictures and check off the objects mentioned on the tape (or by your teacher). Which objects were left out?

Pour laisser la valise à la consigne automatique, comment faire?

Vocabulaire
laisser [lɛse]	to leave (things)
à [a]	in
vous ouvrez [vuzuvʀe] (*ouvrir*)	you open
le casier [ləkazje]	locker
vous placez [vuplase] (*placer*)	you put into, you place
vous fermez [vufɛʀme] (*fermer*)	you close, lock
la porte [lapɔʀt]	door
à clé [akle]	with the key
vous gardez [vugaʀde] (*garder*)	you keep (put away)

E. Listen and repeat ●●
Practice what you hear on the tape (or repeat after your teacher). Explain to someone in French how one stores a suitcase in a locker. Use *vous*. Look at the pictures to aid your memory.

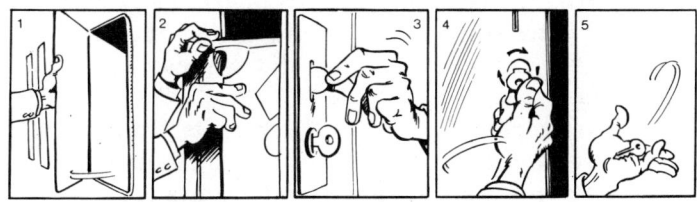

F. Qu'est-ce que je fais?
Answer using *vous*.

Dans la boutique

Vocabulaire

la boutique [labutik]	store
le client [ləkliã]	customer
combien? [kɔ̃bjɛ̃]	how much?
combien coûte [kɔ̃bjɛ̃kut] (*coûter*)	how much is...? how much does... cost?
la brosse [labRɔs]	brush
cinq [sɛ̃k]	five
la vendeuse [lavãdø:z]	saleslady
le peigne [ləpɛɲ]	comb
trois [tRwa]	three
merci bien [mɛRsibjɛ̃]	thank you very much
la chemise [laʃmi:z]	shirt
le mouchoir [ləmuʃwa:R]	handkerchief
le stylo [ləstilo]	pen
la pipe [lapip]	pipe
la carte postale [lakaRtpɔstal]	postcard

G. Listen and repeat ●●

un franc	six francs
deux francs	sept francs
trois francs	huit francs
quatre francs	neuf francs
cinq francs	dix francs
.....	
cent francs	six cents francs
deux cents francs	sept cents francs
trois cents francs	huit cents francs
quatre cents francs	neuf cents francs
cinq cents francs	mille francs

H. Mini-dialogs

Use *donne-moi, prête-moi, donnez-moi, prêtez-moi.*

Model
- Donne-moi **deux francs**, s'il te plaît.
○ Voilà.

I. Questions and answers

Look at each picture and ask another student how much the item costs. Use *monsieur, madame,* and *mademoiselle* as appropriate.

Model
- **Combien coûte** le peigne?
○ Trois francs, monsieur.

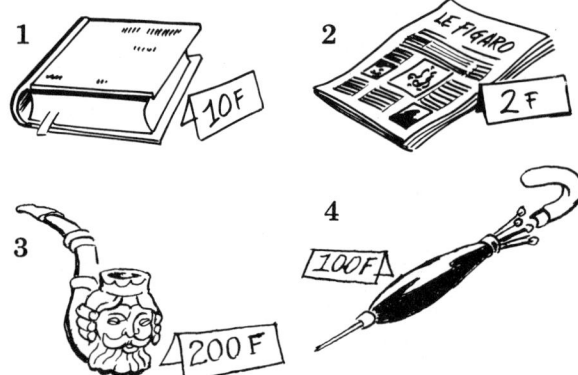

For additional practice look at the pictures on page 11.

J. Look, listen and repeat ●●

1. La chemise   2. Le pantalon

3. Le sac   4. Le portefeuille

5. La serviette

K. Questions and answers

How many questions can you ask and answer concerning the following illustrations?

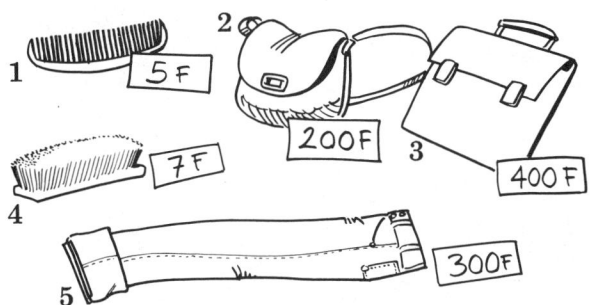

L. Listening comprehension 👓

Listen to the tape (or to your teacher) and write down the price for each item in the picture. Use numerals instead of spelling out numbers. Were all the items mentioned? Which were not? What did the customer buy? (Write your answers in French.)

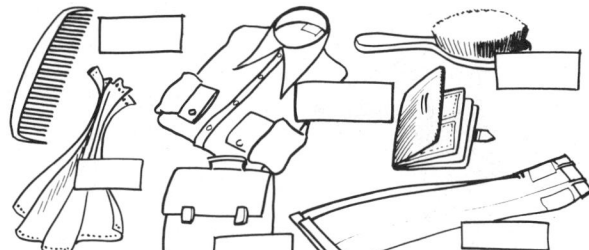

M. Role play

Using the model below, substitute items from the pictures in Exercise J. Work in pairs and alternate roles.

Model
1. – Donnez-moi la chemise, s'il vous plaît.
2. ○ La voilà.
3. – Combien coûte le portefeuille?
4. ○ Cent francs, monsieur.

N. Directed dialog

Ask what the suit-case costs. → Answer that it costs 300 F.
Say that you would like to have it. ↙
↘ Give the suitcase to A.
Pay 300 F. ←
→ Say thank you.
Say thanks and good-bye. ↙
→ Say good-bye.

Sounds and letters 👓

[ɲ]	la consigne Bretagne le peigne
the combination [j] + [ɛ̃]	bien de rien à bientôt combien
[z] sound	*vowel* + s + *vowel*: la valise la vendeuse la chemise le casier mademoiselle vous ouvrez
[ɑ̃] sound	*spelled* an: dans devant
	spelled en: comment client

4 Merci

C'est gentil

1
- Tu as un stylo?
- Tiens.
- Merci.

2
- Tu as une brosse?
- Un instant. Je vais voir.
- Merci. C'est gentil.

3
- Vous avez un timbre?
- Je vais voir... Tenez.
- Merci beaucoup.

Voici un timbre
de deux francs.
C'est un tableau de Corot.

Tu as **un** stylo? Tu as **une** brosse? (→ 1)

Oui! Non! Peut-être

4
- Vous avez les clés?
- Oui, les voilà.
- Merci.

5
- Vous avez les billets?
- Peut-être. Je vais voir.
- Merci.

6
- Tu as les tickets?
- Non, je regrette.
- Ça ne fait rien.

Voici deux billets.
L'Orchestre National de France
donne un concert
à la Salle Pleyel.

Qu'est-ce que c'est?
C'est un ticket pour le métro de Paris.

Vous avez **les** clés? (→ 2; 5) -Oui, **les** voilà.

C'est gentil

Vocabulaire

gentil [ʒɑ̃ti]	nice, kind
c'est gentil [sɛʒɑ̃ti]	that's nice (of you)

1
tu as [tyɑ] (*avoir*)	you have
tiens [tjɛ̃]	here you are (familiar form)

2
je vais [ʒəvɛ] (*aller*)	I go, I am going
voir [vwa:ʀ]	to see

3
vous avez [vuzave] (*avoir*)	you have
le timbre [lətɛ̃:bʀ]	stamp
tenez [təne]	here you are (formal form)
voici [vwasi]	here is, are
un timbre de deux francs [œ̃tɛ̃:bʀəd(ə)dØfʀɑ̃]	a two-franc stamp
le tableau [lətablo]	painting
de [də]	by
Corot, Camille [kɔʀo kamij]	French painter (1796-1875) famous for his landscapes

---

Langue

Indefinite article

Masculine singular	*Feminine singular*
un stylo a pen	**une** brosse a brush
(See→ 1.)	

A. Qu'est-ce que c'est?
  C'est un ...? C'est une ...?
Write the correct French words, using the indefinite article.

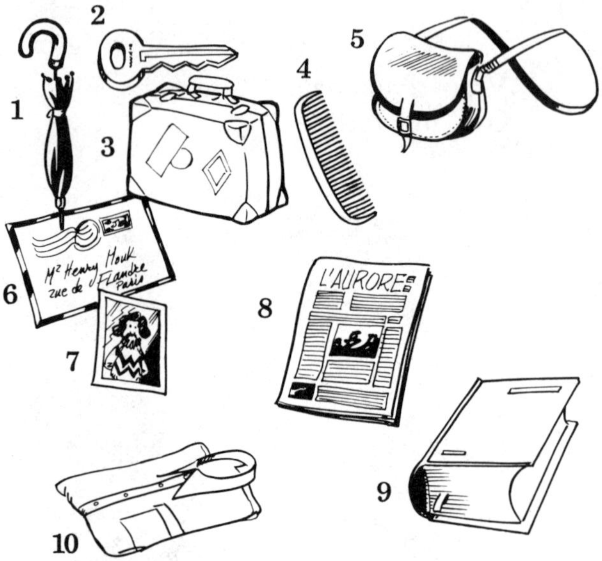

B. Mini-dialogs
Practice the dialogs on page 16. Then substitute the words suggested by the illustrations in accordance with the model.

Model
- Tu as **un stylo**?
○ Un instant. Je vais voir.
- Merci.

- Donnez-moi **un timbre**, s'il vous plaît.
○ Tenez.
- Merci beaucoup.

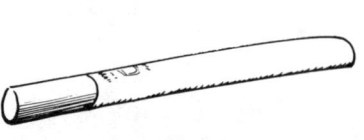
une cigarette

une allumette

un cendrier

C. Say it in French

Prepare dialogs based on the statements below. Practice your dialogs in pairs.

1. You ask Peter to give you a pen. He does.
2. You ask Mrs. Lefort for an umbrella. She gives you one.
3. You ask Mary to lend you a comb. She says no.

Now write out at least one of your dialogs.

D. Listening comprehension 👂

Listen to a conversation between Paul and Mary. Check off the objects that are mentioned. Which are left out?

Oui! Non! Peut-être

Vocabulaire

peut-être [pœtɛtʀ]	maybe, perhaps
4	
les [le]	the (definite article, plural)
les clés [lekle]	keys
les voilà [levwala]	here they are
5	
le billet [ləbijɛ]	ticket
les billets [lebije]	tickets (e.g., theatre)
6	
le ticket [lətikɛ]	ticket
les tickets [letike]	tickets (e.g., airline)
je regrette [ʒəʀgʀɛt] (*regretter*)	I am sorry
ça ne fait rien [sanfɛʀjẽ]	that's all right, it's OK
un orchestre [œ̃nɔʀkɛstʀ]	orchestra
l'orchestre [lɔʀkɛstʀ] (See → 2.)	the orchestra
national [nasjɔnal]	national
la France [lafʀɑ̃:s]	France
de France [dəfʀɑ̃:s]	France's, of France
le concert [ləkɔ̃sɛ:ʀ]	concert
la Salle Pleyel [lasalplejɛl]	large concert hall in Paris
le métro [ləmetʀo]	subway
le métro de Paris [ləmetʀodpaʀi]	Paris subway; oldest and largest subway in the world. It was started in the late nineteenth century

---

Langue

The definite article

	Singular	Plural
Masculine	**le** billet	**les** billets
Feminine	**la** clé	**les** clés

(See → 5.)

E. Le? La? Les?
Write the words depicted below with the correct definite article (singular or plural).

Model
le sac les lettres

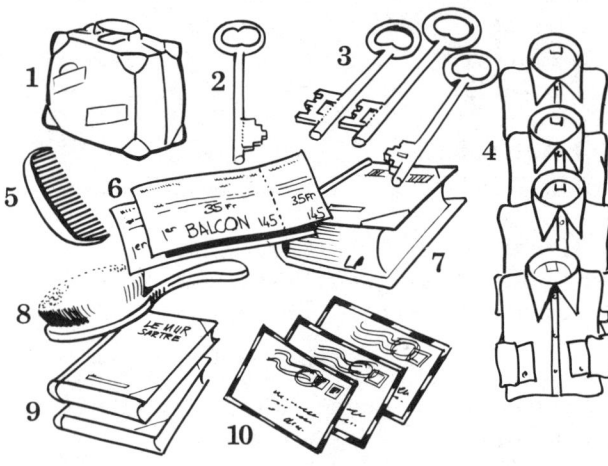

F. Dialogs
Memorize the dialog on page 17. Make up your own versions, using words you already know or substituting the words illustrated below. Use both affirmative and negative responses.

Model
- Vous avez **les chemises**?
- Oui, les voilà.
- Merci beaucoup.

- Tu as **les cigarettes**?
- Non, je regrette.
- Ça ne fait rien.

G. Say it in French
Make up dialogs based on the following statements. Practice them in pairs.

1. You ask Pierre if he has the keys. He says he will see if he does.
2. You ask Monique to give you the photographs. She agrees and you get them.
3. You ask Mr. Lefort if he has the books. He says no with regret.

Write out at least two of the dialogs.

H. Translate into French

1. He has the letter. Do you have the stamps?
2. Yes, here you are. Please let me have the pen.
3. Thank you very much. That's nice of you.
4. What is that?
5. That's a ticket for the concert at Salle Pleyel.
6. Do you have the subway tickets?
7. Yes, here they are.

I. Listening comprehension 👓
Listen to the conversation on the tape (or to your teacher). Marie wants to borrow something from Paul. What is it? Does he lend it to her?

J. Intonation practice 👓
Read the following *questions* and *statements*. Listen to the tape (or to your teacher) and notice the differences in intonation between the *questions* and the *statements*.

Questions	Statements
1. Pierre téléphone à Marie?	Pierre téléphone à Marie.
2. Tu parles à Paul	Tu parles à Paul.
3. Vous avez la valise, monsieur?	Vous avez la valise, monsieur.

Dans le métro de Paris.

Sounds and letters ••

[ʒ]-sound	je bonjour Jacques
	note: Jean
	g before **e** or **i** *is pronounced* [ʒ]: gentil garage Gilbert
[ʃ]-sound	le mouchoir la chemise

[k]-sound **c** before **o** and **a** and before a consonant:

comment la cabine la clé

spelled **qu** *before* **e, i**:
qui téléphonique Monique Jacques qu'est-ce que c'est

note: le ticket l'orchestre

21 vingt et un

5 À l'hôtel

L'Hôtel de Paris est situé rue Racine.
C'est un petit hôtel.
Il est confortable.
Le quartier est calme.
À côté, il y a un restaurant.

Dans une chambre

Alain (A:), Jeanne (J:)
A: Jeanne, où est la brosse?
J: Elle est dans le sac.
A: Et où est le sac?
J: Il est dans le tiroir.
A: Je vais voir. Non, la brosse est sur la table.

À la réception

Le portier (P:)
J: Vous avez l'annuaire?
P: Il est sur l'étagère, madame.
J: Ah, oui, le voilà, merci.

Où est **le sac**? – **Il** est dans le tiroir.
Où est **la brosse**? – **Elle** est sur la table. (→ 15)
L'annuaire est sur l'étagère. (→ 2)

Dans l'annuaire, il y a les numéros de téléphone. À Paris, il y a l'annuaire par noms et par rues.

Au restaurant

Le garçon (G:)
Alain est au restaurant. Il ne voit pas la carte sur la table. Le garçon n'est pas là. Il est dans la cuisine. Ah! Le voilà.

- A: Garçon! La carte, s'il vous plaît.
- G: Elle n'est pas sur la table! Pardon… La voilà!
- A: Merci.

Dans la chambre

- J: Où sont les clés?
- A: Elles sont sur la porte.
- J: Les voilà. Très bien.

- A: Où sont les oreillers? Ils ne sont pas sur le lit.
- J: Non, ils sont dans la penderie.

À l'hôtel, en France, les oreillers sont dans la penderie. Sur le lit, il y a le traversin.

Alain **ne** voit **pas** la carte. (→ 62)
Où sont **les oreillers**? - **Ils** sont dans la penderie.
Où sont **les clés** - **Elles** sont sur la porte.
(→ 15: 5)

À l'hôtel

Vocabulaire

à [a]	at, in, to
un hôtel [œnɔtɛl]	hotel
à l'hôtel [alɔtɛl]	at the hotel
est situé [ɛsitɥe]	is located
la rue [Ry]	street
Racine, Jean [Rasin ʒɑ̃]	French dramatist (1639-1699)
petit [p(ə)ti]	small
il est [ilɛ]	it (i.e., the hotel) is
confortable [kɔ̃fɔRtabl]	comfortable
le quartier [kaRtje]	neighborhood
calme [kalm]	quiet, calm
à côté [akote]	h. next door
il y a [ilja]	there is, are
le restaurant [RɛstɔRɑ̃]	restaurant

A. Let's talk about rue Racine

1. Où est situé l'hôtel de Paris?
2. Comment est l'hôtel?
3. Comment est le quartier?
4. Y a-t-il (is there) un restaurant?

Dans une chambre

Vocabulaire

la chambre [ʃɑ̃:bR]	room
Jeanne [ʒan]	
Alain [alɛ̃]	
elle [ɛl]	she, it (f.)
le sac [sak]	bag (handbag)
il [il]	he, it (m.)
le tiroir [tiRwa:R]	drawer
la table [tabl]	table

Langue

Où est **le sac**?	Where is the bag?
Il est dans le tiroir.	**It** is in the drawer
Où est **la brosse**?	Where is the brush?
Elle est sur la table.	**It** is on the table.

(See → 15.)

B. *Il* or *elle*

1. - Vous avez la clé?
   - Oui, ... est sur la table.
2. - Tu as le peigne?
   - Oui, ... est dans le tiroir.
3. - Où est le livre?
   - ..... est dans la serviette.
4. - Et la chemise?
   - ..... est dans la valise.

Look at the illustrations and continue as above, making up additional questions and answers. Practice them in pairs.

5   6

7   8

À la réception

Vocabulaire

la réception [Resɛpsjɔ̃]	reception desk
le portier [pɔRtje]	receptionist
un annuaire [œ̃nanɥɛːR]	telephone directory
une étagère [ynetaʒɛːR]	shelf
le numéro de téléphone [nymeRodtelefɔn]	telephone number
par [paR]	by
le nom [nɔ̃]	name
par noms et par rues [paRnɔ̃epaRRy]	by name(s) and by street(s)

Au restaurant

Vocabulaire

au restaurant [oRɛstɔRɑ̃]	in the restaurant
le garçon [gaRsɔ̃]	waiter
ne ... pas [nə pɑ]	not (negation)
voir [vwaR]	to see
il ne voit pas [ilnəvwapa]	he does not see
la carte [kaRt]	menu
le garçon n'est pas là [ləgaRsɔ̃nɛpɑla]	the waiter is not there
la cuisine [kɥizin]	kitchen
le voilà [ləvwala]	there he is
Ah! [a]	Oh!
pardon [paRdɔ̃]	excuse me, I am sorry

Langue

L'annuaire est sur l'étagère. The telephone directory is on the shelf.

Before a vowel (and before some words beginning with *h*, e.g., l'hôtel) **le** and **la** drop the *e* and *a* and become **l'**. This is called *elision*.
(See → 2.)

Langue

Alain **ne** voit **pas** la carte. Alan does not see the menu.

Negation (not) in French is expressed with **ne ... pas**. **Ne** comes before and **pas** comes after the verb. When **ne** comes before a vowel the *e* is dropped, e.g.:

Le garçon **n'**est **pas** là. The waiter is not there.

C. Writing practice

Make the following sentences negative by using *ne ... pas*.

1. Pierre téléphone à Marie.
2. Alain voit la carte.
3. L'hôtel est petit.
4. Il est confortable.
5. Monique est là.

D. Microdialogs

Look at the model and write three dialogs based on the illustrations below. Practice your dialogs aloud. Work in pairs.

Model
- Tu as **la clé**? Elle n'est pas dans le tiroir.
- Oh! pardon. Elle est sur la table.

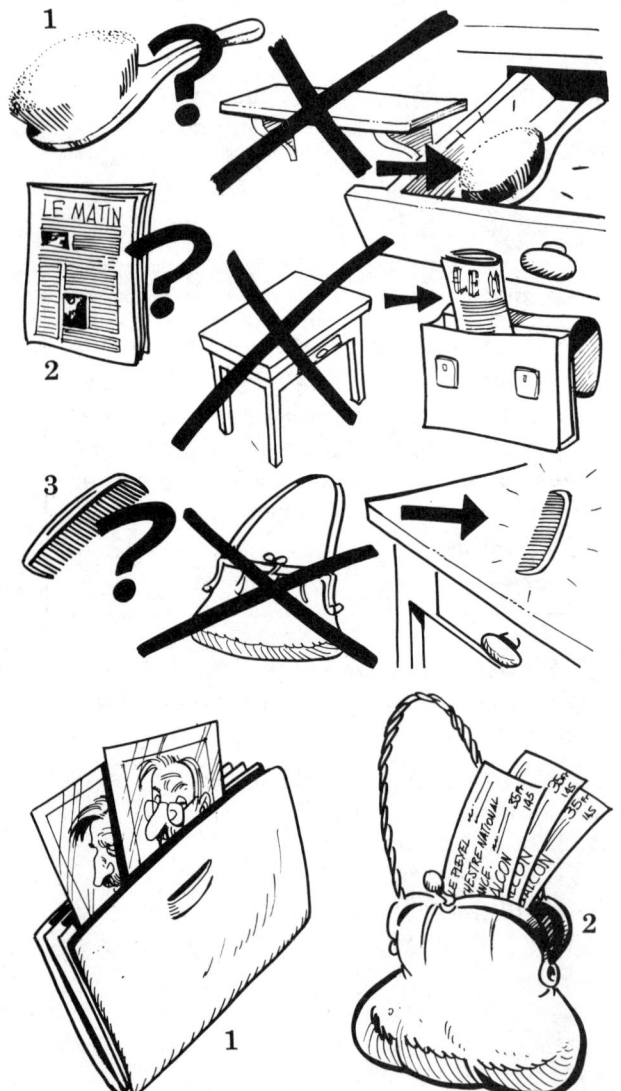

Dans la chambre

Vocabulaire

où sont les clés [usɔ̃lekle]	where are the keys?
elles [ɛl]	they (f.)
les voilà [levwala]	there they are
un oreiller [œ̃nɔRɛje]	pillow
ils [il]	they (m.)
le lit [li]	bed
la penderie [pɑ̃dRi]	wardrobe
en France [ɑ̃fRɑ̃:s]	in France
le traversin [tRavɛRsɛ̃]	bolster

Langue

Où sont les oreillers?	Where are the pillows?
Ils sont dans la penderie.	They are in the wardrobe.
Où sont les clés?	Where are the keys?
Elles sont sur la porte.	They are in the door.

un traversin → **le** traversin → **les** traversins
une clé → **la** clé → **les** clés
(See → 15.)

E. Microdialogs

Look at the pictures and the model and make up four dialogs using both *vous avez* and *tu as*.

Model
- Vous avez **les clés**?
- Elles sont dans le tiroir.

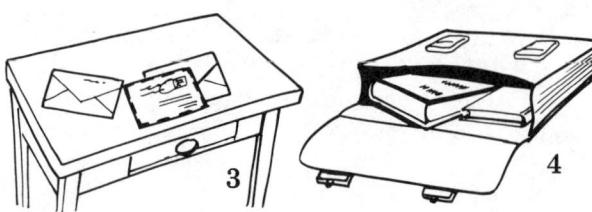

F. Microdialogs
Follow the model and make up dialogs concerning the illustrations.

Model
- Tu as **les clés**? Elles ne sont pas dans le tiroir.
- Elles sont sur la table.

G. Où est? Où sont?
Make up questions and answers for the five illustrations.

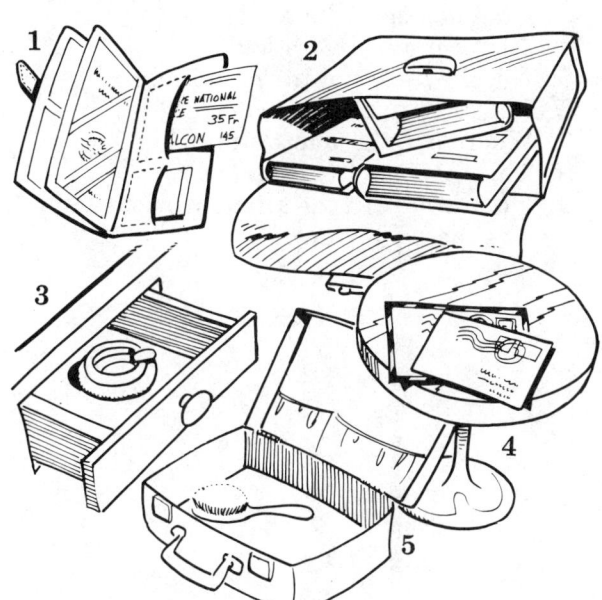

H. Il y a un.../Il y a une...
What do you see? Use *il y a*.

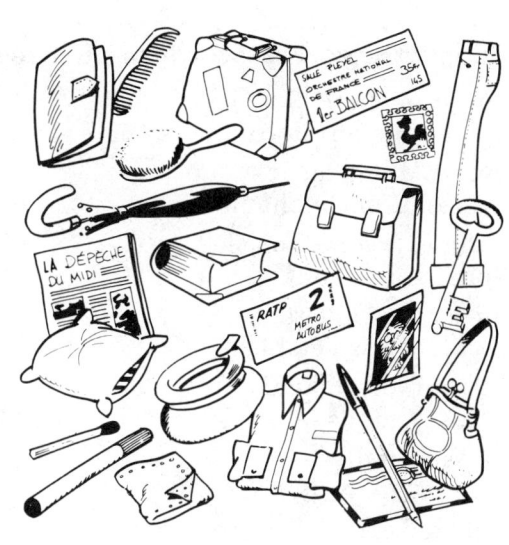

Sounds and letters 🔊

[s]-sound	*vowel* + **ss** + *vowel*: aussi la brosse laisser
	c *before* **e** *and* **i**: en France placer le concert voici
	ç: ça va garçon français
	s: salut le stylo s'il vous plaît consigne monsieur
[z]-sound	*vowel* + **s** + *vowel*: la valise la vendeuse la cuisine vous avez vous ouvrez
[ʒ]-sound	bonjour non le garçon la réception
	with **om**: le nom
silent letters	le quartieṛ le casieṛ Garnieṛ les cléṣ par nomṣ et par rueṣ Jacqueṣ n'est pas là

REVIEW/SELF-TEST I
Vous vous rappelez?

A. Supply the correct words or phrases

1. Où est Michel?
   ..... est devant la cabine téléphonique.
2. Où est Monique?
   ..... est dans la chambre.
3. Alain et Jeanne sont là?
   Non, ils ..... sont ..... là.
4. Où sont les billets.
   .... sur l'étagère.
5. Où sont les photos?
   .... dans la serviette.
6. Où est la table?
   .... dans la chambre.
7. Et l'oreiller?
   .... dans la penderie.

B. Check the correct preposition

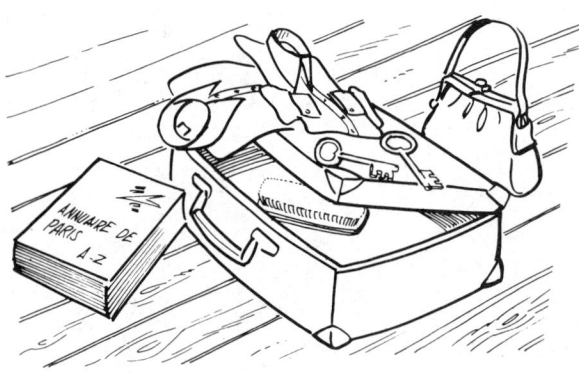

1. La brosse est ☐devant, ☐sur, ☐dans la valise.
2. Les clés sont ☐dans, ☐sur, ☐à côté de la valise.
3. L'annuaire est ☐sur, ☐devant, ☐derrière la valise.
4. Le sac est ☐derrière, ☐dans, ☐sur, ☐devant la valise.

C. Look at the picture (B)
Write three sentences using *il y a*.

D. Match
Connect with a line the sentences that fit together best.

1. Vous avez un timbre?   Très bien aussi. Merci.
2. Voilà trois francs.   Oui, un instant, s'il te plaît.
3. Les tickets ne sont pas ici.   Oh! Merci, c'est très gentil.
4. Très bien, et vous?   Oh! Pardon, c'est vrai. Les voilà.
5. Monique est là?   Oui, monsieur. Le voilà.

E. Translate into French

1. Do you have the tickets?
2. They are in the handbag.
3. Give me the tickets, please.
4. Just a moment, I'll look.
5. No, they are not in the handbag.
6. They are in the suitcase.
7. Where are the photographs?
8. They are not in the drawer.
9. No, they are in the kitchen, on the table.
10. Yes, here they are.

F. Supply the right word or phrase

Monique: Donne-moi la carte, (please) ..... .

Alain: Je ne (see) ..... pas la carte. Non, (it) ..... n'est pas sur (table) ..... .

Monique: Garçon, (where) ..... est la carte? Garçon! La carte, (please) ..... !

Garçon: Oh, (sorry) ..... , madame. Un (moment) ..... , madame. (Here it is) ..... , madame.

G. Say it in French

1. You meet Mrs. Martin on the street. Greet her politely.
2. You meet your friend Alan. Say hello to him.
3. You phone your friend Jeanne. Her brother Jean answers the phone. Ask if Jeanne is at home.
4. You want to use the phone. Ask for the directory.
5. You are in a shop. Ask what a suitcase costs.

Pronunciation ●●

1. Read the following sentences. Indicate the intonation pattern of each with an arrow. Use (↑) for rising intonation and (↓) for falling intonation. Place the arrow at the end of each sentence.

   Qui est-ce? C'est Paul? —Non, c'est Daniel. Salut, ça va? —Ça va bien. Et toi, comment vas-tu? Tu parles à Paul? —Non, je parle à Marie.

2. Draw a line through the "silent letters" in the following sentences. (Read the sentences aloud.)

   Alors, où sont les clés?
   C'est très bien, monsieur.
   Vous mettez un franc.

3. In many words (for example, **vous**, **les**) the letter **s** is either silent or it is pronounced [z], e.g.:

   *le*s̸ *voilà*   les‿hôtels
                            [z]

   In the following, indicate silent **s** with a slash and **s** pronounced [z] by [z]. Use a curve to indicate ellision when appropriate.

   a) vous mettez   les oreillers   vous avez
   b) Les chemises sont dans la cuisine.
      Vous avez une valise, mademoiselle?

6 En France

Voici la France

Vous voyez la Seine.
La Seine est un fleuve.

Paris est situé sur la Seine.
Paris est une très grande ville.
Paris est la capitale de la France.

La Bretagne est une province.

Dans le sud vous voyez Antibes.
Antibes est situé sur la Côte d'Azur.

0–500 m
500–1000 m
Plus de 1000 m

Voici **la France**. **La Seine** est un fleuve. (→ 4A)
Vous **voyez** la Seine. (*voir* → 60)

30 trente

En avion

Jeanne et Alain sont en avion.

Le commandant: Maintenant vous voyez la Seine. Vous avez Paris à votre droite.
Jeanne: Tu vois Notre-Dame? Et la Tour Eiffel?
Alain: Oui, très bien.
Pourtant, nous sommes à 9000 mètres.

Une heure plus tard

Le commandant: À gauche vous voyez les Alpes. À droite vous voyez un fleuve; c'est le Rhône.
Alain: Où est le Mont Blanc?
Jeanne: On ne voit pas le Mont Blanc. Il y a des nuages.
Alain: C'est beau quand même.

Nous **sommes** à 9000 mètres. (*être* → 43)
Il y a **des** nuages. (→ 1)

Voici la France

Vocabulaire

la France [fʀɑ̃:s]	France
vous voyez [vuvwaje] *(voir)*	you see
la Seine [sɛn]	the Seine, French river
le fleuve [flœ:v]	river
la Bretagne [bʀətaɲ]	Brittany, region in NW France
la province [pʀɔvɛ̃:s]	province
Paris est situé [paʀiɛsitɥe]	Paris is situated, located
sur [syʀ]	on
grande (f) [gʀɑ̃:d]	large
la ville [vil]	town
la capitale [kapital]	capital
la capitale de la France [lakapitaldəlafʀɑ̃:s] (→ 6A)	capital of France
le sud [syd]	south
Antibes [ɑ̃tib]	town on the French Riviera
la Côte d'Azur [lakotdazy:ʀ]	the Mediterranean coast of France; especially along the French Riviera
voir [vwa:ʀ]	to see

A. Look at France 👁👁

Look at the map of France and find the places mentioned on the tape (or by your teacher). Repeat after the tape (or your teacher). Imitate the pronunciation as closely as you can. Now look at the map again and answer the following questions:

1. Quelles villes voyez-vous?
2. Quels fleuves voyez-vous?
3. La Bretagne, qu'est-ce que c'est?
4. Où est situé Paris?
5. Où est situé Antibes?

Langue

1. Voici **la** France. — Here is France.
   La Seine est un fleuve. — The Seine is a river.

The names of countries, provinces and geographical features such as rivers are generally preceded by the definite article. (See → 4A.)

2. The verb **voir** in the present tense:

je vois [ʒəvwa]	I see
tu vois [tyvwa]	you see
il voit [ilvwa]	he sees
elle voit [ɛlvwa]	she sees
on voit [ɔ̃ vwa]	one sees
nous voyons [nuvwajɔ̃]	we see
vous voyez [vuvwaje]	you see
ils voient [ilvwa]	they (m.) see
elles voient [ɛlvwa]	they (f.) see

Voir belongs to the group of irregular verbs that do not follow a set pattern with standard endings (see page 30 and → 60). You will encounter a number of the irregular verbs in other lessons. In each instance practice all the forms of the verb until you have memorized them. Also, practice the negative forms, e.g., **je ne vois pas**. You will learn the forms best if you also write them. It is suggested that you keep reviewing the verbs throughout your study, both orally and in writing.

B. Questions and answers

Be prepared to ask three questions about France and to answer questions directed to you. Work in pairs.

C. Mini-composition

Here are some useful expressions:

dans le nord [nɔʀ]	in the north
dans le sud [syd]	in the south
dans l'est [lɛst]	in the east
dans l'ouest [lwɛst]	in the west
dans le centre [sãtʀ]	in the middle
entre [ãtʀ]	between

Write a description of France (approximately 100 words). Use sentences such as the following:

Model
Dans l'ouest, il y a La Bretagne.
Calais est situé sur La Manche.

Use your mini-composition as a basis for a short speech about France to be delivered in class.

D. Voir

Practice the present tense forms of the verb **voir**. Write them out.

E. Pair practice

Form pairs. Looking at the map, one student will ask questions about its features and the other will answer and point in each case to the feature in question. (Use the verb **voir**.)

Model
- Vous voyez (Tu vois) Lille?
○ Oui, nous voyons (je vois) Lille. Voici Lille.

F. Completion practice

Fill in the correct form of *voir*.

1. - Tu ..... un fleuve, Alain?
2. ○ Oui, je ..... la Seine.
3. - Et vous ..... une ville aussi, Jeanne et Alain?
4. ○ Oui, nous ..... Paris, et Jeanne ..... Notre-Dame.
5. - Jeanne et Alain ..... beaucoup de choses (= many things)!

En avion

Vocabulaire

un avion [œ̃navjɔ̃]	airplane
en avion [ɑ̃navjɔ̃]	in an airplane
le commandant [kɔmɑ̃dɑ̃]	captain
maintenant [mɛ̃tnɑ̃]	now
votre [vɔtR]	your
la droite [dRwat]	right (side)
à votre droite [avɔtRədRwat]	on your right
Notre-Dame [nɔtRədam]	Cathedral in Paris built 1163-1245
la Tour Eiffel [latuRɛfɛl]	the Eiffel Tower was built for the World Exhibition of 1889. It is 320 meters high.
pourtant [puRtɑ̃]	nevertheless, however
nous sommes [nusɔm] (*être*)	we are
9000 = neuf mille [nœfmil]	
le mètre [mɛtR]	meter
à 9000 mètres [anœfmilmɛtR]	
une heure [ynœ:R]	hour
tard [ta:R]	late
plus tard [plyta:R] (→ 9)	later
à gauche [ago:ʃ]	on the left
les Alpes [lezalp]	the Alps
à droite [adRwat]	on the right
le Rhône [Ro:n]	
le Mont Blanc [mɔ̃blɑ̃]	highest mountain in Europe (4807 m)
on [ɔ̃]	one, you
des [de]	some (indefinite article, plural)
le nuage [nɥa:ʒ]	cloud
des nuages [denɥa:ʒ]	clouds
c'est beau [sɛbo]	it is beautiful (lovely, pretty)
quand même [kɑ̃mɛm]	in any case, in any event, just the same
être [ɛtR]	to be

Langue

1. The present tense of the verb **être**:

je suis [ʒəsɥi]	I am
tu es [tyɛ]	you are
il est [ilɛ]	he ⎫
elle est [ɛlɛ]	she ⎬ is
on est [ɔ̃nɛ]	one ⎭
nous sommes [nusɔm]	we ⎫
vous êtes [vuzɛt]	you ⎬ are
ils sont [ilsɔ̃]	they (m.) ⎪
elles sont [ɛlsɔ̃]	they (f.) ⎭

2. Il y a **des nuages**. — There are clouds. (It's cloudy.)

   The indefinite article in masculine and feminine plural becomes **des**. This is a contraction of **de** + **les**. (See → 1.)

G. Look and say

Look at the illustrations in the text and ask questions about what you see. Use the following questions as models:

1. Qu'est-ce que vous voyez sur les photos *page* 31?
2. Qu'est-ce qu'on voit sur la page 22? Sur la page 23?
   (À gauche, on voit ..... À droite, on voit .....)
3. Qu'est-ce que tu vois sur la carte page 30?
   (À gauche, dans le nord, etc., ... on voit .....)

H. Être

Practice and memorize the present tense forms of **être**. Write them in both the affirmative and the negative.

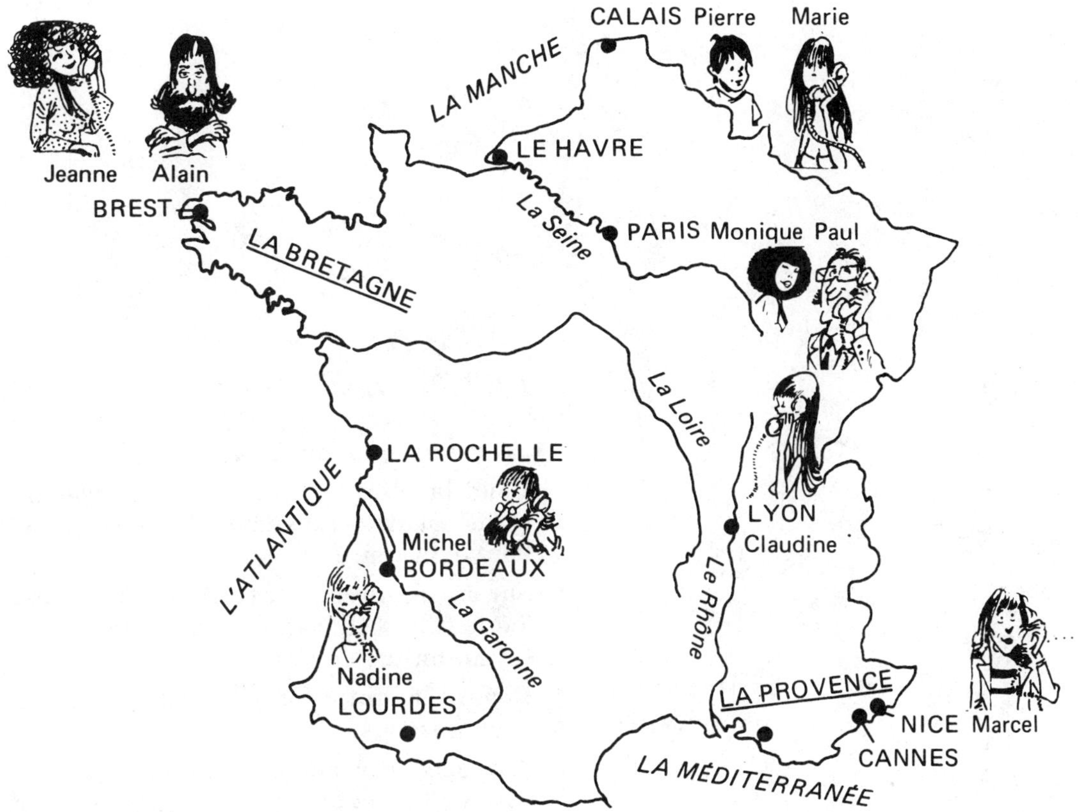

I. Pair practice

Ask and answer questions based on the model. Work in pairs and alternate roles. Use the names and locations of the persons on the map.

Model
- Allô, c'est Claudine? Tu es à Paris?
○ Non, je suis à Lyon/Non, je ne suis pas à Paris. Je suis à Lyon.

Again, work in pairs. This time use the following model:

Model
- Allô, c'est vous, Jeanne et Alain?
  Vous ..... à ..... ?
○ Non, nous ..... à ..... Et vous?/Et toi?
- Je ..... à .....

Finally, write three sentences each. Exchange with your partner and correct any mistakes. Use the following models as a guide.

Model 1
Voilà Claudine. Elle est à Lyon. Lyon est situé sur le Rhône.

Model 2
Voilà Jeanne et Alain. Ils sont à .... est situé en ..... (sur ..... ; dans .....).

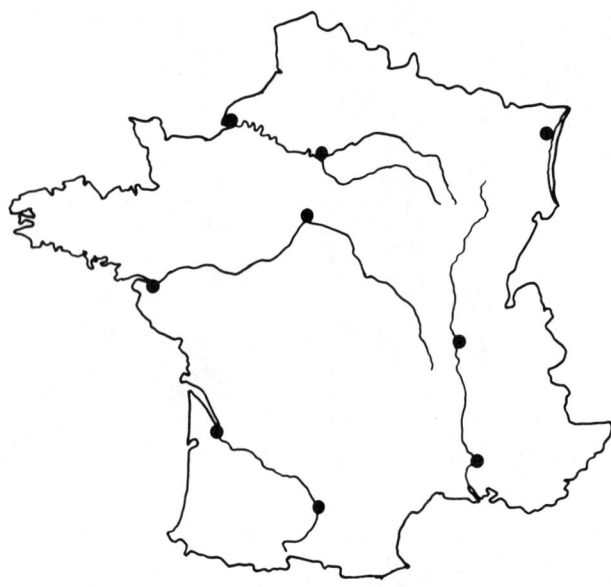

PETITE LECTURE

La place Jeanne d'Arc

Voici la place Jeanne d'Arc, à Orléans. Orléans est situé au sud de Paris, sur un grand fleuve, la Loire.

Sur la photo, on voit une statue. C'est une jeune fille à cheval, Jeanne d'Arc. La statue est au milieu de la place.

Devant la statue, on voit deux jeunes filles et deux garçons.

À gauche, il y a deux voitures. Vous voyez la Citroën? C'est une voiture française. Derrière la Citroën, on voit une Peugeot. La Peugeot, c'est aussi une voiture française.

Entre les voitures et la statue, on voit deux garçons.

À droite de la statue, il y a deux chiens.

Derrière la statue, il y a deux bâtiments, et entre les bâtiments, il y a une rue. Le grand bâtiment à gauche, c'est la Chambre de Commerce d'Orléans.

Describe the photo

Cover the text and describe the photo of Place Jeanne d'Arc according to the model. Use expressions from the text.

Model
À gauche, je vois ..... (il y a .....)
Au milieu, ...
Etc.

J. Listen and repeat

Listen to the tape (or to your teacher). You are on a plane flying over France. Indicate on the map where you are. Imagine that you came in over France from the south.

Sounds and letters

[wa]-sound	**voi**là elle **voi**t **moi** à dr**oi**te
[wa] + [j]	nous **voy**ons vous **voy**ez
[ɛ̃]-sound	*spelled with* **in** *or* **im**: le traver**sin** le t**im**bre la pro**vin**ce
	spelled with **ain**: m**ain**tenant Al**ain**

Jeanne d'Arc [ʒandaʀk]	Joan of Arc. French saint, also called "the Maid of Orléans" (1412-1431). Heroine and military leader; condemned for witchcraft and heresy and burned at the stake; canonized 1920.	*à cheval* [aʃval]	on horseback	
		au milieu de [omiljød(ə)]	in the middle of	
		le garçon [gaʀsɔ̃]	boy	
		la voiture [vwaty:ʀ]	car	
		une voiture française [fʀɑ̃sɛ:z]	a French car (French built)	
		derrière [dɛʀjɛ:ʀ]	behind	
		entre [ɑ̃tʀ]	between	
		le chien [ʃjɛ̃]	dog	
		le bâtiment [batimɑ̃]	building	
au sud de [osydə]	to the south of	*la Chambre de Commerce* [ʃɑ̃bʀədkɔmɛʀs]	Chamber of Commerce	
la statue [staty]	statue			
la jeune fille [ʒœnfij]	young girl			

37 trente-sept

7 L'arrivée

L'arrivée à l'hôtel

Monsieur Leval, de Montréal, est à Paris avec sa femme et ses enfants. Les voilà à l'hôtel. Ils sont devant la réception.

M. Leval: Je voudrais deux chambres. Je suis avec ma femme et mes enfants.
Le portier: J'ai une chambre double pour vous et votre femme, la chambre six.
M. Leval: Est-ce que vous avez une chambre à deux lits pour mon fils et ma fille?
Le portier: Oui, la chambre dix.
M. Leval: C'est combien?
Le portier: 400 francs, monsieur, pour les deux chambres.
Mme Leval: Bernard, tu as ta valise?
Bernard: Elle est dans la voiture.

Une pièce d'identité, c'est pratique

Un étranger arrive à l'hôtel. Le voici devant la réception.

– Vous avez réservé une chambre pour moi?
o Votre nom, s'il vous plaît?
– Hellman...
o Pardon... comment écrivez-vous votre nom?
– H—e—deux l—m—a—n.
o Oui, voilà, le numéro douze. Voici la clé. Remplissez cette fiche, s'il vous plaît. Vous avez une pièce d'identité?
– Voici mon passeport.

Pour passer la frontière, il faut avoir un passeport, sauf dans les pays du Marché Commun.

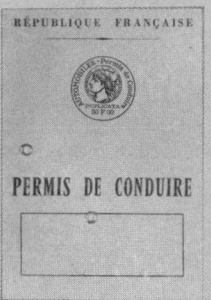

Pour conduire une voiture, il faut avoir un permis de conduire.

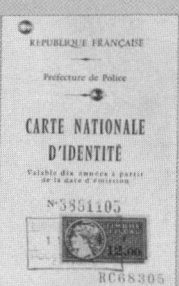

À la poste et à la banque, on demande souvent une pièce d'identité. Une carte d'identité suffit pour passer la frontière entre les pays du Marché Commun.

Monsieur Leval est à Paris avec **sa** femme et **ses** enfants. (→ 10)
Vous **avez** une chambre à deux lits? (*avoir* → 33)

L'arrivée à l'hôtel

Vocabulaire

une arrivée [ynaRive]	arrival
de [də]	from
Montréal [mɔ̃Real]	a majority of the inhabitants of Montreal speak French
avec [avɛk]	with
sa [sa]	his, her, its
la femme [fam]	woman, wife
ses [se]	his, her, its
un enfant [œ̃nɑ̃fɑ̃]	child
je voudrais [ʒəvudRɛ] (*vouloir*)	I want, I would like
ma [ma]	my
mes [me]	my
j'ai [ʒe] (*avoir*)	I have
une chambre double [ynʃɑ̃bRədublə]	a double room
pour vous [puRvu]	for you
votre [vɔtR]	your
que [kə]	that
est-ce que vous avez? [ɛskəvuzave]	do you have?
à [a]	h. with
mon [mɔ̃]	my
le fils [fis]	son
la fille [fij]	daughter
400 = quatre cents [katRəsɑ̃]	
Bernard [bɛRna:R]	
ta [ta]	your
la voiture [vwaty:R]	car
avoir [avwa:R]	to have

Langue

1. The verb **avoir** in the present tense.

j'ai [ʒe]	I have
tu as [tɥa]	you have
il a [ila]	he ⎫
elle a [ɛla]	she ⎬ has
on a [ɔ̃na]	one ⎭
nous avons [nuzavɔ̃]	we ⎫
vous avez [vuzave]	you ⎬ have
ils ont [ilzɔ̃]	they (m.)
elles ont [ɛlzɔ̃]	they (f.) ⎭

2. Il a **sa** valise dans la voiture. — He has his suitcase in the car.
   Sa voiture est devant l'hôtel. — (His, her) car is in front of the hotel.

Note: **son, sa, ses** each mean *both his and her*. The form of the possessive adjective depends upon the noun that it modifies. Since **la valise** and **la voiture** are feminine nouns, **sa** is used.

(See → 10.)

A. Your family

Practice the pattern of the model, substituting from the following list.

Model
Voici mon frère.

père	father
mère	mother
parents	parents
soeur	sister
frère	brother
oncle	uncle
tante	aunt
cousins	cousins

les parents: la tante, la mère, le père, l'oncle
la soeur, le frère
les cousins

B. Questions and answers
Look at the drawings and ask and answer questions according to the model.

Model
- Qui est-ce? C'est ton oncle?
○ Non, ce n'est pas mon oncle, c'est mon père.

Use *père, frère, oncle, fils, mari* (= husband), *mère, sœur, tante, fille, femme*.

C. Voilà
Write sentences in accordance with the models.

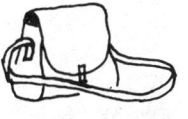 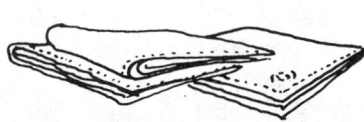

Model 1
Voilà un sac.
C'est mon sac.

Model 2
Voilà des mouchoirs.
Ce sont mes mouchoirs.

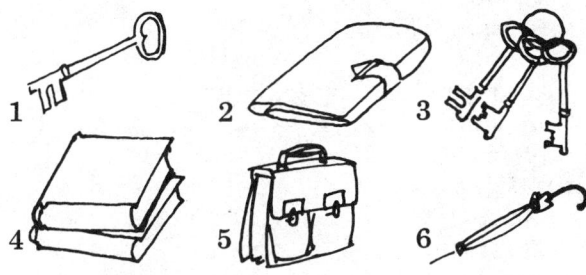

D. Questions and answers
Look at the six drawings in Exercise (C) and write a question and an answer for each in accordance with the model.

Model
- C'est votre sac?
○ Oui, c'est ça, c'est mon sac.
- Ce sont vos mouchoirs?
○ Oui, c'est ça, ce sont mes mouchoirs.

E. Avoir
Practice and memorize the present tense forms of the verb **avoir**. Write them in the affirmative and the negative.

F. Completion practice
Fill in the correct form of **avoir**.

1. J' ..... mon billet. Paul n' ..... pas son billet.
   Et toi, tu ..... ton billet?
2. - Vous ..... 400 F?
   ○ Non, Paul et moi nous ..... 200 F.
   - Georges et Annie ..... peut-être 200 F aussi.

G. Translation
Translate the following into French.

1. Mrs. Martin is in Marseille with her husband (= *mari*), her daughter and her son.
2. Her child has a room with two beds.
3. She and her husband have a double room.
4. Jean, I have your wallet in my handbag and your shirts are in my suitcase.
5. Do you have my comb and my brush in your suitcase? And my handkerchiefs?
6. Yes, here they are.

H. Answer the questions
1. Monsieur Leval est-il de Paris?
2. Où est-il? Avec qui?
3. Qu'est-ce qu'il *demande* (ask for) à la réception?
4. Est-ce qu'il y a des chambres?
5. C'est combien pour les deux chambres?
6. Bernard a-t-il sa valise?

I. Mini-dialog
Reread *L'arrivée à l'hôtel* on page 41. Write a similar narrative and dialog, but use the following items instead:

Madame Boucher—Paris—Nice—sa fille Brigitte—hôtel Sélect—une chambre à deux lits—la chambre 20—100 F—le sac.

J. Asking for a room
You arrive at a hotel with your family and ask for a room. What do you say? What responses might you get? Write the dialog.

K. Listening comprehension 👂
Many people are waiting to register at the hotel. Everyone asks for a room. You will hear two conversations. Answer these two questions.

1. Il y a une chambre pour monsieur et madame Durand?
2. Il y a deux chambres pour madame Martin et ses quatre enfants?

Une pièce d'identité, c'est pratique

Vocabulaire

la pièce [pjɛs]	document
la pièce d'identité [lapjɛsdidɑ̃tite]	identification (document)
pratique [pratik]	practical
c'est pratique [sɛpratik]	it's practical
un étranger [œ̃netrɑ̃ʒe]	foreigner
arriver [arive]	to arrive
vous avez réservé? [vuzaverezɛrve] (→27C)	did you reserve?
pour moi [purmwa]	for me
comment écrivez-vous? [kɔmɑ̃ekrivevu] (*écrire*)	how do you write?
le numéro [nymero]	number
remplissez [rɑ̃plise] (→27B) (*remplir*)	to fill out
cette [sɛt] (→ 11)	this, that
la fiche [fiʃ]	registration form
le passeport [paspɔːr]	passport
passer [pase]	to pass; *h*. to cross
la frontière [frɔ̃tjɛːr]	border (between two countries)
il faut [ilfo]	it is necessary, one must
sauf [sof]	except
conduire [kɔ̃dɥiːr]	to drive
le permis de conduire [ləpɛrmidkɔ̃dɥiːr]	driver's license
la poste [pɔst]	post office
la banque [bɑ̃ːk]	bank
demander [d(ə)mɑ̃de]	to ask, to ask for, to request
on demande [ɔ̃dmɑ̃ːd]	one asks for, they ask for
souvent [suvɑ̃]	often
la carte [kart]	card
la carte d'identité [lakartdidɑ̃tite]	identification card
suffit [syfi] (*suffire*)	suffices

L. Practice the French alphabet 🎧
Listen to the alphabet on the tape (or as spoken by your teacher) and practice the names of the letters in French.

M. Spell the name 🎧
Spell the names in the following dialogs.

1. - Votre nom, s'il vous plaît.
   ○ Dubout; d-u-b-o-u-t.
2. - Comment écrivez-vous votre nom?
   ○ B-e-r-g-m-a-n, Bergman.
   - Très bien. Merci.

Check with the tape (or your teacher). Continue to practice: (a) Spell your own name and the names of your friends (first and last names). (b) Spell the following French names: *Martin, Petit, Durand, Moreau, Robert* and *Bernard*.

N. Listening comprehension 🎧
Listen to the tape (or to your teacher) and write the names of the persons who introduce themselves.

1. .....
2. .....
3. .....
4. .....
5. .....

O. Answer the questions
1. Qu'est-ce qu'il faut avoir pour passer la frontière entre la France et l'Italie?
2. Qu'est-ce qu'il faut avoir pour aller de la France aux États-Unis?
3. Qu'est-ce qu'il faut avoir pour conduire une voiture?
4. Qu'est-ce qu'on demande souvent à la banque et à la poste?

Sounds and letters 🎧

[o]-sound	*spelled with* **o, ô**: le mét**r**o le **R**hône
	spelled with **au**: il f**au**t à g**au**che
	spelled with **eau**: b**eau** le tabl**eau** b**eau**coup
[ɔ]-sound	la p**o**ste v**o**tre nous s**o**mmes **o**reiller
liaison with nasal vowel + [n]	un oreiller un avion un hôtel un instant en avion on a
silent letters	gran**d** Bernar**d** le Mon**t** Blan**c** Mon**t**réal
	special case: le fi**l**s [fis]

8 Il faut payer

Le départ de l'hôtel

Les Leval quittent l'hôtel. Ils ont trois grosses valises. Heureusement, il y a une station de taxi juste à côté de l'hôtel. Les Leval sont à la réception pour payer la note.

– Voilà, ça fait 800 francs.
o Vous acceptez des chèques de voyage?
– En marks, en dollars américains ou en francs suisses seulement.
o J'ai des dollars canadiens. Où y a-t-il un bureau de change?
– Vous avez une banque en face, monsieur, la Société Générale.

Il y a des Français très conservateurs

Le nouveau franc (NF) existe depuis 1958*. Un nouveau franc = (égale) 100 anciens francs.
Beaucoup de Français comptent toujours en anciens francs. Pour les étrangers, c'est très bizarre.

Attention! Quand un Français dit: «J'ai une voiture qui coûte 4 millions de francs», ne pensez pas qu'il est millionnaire. En réalité, la voiture coûte 40 000 NF.

Dans les titres de journaux, on lit quelquefois «Vol de 10 millions». En réalité, c'est seulement 100 000 NF. Mais c'est déjà beaucoup.

En France on paye avec des francs français.
En Belgique on paye avec des francs belges.
En Suisse on paye avec des francs suisses.
Au Canada on paye avec des dollars canadiens.

*dix-neuf cent cinquante-huit

Les Leval **quittent** l'hôtel. *(quitter → 28)*

À la banque

- C'est pour changer 400 dollars canadiens en chèques.
- ○ Vous avez un passeport?
- Le voilà.
- ○ Ça fait 1500 francs.

Voici **la** France. Lyon est situé **en** France.
Voici **le** Canada. Montréal est situé **au** Canada. (→ 4A)

Le départ de l'hôtel

Vocabulaire

payer [pɛje]	to pay
le départ [depa:ʀ]	departure
les Leval [ləlaval]	the Levals
quitter [kite]	to depart, to leave
gros (m), **grosse** (f) [gʀo gʀo:s] (→ 7**D**)	big
heureusement [œʀøzmã]	luckily, fortunately
la station [stasjɔ̃]	station
le taxi [taksi]	taxi
la station de taxi [lastasjɔ̃ dtaksi]	taxi stand
juste [ʒyst]	right, just
le côté [kote]	side
à côte de [akɔted(ə)]	beside
la note [nɔt]	bill
ça fait [safɛ] (*faire*)	that'll be
accepter [aksɛpte]	to accept, to take
le chèque [ʃɛk]	check
le voyage [vwaja:ʒ]	travel, trip
le chèque de voyage [ləʃɛkdəvwaja:ʒ]	traveller's check
le mark [maʀk]	mark
le dollar [dɔla:ʀ]	dollar
américain (m) **américaine** (f) [ameʀikɛ̃ ameʀikɛn]	American
ou [u]	or
suisse [sɥis]	Swiss
seulement [sœlmã]	only
canadien (m), **canadienne** (f) [kanadjɛ̃ kanadjɛn]	Canadian
le bureau (-x) [byʀo] (→ 5**B**)	office, desk
le bureau de change [ləbyʀodəʃɑ̃ʒ]	exchange office
en face [ɑ̃fas]	opposite; *h.* across the street
la Société Générale [lasɔsjetɛʒeneʀal]	the name of one of France's largest banks

Langue

1. Les Leval quitt**ent** l'hôtel. — The Levals leave the hotel.

   Regular and most irregular verbs have the ending *-ent* in the third person plural of the present tense. The verb *avoir* is one exception.
   (See → 28, *parler*, and → 33, *avoir*.)

2. Ils ont trois **grosses** valises. — They have three large suitcases.

   Des dollars **américains** et des francs **suisses**. — American dollars and Swiss francs.

   Notice the position of the adjectives and their plural forms. (See → 7 and 8.)

A. Answer the questions

1. C'est le départ. Que font les Leval? (What do the Levals do?)
2. Ont-ils des valises?
3. Et pour avoir un taxi, que font-ils?
4. Pourquoi sont-ils à la réception?
5. Monsieur Leval a-t-il des francs français?
6. Où est-ce qu'il change ses dollars canadiens?

B. Rewrite

Substitute "Monsieur et madame Martin" for "Monsieur Martin".

1. Monsieur Martin est à Paris.
2. Il demande une chambre double.
3. Il téléphone à Claudine.
4. Il parle beaucoup.
5. Il quitte l'hôtel pour voir Paris.
6. Il voit la Tour Eiffel et Montmartre.
7. Il paye la note.
8. Il a deux grosses valises.
9. Il trouve un taxi.
10. Il quitte Paris.

C. Practice counting
Learn the cardinal numbers from 11-99. Then practice the numbers from 1-99. (See → 12.)

D. Listen and repeat
Listen to the tape (or to your teacher).

10	60
20	70
30	80
40	90
50	100

$2 \times 2 = 4$	deux fois deux font quatre two times two is (makes) four
$6 \times 7 = 42$	six fois sept font quarante-deux
$9 \times 8 = 72$	neuf fois huit font soixante-douze

E. Multiplication
Solve the problems and read each aloud in French.

$2 \times 4 =$	$3 \times 3 =$	$4 \times 4 =$
$2 \times 9 =$	$5 \times 5 =$	$3 \times 6 =$
$4 \times 5 =$	$7 \times 8 =$	$3 \times 10 =$
$3 \times 33 =$		

F. Listen and repeat
$10 + 8 = 18$ dix plus huit égale dix-huit
$10 - 8 = 2$ dix moins huit égale deux

G. Addition and subtraction
Solve the problems and read each aloud in French.

..... $+ 8 = 20$ $30 -$ ..... $= 15$
$16 - 4 =$ ..... $22 +$ ..... $= 27$
$45 + 10 =$ .... $- 19 = 21$

H. Numbers
Read these numbers aloud.

1 000   2 000   1 000 000   2 000 000
mille   deux mille   un million deux millions
4 000   6 000   8 000   10 000
300   500   700   900
10 20 30 40 50 60 70 80 90 100
11 12 13 14 15 25 35 45 55 65 75
85 95 105 150 67 71 75 82 93 99

I. Listening comprehension
Listen to the tape (or to your teacher) and write the numbers as you hear them.

1. ....
2. Voici ..... francs.
   J'ai ..... francs suisses.
   J'ai ..... marks.
   Cela fait combien? ..... francs s'il vous plaît.
   Voici la note: ..... francs.
   C'est pour changer ..... dollars américains.
   J'ai ..... dollars canadiens.

J. Quel est le numéro de téléphone de Denise?
What's Denise's telephone number?

a) Trois fois soixante-quinze.
b) Deux fois quatre-vingt-treize moins cent.
c) Quatre-vingt-onze plus cinquante et un moins soixante et onze.

a)   b)   c)
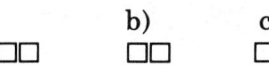

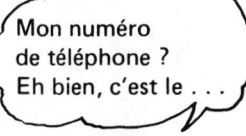

Il y a des Français très conservateurs

Vocabulaire

le Français [fʀɑ̃sɛ]	French person	**quand** [kɑ̃]	when
conservateur (m), **conservatrice** (f) [kɔ̃sɛʀvatœːʀ kɔ̃sɛʀvatʀis]	conservative	**il dit** [ildi] (*dire*)	he says, he is saying
		qui [ki]	that
		coûter [kute]	to cost
		le million [miljɔ̃]	million
nouveau, nouvel (m), **nouvelle** (f), **nouveaux** (m pl) [nuvo nuvɛl nuvɛl nuvo]	new	**penser** [pɑ̃se]	to think, to believe
		ne pensez pas [nəpɑ̃sepɑ]	do not think (believe)
		que [kə]	that
exister [ɛgziste]	to exist	**le millionnaire** [miljɔnɛːʀ]	millionaire
depuis [d(ə)pɥi]	since	**la réalité** [ʀealite]	reality
1958 = [diznœfsɑ̃sɛ̃kɑ̃tɥit]		**en réalité** [ɑ̃ʀealite]	in reality
égaler [egale]	to equal	40 000 NF = [kaʀɑ̃tmil nuvofʀɑ̃]	
ancien (m), **ancienne** (f) [ɑ̃sjɛ̃ ɑ̃sjɛn]	old	**les titres de journaux** [letitʀədʒuʀno]	newspaper headlines
		on lit [ɔ̃li] (*lire*)	one reads
beaucoup de [boku d(ə)]	many, a lot of	**quelquefois** [kɛlkəfwa]	sometimes
compter [kɔ̃te]	to count	**le vol** [vɔl]	theft
toujours [tuʒuːʀ]	still	**de** [də]	of
bizarre [bizaːʀ]	strange, odd	**mais** [mɛ]	but
attention! [atɑ̃sjɔ̃]	look out!	**déjà** [deʒa]	already

K. Answer the questions

1. Depuis quand existe le nouveau franc?
2. Combien égale un nouveau franc?
3. Les Français comptent-ils toujours en nouveaux francs?
4. Quand un Français dit «J'ai une voiture qui coûte quatre millions de francs», combien coûte sa voiture en réalité?

À la banque

Vocabulaire

français (m), **française** (f) [fʀɑ̃sɛ fʀɑ̃sɛːz]	French
on paye [ɔ̃pɛj]	one pays
la Belgique [bɛlʒik]	Belgium
belge [bɛlʒ]	Belgian
la Suisse [sɥis]	Switzerland
le Canada [kanada]	Canada
au Canada [okanada]	in Canada

Langue

1. Voilà un franc français.	There's a French franc.
Voilà une couronne suédoise.	There's a Swedish crown.
Voilà dix dollars américains.	There are ten American dollars.
Voilà cinq dollars canadiens.	There are five Canadian dollars.

Normally, adjectives follow the nouns they modify. This is the case with adjectives of nationalities.
(See → 7.)

2. C'est un **gros** sac.	It is a big handbag.
C'est une **grosse** valise.	It is a big suitcase.
Voilà un **ancien** franc.	There's an old franc.

Certain short and common adjectives precede the nouns they modify.
(See → 7**D** and 8**B**.)

3. Lyon est situé **en** France.	Lyon is situated in France.
Montréal est situé **au** Canada.	Montreal is situated in Canada.

When the country name is feminine, **en** is used, i.e., **la France, en France.** When the country name is masculine, **au** (a + definite article) is used, i.e., **le Canada, au Canada.** (See → 4**A**.)

L. Look at the map on page 33
Construct sentences in accordance with the model.

Model
Paris est situé en France.

M. -e, -s, -es or no ending?
Fill in the correct endings of the adjectives of nationality. (See → 7.)

1. Donnez-moi un franc français .....
2. Donnez-moi dix dollars canadien .....
3. Voilà une couronne suédois .....
4. Vous avez des dollars américain ..... ?
5. Voici deux chemises suédois .....

Sounds and letters

[e]-sound	*spelled with* **é**: la cl**é** à côt**é** la Société Générale
	spelled with **er, ez**: chang**er** accept**er** parl**er** un oreill**er** le quarti**er** vous chang**ez** vous téléphon**ez**
	spelled with: **ai**: j'**ai**
[ɛ]-sound	*spelled with* **e**: c'**e**st vous m**e**ttez je r**e**gr**e**tte m**e**rci
	spelled with **è**: tr**è**s le ch**è**que la pi**è**ce la fronti**è**re
	spelled with **ai**: ça f**ai**t je v**ai**s m**ai**s améric**ai**ne
	spelled with **ei**: la S**ei**ne le p**ei**gne
	spelled with **ê**: peut-**ê**tre pr**ê**te-moi vous **ê**tes
silent letters	on voi$t$ ça fai$t$ il$s$ son$t$ ils on$t$ je voi$s$ je sui$s$ il arriv$e$ je parl$e$ on demand$e$ tu arrives? tu quittes? tu acceptes? il$s$ parlent il$s$ changent il$s$ demandent elles voient elles quittent

9 À Paris

En car

Marcel et sa sœur Colette sont de Vichy.
Ils visitent Paris pour la première fois.
Les voilà dans un grand car de tourisme.

M: Voir Paris en car, c'est très bien.
On voit beaucoup de choses.
Tiens, là-bas, qu'est-ce que c'est?

C: Je ne sais pas. Mais je crois que c'est l'Assemblée Nationale.

M: C'est ça. C'est juste et regarde à droite. De l'autre côté de la Seine, on voit la Place de la Concorde et la Madeleine.

Où allons-nous?

L'employé (E:)

Marcel et Colette sont à la gare Montparnasse.

M: Tu as un plan de Paris?

C: Demande au bureau de renseignements. On donne sûrement des plans gratuitement.

M: Monsieur, vous avez un plan de Paris?

E: Oui, bien sûr. Voici. Où allez-vous?

C: Nous allons au Louvre.

E: Nous sommes ici. La gare Montparnasse, c'est le numéro onze sur le plan. Et le Louvre, c'est ici, le numéro trois. C'est assez loin.

C: Merci beaucoup.

E: À votre service.

Paris d'hier et d'aujourd'hui

On connaît bien Paris d'hier, Notre-Dame, les Grands Boulevards, les Invalides, la Tour Eiffel.

Paris d'aujourd'hui est aussi intéressant. C'est une ville d'avant-garde. Il y a par exemple le CNIT, la Défense, le Centre Georges Pompidou.

1. Notre-Dame
2. L'Hôtel de Ville
3. Le Louvre
4. Le Trou des Halles
5. Le Centre Georges Pompidou
6. L'Arc de Triomphe
7. Le Sacré Cœur
8. La Tour Eiffel
9. Les Invalides
10. L'Unesco
11. La gare Montparnasse
12. La Tour Montparnasse
13. La Sorbonne
14. Le Panthéon
15. La Cité Universitaire
16. La Défense
17. Le CNIT
18. La Madeleine
19. L'Opéra

Où **allons**-nous? (*aller* → 31)
Nous allons **au** Louvre et **aux** Invalides. (→ 3)

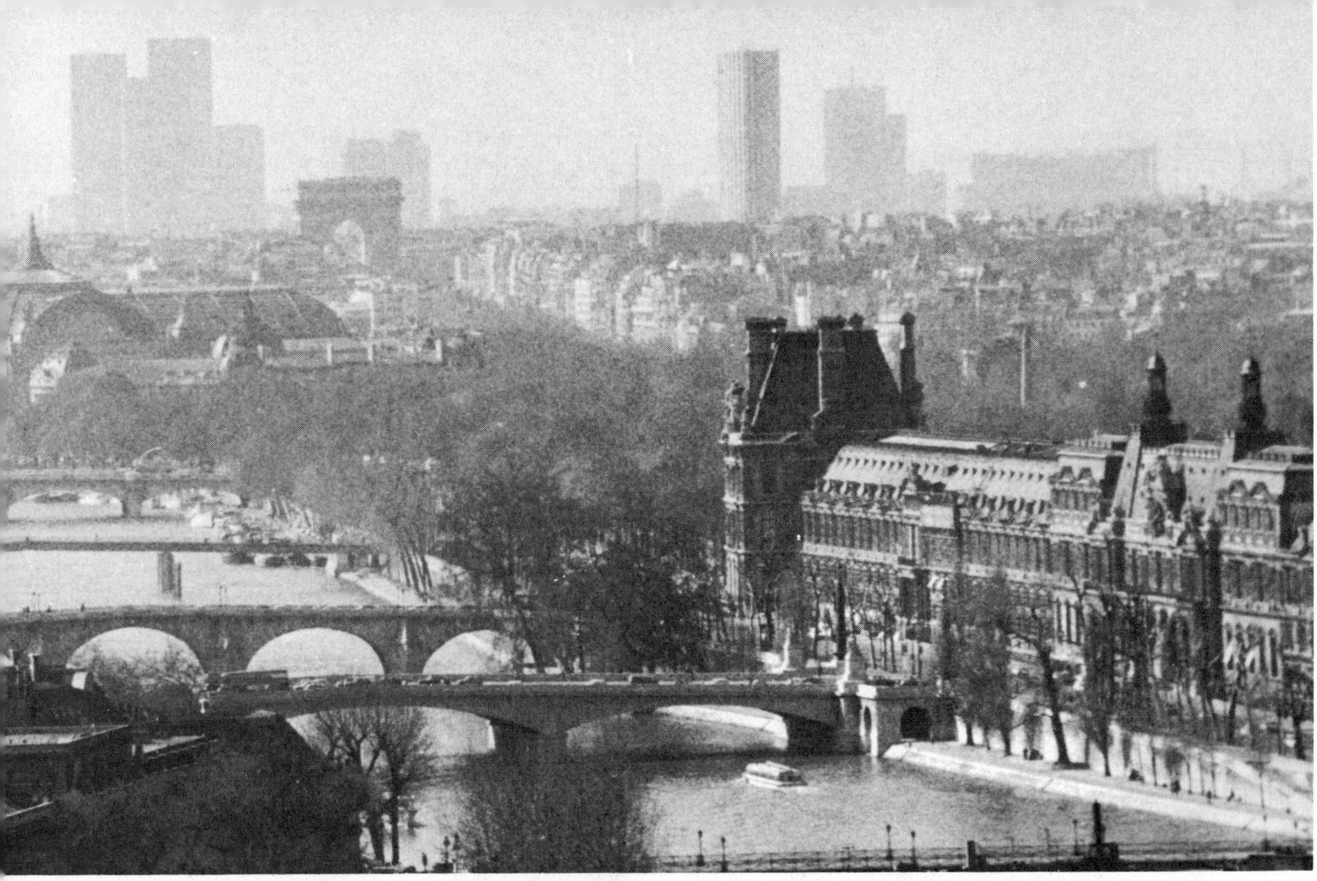

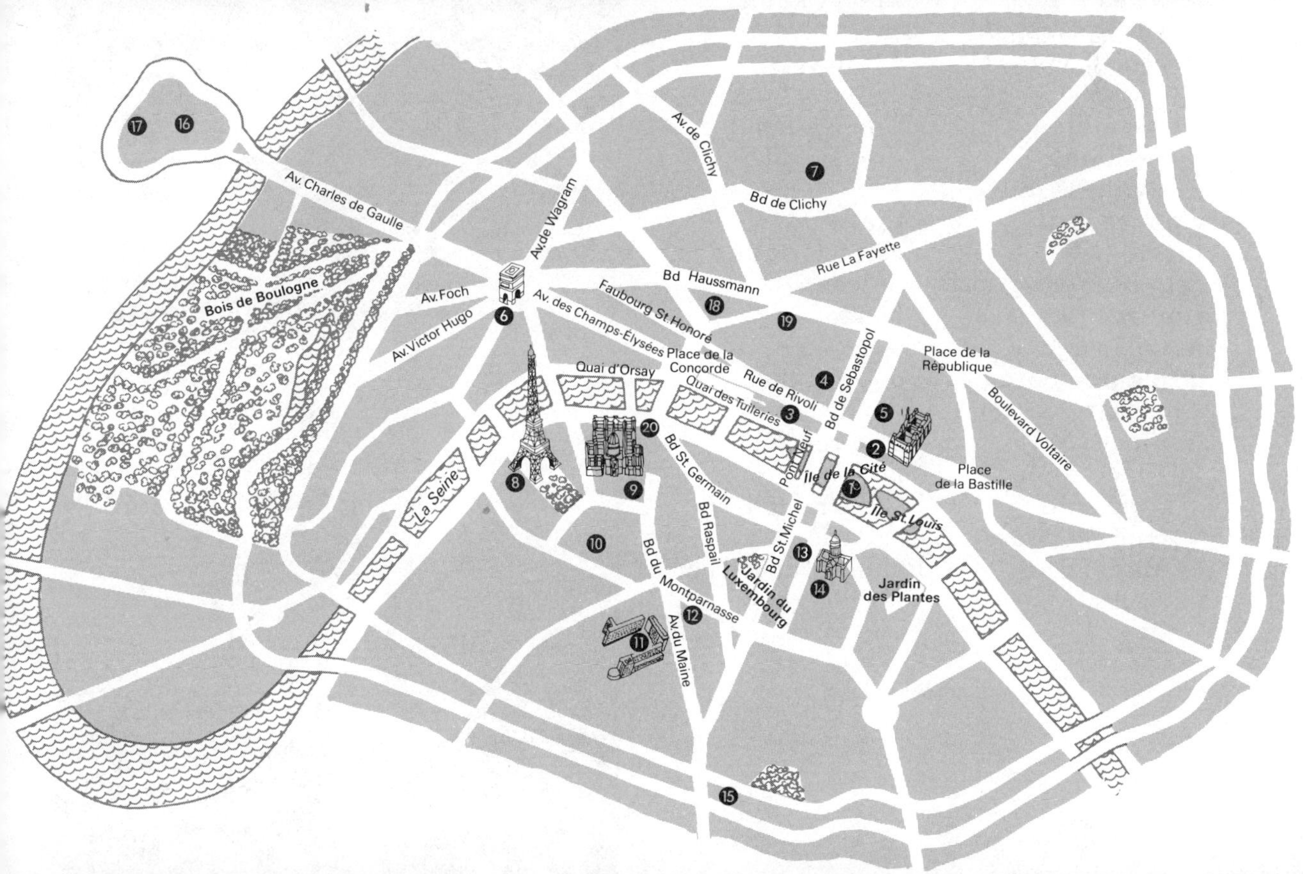

Av. Charles de Gaulle
Bois de Boulogne
Av. Foch
Av. Victor Hugo
Av de Wagram
Av. de Clichy
Bd de Clichy
Bd Haussmann
Rue La Fayette
Faubourg St Honoré
Av. des Champs-Élysées
Place de la Concorde
Quai d'Orsay
Quai des Tuileries
Rue de Rivoli
Bd de Sebastopol
Place de la République
Boulevard Voltaire
Place de la Bastille
Pont Neuf
Île de la Cité
Île St. Louis
La Seine
Bd St. Germain
Bd St. Michel
Bd Raspail
Bd du Montparnasse
Av. du Maine
Jardin du Luxembourg
Jardin des Plantes
1
2
3
4
5
6
7
8
9
10
11
12
13
14
15
16
17
18
19
20

En car

Vocabulaire

le car [ka:ʀ]	(motor)coach
Marcel [maʀsɛl]	
la sœur [sœ:ʀ]	sister
Colette [kɔlɛt]	
Vichy [viʃi]	Town in central France, known for its curative springs and the famous Vichy water
visiter [vizite]	to visit
premier (m), première (f) [pʀəmje pʀəmjɛ:ʀ]	first
la fois [fwa]	time, occasion
un car de tourisme [tuʀism]	tourist bus
la chose [ʃo:z]	thing
tiens [tjɛ̃]	h. look!
là-bas [laba]	over there
je ne sais pas [ʒənsɛpɑ] (savoir)	I don't know
je crois [ʒ(ə)kʀwa] (croire)	I believe
l'Assemblée Nationale [lasɑ̃blenasjɔnal]	The National Assembly
c'est ça [sesa]	that's it
juste [ʒyst]	correct, right
regarder [ʀ(ə)gaʀde]	to look
regarde [ʀ(ə)gaʀd]	look!
autre [o:tʀ]	other
de l'autre côté de [d(ə)lotʀəkoted(ə)]	on the other side of
la place [plas]	square, plaza
la Place de la Concorde [plasd(ə)lakɔ̃kɔʀd]	large square in the middle of Paris
la Madeleine [madlɛn]	church, constructed 1766–1841

A. Answer the questions

1. Marcel et Colette sont-ils de Paris?
2. Ils visitent souvent Paris?
3. Les voilà, où sont-ils?
4. Voir Paris en car, c'est bien?
5. Qu'est-ce qu'ils voient, par exemple?

B. Qu'est-ce que c'est?

Look at the numbered photographs. Work in pairs, following the model. Alternate roles.

Model
– Le numéro 3, qu'est-ce que c'est?
○ Le numéro 3, c'est l'Unesco.

1. Avenue des Champs-Elysées avec l'Arc de Triomphe.
2. Le Sacré-Coeur.
3. L'Unesco.
4. Le Panthéon.
5. Le Dôme des Invalides.
6. La Madeleine.
7. Le Louvre.
8. Notre-Dame.

Où allons-nous?

Vocabulaire

où? [u]	where?
nous allons (*aller*) [nuzalõ]	we go, we are going
un employé [œ̃nɑ̃plwaje]	employee
la gare [ga:ʀ]	railroad station
la gare Montparnasse [lagaʀmõpaʀnas]	one of the railroad stations in Paris. There is no central station.
le plan [plɑ̃]	map
demander [d(ə)mɑ̃de]	to ask
le bureau -x [byʀo] (→5B)	desk, office
le renseignement [ʀɑ̃sɛɲ(ə)mɑ̃]	information
le bureau de renseignements [ləbyʀodʀɑ̃sɛɲ(ə)mɑ̃]	information desk, office
sûrement [syʀmɑ̃]	certainly
gratuitement [gʀatɥitmɑ̃]	free, gratis
bien sûr [bjɛ̃sy:ʀ]	naturally, of course
le Louvre [lu:vʀ]	one of the world's largest and best museums of art
ici [isi]	here
assez [ase]	rather, quite
loin [lwɛ̃]	far
c'est assez loin [sɛtaselwɛ̃]	it is quite far away
à votre service [avɔtʀəsɛʀvis]	at your service

Langue

1. The verb **aller** in the present tense.

je vais [ʒəvɛ]	I go (am going)
tu vas [tyva]	you go (are going)
il va [ilva]	he goes (is going)
elle va [ɛlva]	she goes (is going)
on va [ɔ̃va]	one goes (is going)
nous allons [nuzalõ]	we go (are going)
vous allez [vuzale]	you go (are going)
ils vont [ilvõ]	they go (are going) (masc.)
elles vont [ɛlvõ]	they go (are going) (fem.)

(See → 31).

2. Marcel et Colette sont **à la** gare — Marcel and Colette are at the railroad station.

Pierre est **à** l'hôtel. — Pierre is at the hotel.

Ils vont **au** Louvre et **aux** Invalides. — They are going to the Louvre and the Invalides.

à + le = au, *but note*: **à l'hôtel** (elision). **à + les = aux**. (See → 3.)

C. Aller
Practice and memorize the present tense of the verb *aller* in the affirmative and negative forms.

D. Completion practice
Fill in the correct form of *aller*.

1. Monique et Brigitte ..... au Panthéon.
2. Nous ..... à l'hôtel.
3. On ..... à la Madeleine.
4. Je ..... à la gare.
5. Marcel ..... au musée.
6. Vous ..... à la Tour Eiffel.
7. Tu ..... au Louvre.

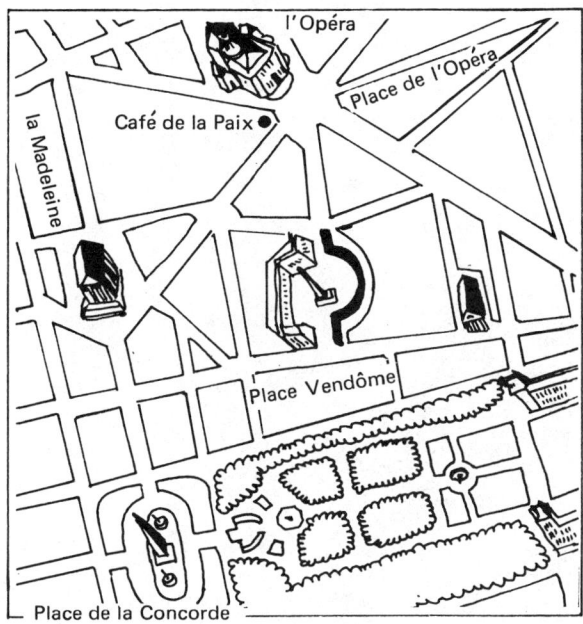

F. Guided dialog
Make up a dialog in French based on the following.

A	B
Ask at a gift shop if they have a map of Paris. →	They have.
Ask what it costs. ←	→ It costs 15F.
Ask for your present location. ←	→ Point at a well-known building and say that it is just across the street.
Say thank you and good-bye. ←	→ (Polite phrase that fits the situation.)

E. Listening comprehension
You ride through Paris on a tourist bus while a guide describes the sights. Follow the route the bus is taking and indicate it on the map.

L'Opéra avec, à gauche, le Café de la Paix.

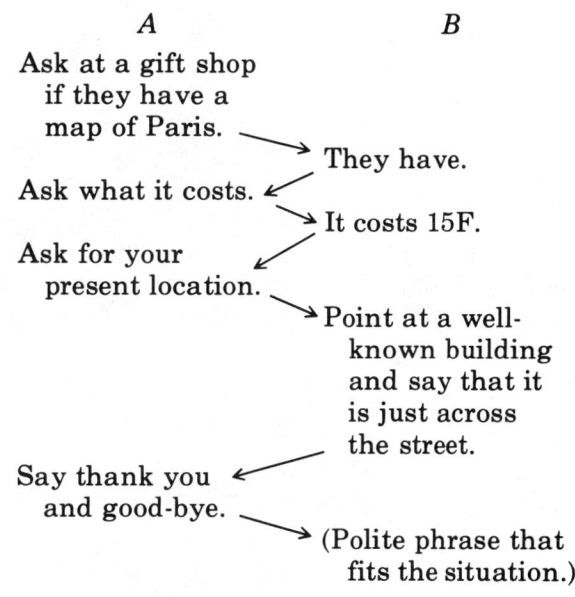

Paris d'hier et d'aujourd'hui

Vocabulaire

hier [jɛːʀ]	yesterday
d'hier [djɛːʀ]	of yesterday
aujourd'hui [oʒuʀdɥi]	today
d'aujourd'hui [doʒuʀdɥi]	of today
on connaît [ɔ̃ kɔnɛ] (*connaître*)	one knows
les Grands Boulevards [leɡʀɑ̃bulvaːʀ]	major streets that form the business district in the area of the Opéra
les Invalides [lezɛ̃valid]	the Invalides Church
intéressant -e [ɛ̃teʀɛsɑ̃ ɛ̃teʀɛsɑ̃ːt]	interesting
d'avant-garde [davɑ̃ɡaʀd]	modern, before its time
par exemple [paʀɛɡzɑ̃ːpl]	for example
le CNIT [seɛnite] *or* [snit]	abbreviation of Le Centre National des Industries et des Techniques (National Industrial and Technical Center)
la Défense [defɑ̃ːs]	a section of Paris with high-rises and skyscrapers
le Centre Georges Pompidou [sɑ̃tʀəʒɔʀʒpɔ̃pidu]	museum of modern art named for Georges Pompidou, (President 1969–1974), often referred to as Beaubourg [bobuːʀ]

G. Mini-speech

Paris d'hier, qu'est-ce que c'est?
Donnez des exemples.
Et Paris d'aujourd'hui?

Paris d'hier, Paris d'aujourd'hui.

H. Qui parle à qui?

Draw a line between the questions and answers that fit each other best. There will be an answer left over. Which one?

1. Ça va?
2. Votre nom, s'il vous plaît?
3. Qu'est-ce que c'est?
4. Où allez-vous?
5. Comment allez-vous.
6. Vous avez un plan de Nice?
7. Combien coûte le plan?
8. Tu as les clés?

Trois francs, mademoiselle.
Aux Invalides.
Oui, les voilà.
Très bien, et toi?
J'arrive aujourd'hui.
Très bien, merci. Et vous?
Paul Martin.
Un passeport, je crois.
Non, je regrette.

Sounds and letters

[y]-sound	j**u**ste la r**u**e la voit**u**re s**û**rement bien s**û**r
[ɥi]-sound	h**ui**t s**ui**sse je s**ui**s cond**ui**re aujourd'h**ui** la c**ui**sine le parapl**ui**e grat**ui**tement
[i]-sound	merc**i** la v**i**s**i**te Mar**i**e le perm**i**s
	can also be spelled **y**: Vich**y** **Y**ves **Y**vonne (il **y** a) (L**y**on)
[s]-sound	*spelled* **t** *in the ending* **-tion** [sjɔ̃]: la récep**t**ion la sta**t**ion

10 À votre service

Au Syndicat d'Initiative

Dans chaque ville, il y a un Syndicat d'Initiative où on donne des renseignements sur les hôtels, les restaurants, les musées de la ville, etc.

Lucie travaille au Syndicat d'Initiative.
5 Le téléphone sonne.
Elle répond aux questions des touristes.

– L'adresse de l'Hôtel de Ville, s'il vous plaît?
○ Un instant, monsieur... C'est 18, avenue de la Victoire.

10 Une dame entre.
○ Vite, mademoiselle, donnez-moi le numéro de téléphone du commissariat de police.

Lucie regarde dans l'annuaire.
Elle note le numéro sur un bout de papier.
15 ○ Voici, madame.

Un jeune homme et une jeune femme entrent.
Ils demandent où est situé le Musée d'Art Moderne.
Lucie donne au couple un dépliant où sont indiquées les heures d'ouverture et l'adresse.

20 Encore le téléphone. On demande les heures de visite de l'hôpital. Quelqu'un cherche l'adresse de Mireille Lagloire. Lucie n'a pas ce renseignement.

C'est l'adresse **de** Mireille.
C'est le numéro **du** commissariat et l'adresse **de l'**hôtel. (→ 6; 3)

Des bureaux de tabac et des kiosques

1
- Pardon, monsieur, où est-ce qu'on vend des journaux?
- Il y a un kiosque à journaux là-bas, au coin.
- Merci.
- Il n'y a pas de quoi.

2
- Madame, vous avez des cartes postales et des timbres?
- J'ai des cartes postales, mais je n'ai pas de timbres. Vous avez un bureau de tabac juste en face.
- Ah, oui! Merci, madame.

Attention!
Si vous voyez cette enseigne, «Défense de fumer», respectez cela.

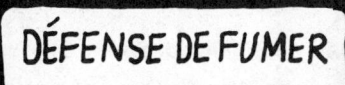

Si vous êtes en France, vous achetez des timbres dans un bureau de poste ou dans un bureau de tabac.

Où est-ce qu'on **vend** des journaux? (*vendre* → 30)
J'ai **des** cartes postales, mais je **n'ai pas de** timbres. (→ 62)

Au Syndicat d'Initiative

Vocabulaire

le Syndicat d'Initiative [sɛ̃dikadinisjati:v]	Office of Tourist Information
chaque [ʃak]	every
où [u]	where
sur [syʀ]	h. about
le musée [myze]	museum
etc [ɛtseteʀa]	
Lucie [lysi]	
travailler [tʀavaje]	to work
le téléphone [telefɔn]	telephone
sonner [sɔne]	to ring
elle répond [ɛlʀepɔ̃] *(répondre)*	she answers
la question [kɛstjɔ̃]	question
le touriste [tuʀist]	tourist
une adresse [ynadʀɛs]	address
l'Hôtel de Ville [lɔtɛldəvil]	town hall
une avenue [ynavny]	avenue
la victoire [viktwa:ʀ]	victory
Avenue de la Victoire [avnydlaviktwa:ʀ]	
la dame [dam]	lady
entrer [ɑ̃tʀe]	to come in, to enter
vite [vit]	fast, quick
le commissariat de police [kɔmisaʀjadpɔlis]	police station
noter [nɔte]	to write down, to note
le bout [bu]	bit, scrap
le papier [papje]	paper
le bout de papier [budpapje]	scrap of paper
jeune [ʒœn]	young
un homme [œ̃nɔm]	man
la femme [fam]	woman
un art [œ̃na:ʀ]	art
moderne [mɔdɛʀn]	modern
le Musée d'Art Moderne [myzedaʀmɔdɛʀn]	museum of modern art
le couple [kupl]	couple
le dépliant [depliɑ̃]	brochure
indiqué -e [ɛ̃dike]	shown
une heure [ynœ:ʀ]	hour
une ouverture [ynuvɛʀty:ʀ]	opening
les heures d'ouverture [lezœʀduvɛʀty:r]	business hours (hours open)
encore [ɑ̃kɔ:ʀ]	once more
la visite [vizit]	visit
un hôpital (-aux) [ɔpital] [ɔpito]	hospital
quelqu'un [kɛlkœ̃]	someone
chercher [ʃɛʀʃe]	to look for
Mireille [miʀɛj]	
Lagloire [laglwa:ʀ]	
ce [sə] (→ 18)	this, that
répondre [ʀepɔ̃:dʀ]	to answer

Langue

1. The verb **répondre** in the present tense.

je réponds [ʀepɔ̃]	I answer
tu réponds [ʀepɔ̃]	you answer
il répond [ʀepɔ̃]	he answers
elle répond [ʀepɔ̃]	she answers
on répond [ʀepɔ̃]	one answers
nous répondons [ʀepɔ̃dɔ̃]	we answer
vous répondez [ʀepɔ̃de]	you answer
ils répondent [ʀepɔ̃d]	they answer (masc.)
elles répondent [ʀepɔ̃d]	they answer (fem.)

Répondre belongs to the third conjugation, i.e., the infinitive ending is **-re**.

(See → 30, **vendre**.)

Compare the endings of one of the first conjugation verbs included in the text

A. Répondre
Practice and memorize the present tense of the verb *répondre* in the affirmative and negative forms.

B. Completion practice
Fill in the correct form, using *de* with or without the definite article as necessary.

1. Colette est la sœur ..... Marcel.
2. Tu as l'adresse ..... bureau de renseignements?
3. Voilà le parapluie ..... Madame Martin.
4. Regarde la voiture ..... touristes!
5. Vous avez le numéro de téléphone ..... dame?
6. Voilà le numéro ..... Hôtel de Paris.

C. Answer the questions
1. Que fait Lucie?
2. Qu'est-ce qu'on fait au Syndicat d'Initiative?
3. Qu'est-ce qu'on demande, par exemple?
4. Où est-ce que Lucie trouve les adresses et les numéros de téléphone?

D. Lucie reports
1. Lucie tells about her work. She begins: "Je travaille..." Continue for her.
2. Now Lucie talks about herself and her colleagues. She says: "Nous travaillons..." Continue.

E. Mini-dialogs
Model
– Téléphone[1] à la banque[2].
○ Tu as le numéro[3] de la banque?
– Oui, le voilà[4].

[1]"tu" form	"vous" form	
Téléphone	Téléphonez	phone, call
Écris	Écrivez	write
Va	Allez	go

[2]la banque	le commissariat de police
la poste	le restaurant
l'hôpital	le Syndicat d'Initiative
la gare	le bureau de renseignements
l'hôtel	le musée

[3]le numéro	l'adresse	le nom

[4]Tiens, le (la) voilà.
Non, je regrette.
Demande à .....
Un instant, je vais voir.
Regardez dans l'annuaire.
C'est dans le *carnet* (= notebook).
Regarde dans (sur) .....

F. Listening comprehension 👓
Listen and write the addresses and the phone numbers.

Le restaurant Montparnasse .....
Le Syndicat d'Initiative .....
Le Musée d'Art Moderne .....
L'hôtel de Paris .....
Le numéro de téléphone de Mireille Lagloire .....
Le numéro de téléphone de l'hôpital .....

Au Syndicat d'Initiative on page 58 with the endings of a third conjugation verb, e.g., *répondre*, and learn the differences.

2. On demande l'adresse **de** Mireille. — They are (one is) asking for Mireille's address.
Voilà l'adresse **de la** banque. — Here's the address of the bank.
Vous avez le numéro **du** commissariat et **de l'**Hôtel de Ville? — Do you have the phone number of the police station and the town hall?
Elle répond aux questions **des** touristes. — She is answering the tourists' questions.

Possession is often expressed by **de**.

Note:
de + **le** = **du**, *but*: **de l'**Hôtel de Ville
de + **les** = **des**

G. What's the question?
Write six questions to fit these answers.

1. Je crois que c'est l'Hôtel de Ville.
2. Nous allons au musée.
3. C'est Lucie.
4. 400 francs pour les deux chambres.
5. Très bien, merci. Et toi?
6. Antibes est situé sur la Côte d'Azur.

H. Write a dialog
Based on the following, write a dialog in French.

Au Syndicat d'Initiative

You	The official
Say hello and ask if there is a hotel in town.
	Answer *Hôtel de la Poste.*
Ask for the address.
	Say that it is located at 22, rue de la Poste.
Ask if they have a double room.
	Look at the brochure and reply that there is.
Ask what a room costs.
	95 francs.
Say thank you and good-bye.

Des bureaux de tabac et des kiosques

Vocabulaire
le tabac [taba] — tobacco
le bureau de tabac [byʀodtaba] — tobacco store
le kiosque [kjɔsk] — kiosk, stand

1
on vend [õvã] *(vendre)* — they sell (one sells)
le kiosque à journaux [kjɔskaʒuʀno] — newspaper stand
le coin [kwɛ̃] — corner
il n'y a pas de quoi [ilnjapɑdkwa] — you are welcome

2
je n'ai pas de timbres [ʒənepɑdtɛ̃:bʀ] — I don't have stamps
si [si] — if (when)
acheter [aʃte] — to buy
le bureau de poste [byʀodpɔst] — post office
cette [sɛt (→ 11)] — this, that
une enseigne [ynãsɛɲ] — sign
la défense [defã:s] — prohibition
de [də] — of
fumer [fyme] — to smoke
défense de fumer [defãsdəfyme] — smoking prohibited (no smoking)
respecter [ʀɛspɛkte] — to respect
cela [s(ə)la] — that (it)
vendre [vã:dʀ] — to sell

I. Mini-dialog

Model 1
- Pardon, monsieur, où est-ce qu'on vend des journaux américains?
○ Vous avez un kiosque à journaux au coin.
- Merci.
○ Il n'y a pas de quoi.

Model 2
- Madame, vous avez des timbres?
- Non, monsieur. Je n'ai pas de timbres. Vous avez un bureau de tabac juste en face.

Variantes

un calendrier	calendar
un dictionnaire anglais-français	English-French dictionary
un dictionnaire français-anglais	French-English dictionary
des journaux américains	American newspapers
des cigarettes	cigarettes
des allumettes	matches
des fruits	fruit
un grand magasin	department store
une papeterie	stationery store
une librairie	bookstore
un supermarché	supermarket
tout droit	straight ahead
un peu plus loin	a little further on
là-bas	over there
par là	that way

Langue

1. The verb **vendre** in the present tense. (See → 30.)

2.
J'ai des cartes postales.	I have postcards.
Je **n'**ai **pas de** cartes postales.	I do not have postcards.
Est-ce qu'il y a un hôtel en ville?	Is there a hotel in town?
Non, il **n'**y a **pas d'**hôtel en ville.	No, there is no hotel in town.

After a negative, the indefinite (*un, une, des*) becomes **de** or, before a vowel sound, **d'** (i.e., **ne...pas de** + noun).

(See → 62.)

J. Fill in the blanks

Use the correct forms of *vendre* and *répondre*.

1. Ici, on ..... des cartes postales.
2. - Mademoiselle, vous ..... des cartes postales?
3. - Non, mais au bureau de tabac, ils ..... des cartes postales.
4. Pierre n'est pas là. Il ne ..... pas.
5. - Allô! Jean, tu es là? Tu ....., c'est bien.
6. - Encore le téléphone! ....., s'il vous plaît.
7. - Oui, je ......

Listening comprehension ••

1. You have asked a man on the street where you can buy a map of the town. Listen to the tape (or to your teacher). What did he say? Where can you buy a map? You may answer in English.
2. You have asked a lady where you can find a toilet. Listen. What did she say? You may answer in English.
3. You ask a group of people standing on a corner where you can find the city museum. There is a discussion but, little by little, you get an answer. Where is the museum? Again, answer in English.

Sounds and letters ••

[wɛ̃]	le c**oin** plus l**oin**
[wa] + [j]	nous v**o**yons vous v**o**yez
[ɥi] + [j]	vous app**u**yez
silent letters	gran**d** Bernar**d** il ven**d** on répon**d** je croi**s** tu voi**s**? je répon**ds** tu ven**ds** deu**x** journau**x** si**x** couronne**s** di**x** fran**cs**
liaison with [t]	c'est un plan elle est à Paris où sont-ils? ils sont en Bretagne comment allez-vous?

REVIEW/SELF-TEST II
Vous vous rappelez?

A. Ask for something
Model
- Donnez-moi la clé, s'il vous plaît.
○ La voilà.

B. Questions and answers
Model
- Où est l'annuaire?
○ Il est sur l'étagère.

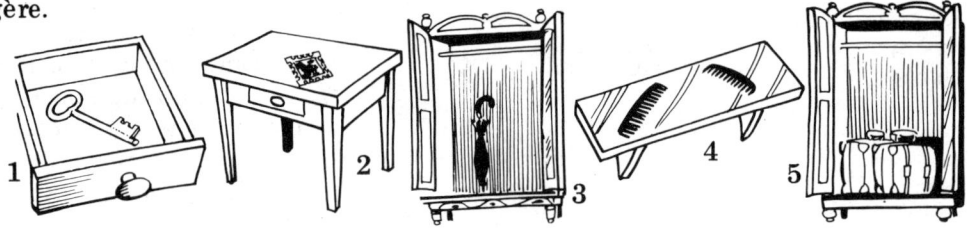

C. Fill in the blanks
Use the possessive adjectives (*mon, ton,* etc.) and *avoir*

1. -Vous ..... votre clé?
   ○Oui, j'..... ..... clé ici, et ..... parapluie aussi.
2. -Tu .... billets? Et ..... sac?
   ○Oui, j'..... ..... billets ici, et ..... sac aussi.

D. Complete
1. l'adresse ..... banque
2. l'adresse ..... commissariat de police
3. l'adresse ..... Hôtel de Paris
4. l'adresse ..... Mireille Lagloire
5. l'adresse ..... Syndicat d'Initiative

E. Aller and à + article
Model
Monsieur Martin va à l'Hôtel de Ville.

1. Je .... musée.
2. Nous .... hôpital.
3. Marcel et Colette .... commissariat.
4. Monique .... Invalides.
5. Vous .... Invalides aussi.

F. Être
1. -Tu ..... à Paris?
2. ○Oui, je ..... à Paris avec ma famille.
3. -Ah, vous ..... des touristes!
4. ○C'est ça. Nous ..... ici pour voir la ville.

G. Verbs

1. Je ..... 3 francs à Marie. (donner)
2. Elle ..... à Michel. (téléphoner)
3. Ils ..... souvent au téléphone (parler)
4. Vous ..... les tickets? (voir)
5. Les Leval ..... à Paris. (être)
6. Ils ..... deux enfants. (avoir)
7. Je ..... aux questions des touristes. (répondre)
8. Madame Martin ..... des cartes postales. (vendre)

H. What do you say in French?

1. You arrive at a hotel. Ask if they have a room for you.
2. You are paying the bill. Ask if they accept (exchange) traveller's checks.
3. You are sightseeing in Paris. Someone asks what one sees over there. Say you don't know but that you think it is the Louvre.
4. You are at a tourist information office. Ask for a map of Paris.
5. Ask also if they know when the Louvre is open (business hours).
6. You take the subway. Say hello to someone and ask where they (on) sell tickets.

I. Copy and fill in

1. La chambre est (rather) ..... petite, (nevertheless) ..... Et (fortunately) ..... c'est une (double room) ..... .
2. - Pour (to buy) ..... des journaux, (one must) ..... aller (straight ahead) ..... Là, (on the corner) ..... , il y a un kiosque, (I think) ..... .
3. - Voilà dix francs.
   ○ Merci beaucoup, (that's nice) ..... .
   - ..... (you are welcome).

J. Write a dialog

You ask a lady on the street where they sell (on) newspapers and cigarettes. She answers that there is a tobacco store straight ahead and a newspaper stand just next door.

K. Listening comprehension 👂

Listen to the tape. Check whether the following statements are true (*vrai*) or false (*faux*).

	vrai	faux
a) Madame Robert est à la réception d'un hôtel.		
b) Il y a une chambre pour madame Robert.		
c) La chambre coûte 22 F.		

L. Pronunciation 👂

1. Mark with a ‿ the liaisons in the following sentences (listen carefully to the tape or to your teacher).
   a) Voici un avion.
   b) Philippe et Claudine sont en avion.
   c) Où sont les oreillers?
   d) Vous avez l'annuaire?
   e) Madame Leval est à Paris avec ses enfants.

2. Listen to the following sentences. Indicate under the appropriate syllables in (a), (b), and (c) whether you hear an [e] or an [ɛ] sound.
   a) C'est une pièce d'identité.
   b) Il y a un étranger à la réception.
   c) Ça fait mille francs. On paye avec des chèques.

3. Transcribe the following place names into IPA (see page 233). Listen carefully first.
   Paris Orléans Cherbourg Le Havre
   La Rochelle Versailles Fontainebleau
   Roquefort Toulouse Perpignan Dijon
   Lyon Bordeaux

11 Grands magasins et petites idées

Depuis six mois, Simone est vendeuse dans un grand magasin, au rayon des cadeaux. Chaque matin, de bonne heure, elle est à son travail. Le magasin ouvre à neuf heures et déjà le matin, il y a beaucoup de clients.

Une cliente arrive.
- Avez-vous quelque chose pour une jeune fille de dix-huit ans?
○ Nous avons un très joli briquet; c'est une nouveauté.
- Non, merci, ma fille ne fume pas.

Une autre cliente.
○ Je voudrais une écharpe.
- Une grande ou une petite?
○ Montrez-moi une grande écharpe.

Un client demande un bon parfum pour sa femme. Simone montre un très bon parfum, pas cher. Il coûte 120 francs seulement. Le monsieur trouve que c'est trop cher. Il demande si elle n'a rien d'autre.

Un autre client veut savoir où on trouve les voitures d'enfant. Simone répond que c'est au quatrième étage, à droite.

Une troisième cliente.
○ Pardon, les ceintures et les cravates?
- C'est au rayon de la confection pour hommes. Au deuxième étage.

Le magasin **ouvre** à neuf heures. (*ouvrir* → 47)
Avez-vous **quelque chose**? - Non, je **n'ai rien**. (→ 22)
Au **quatrième** étage (→ 13)

Grands magasins et petites idées

Vocabulaire

grand -e [grã grãd]	large, big
le magasin [magazɛ̃]	store, shop
le grand magasin [gʀãmagazɛ̃]	department store
petit -e [p(ə)ti p(ə)tit]	little, small
une idée [ynide]	idea
le mois [mwa]	month
Simone [simɔn]	
le rayon [ʀɛjɔ̃]	department, section (in a store)
le cadeau -x [kado] (→5**B**)	gift
le matin [matɛ̃]	morning
de bonne heure [d(ə)bɔnœ:ʀ]	early
le travail [tʀavaj]	work
le magasin ouvre [l(ə)magazɛ̃u:vʀ] (*ouvrir*)	the store opens
à neuf heures [anœvœ:ʀ]	at nine o'clock
le matin [l(ə)matɛ̃]	*h.* in the morning
quelque chose [kɛlkəʃo:z]	something
la jeune fille [ʒœnfij]	young lady
un an [œnã]	year
une jeune fille de dix-huit ans [ynʒœnfijdədizɥitã]	an eighteen-year-old girl
joli -e [ʒɔli]	pretty
le briquet [bʀikɛ]	cigarette lighter
la nouveauté [nuvote]	novelty
une écharpe [yneʃaʀp]	scarf
montrer [mɔ̃tʀe]	to show
demander [d(ə)mãde]	to ask for
bon (m), **bonne** (f) [bɔ̃ bɔn]	good
le parfum [paʀfœ̃]	perfume
pas [pa]	not
cher (m), **chère** (f) [ʃɛ:ʀ ʃɛ:ʀ]	expensive
trouver [tʀuve]	*h.* to think, to consider (to find)
trop [tʀo]	too
ne ... rien d'autre [n(ə)ʀjɛ̃do:tʀ]	nothing else, anything else
il veut [ilvø] (*vouloir*)	he wants
savoir [savwa:ʀ]	to know
la voiture [vwaty:ʀ]	car, vehicle
la voiture d'enfant [vwatyʀdãfã]	baby carriage
quatrième [katʀiɛm]	fourth
troisième [tʀwazjɛm]	third
la ceinture [sɛ̃ty:ʀ]	belt
la cravate [kʀavat]	tie, necktie
la confection pour homme [kɔ̃fɛksjɔ̃puʀɔm]	men's clothing
deuxième [døzjɛm]	second

Langue

1. The verb **ouvrir** in the present tense.

   Ouvrir is conjugated in the same way as an **-er** verb, i.e., as a verb of the first conjugation.

   (See→47.)

2. C'est au troisième étage. / It is on the third floor.

   The ordinals are usually formed by adding **-ième** to the cardinal (trois + **-ième** = **troisième**). Note, however: **quatrième** (mute *e* in *quatre* is dropped.)

   The corresponding cardinals for one (*un*, masculine, and *une*, feminine) are **premier**, masculine, and **première**, feminine. (See →12, 13.)

A. Answer the questions

1. Quelle est la profession de Simone?
2. Où est-ce qu'elle est vendeuse?
3. Quand ouvre le magasin?
4. Y a-t-il des clients?
5. Qu'est-ce que Simone vend, par exemple?
6. Est-ce que la cliente achète le briquet? Pourquoi? [= why?]
7. Est-ce que le monsieur achète le parfum? Pourquoi?
8. Qu'est-ce que demandent les autres clients?

B. Ask questions
Use "grand" or "petit".

Model
- Avez-vous un peigne?
○ Un grand ou un petit?
- Je voudrais un grand peigne, s'il vous plaît.

1. Avez-vous une écharpe?
2. Avez-vous une valise?
3. Avez-vous un dictionnaire?
4. Avez-vous un sac?
5. Avez-vous une lampe?

le dictionnaire   dictionary
la lampe   lamp

C. What is your opinion?
"Trop grand" or "trop petit"?

1
- Voici une valise.
○ Elle est .....

2
- Voici un parapluie.
○ .....

3
- Voilà une serviette.
○ .....

4
- Voilà une lampe.
○ .....

D. Translate

1. I would like a book for my wife.
2. I would like a good perfume for my daughter,
3. a small car for my son,
4. and a large belt for my sister.

E. Role play
Work in pairs. One will play a customer and the other a salesperson. Use the illustrations and some of the following expressions.

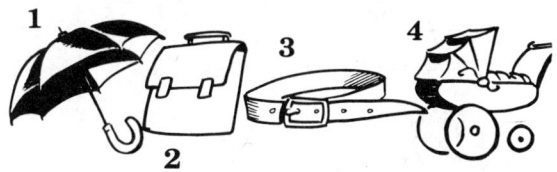

Variantes

C'est combien?	How much is that?
C'est cher.	That's expensive.
C'est bon marché.	That's cheap.
C'est un très bon prix.	That's a very good price.
Je trouve que c'est/il est/elle est trop...	I think it is too ...

F. Quelque chose—ne ..... rien
Make up questions and answers with the following verbs: *regretter, trouver, chercher, acheter*. Alternate *tu* and *vous*.

Models
- Vous regrettez quelque chose?
○ Non, je ne regrette rien.

- Vous ne regrettez rien?
○ Si, je regrette quelque chose.

Si = yes (in answer to a negative question).

Sounds and letters ●●

The letter combinations **au** *and* **eau** *are often pronounced* [o]:

b**eau**   le tabl**eau**
il f**au**t   les journ**aux**
les tabl**eaux**
nouv**eau**
la nouv**eau**té

12 Achats

Confection pour dames

- Vous avez des blouses et des pullovers de couleurs vives?
- C'est pour vous?
- Oui, c'est pour moi.
5 C'est pour mettre avec ma jupe.
- Voilà une blouse verte et rouge. Elle va bien avec votre jupe grise.
- Oui, c'est ma taille. Je prends cette blouse.
- Regardez ce tricot blanc et jaune.
10 C'est joli. Ce n'est pas cher et c'est une très bonne qualité.
- Non, merci, pas aujourd'hui.

Confection pour hommes

- Montrez-moi des cravates. C'est pour un ami.
- De quelle couleur?
- Mon ami aime bien le bleu.
- Voici une cravate bleu foncé et une autre qui est jaune et bleu clair. Choisissez.
- Je prends la cravate bleu foncé.

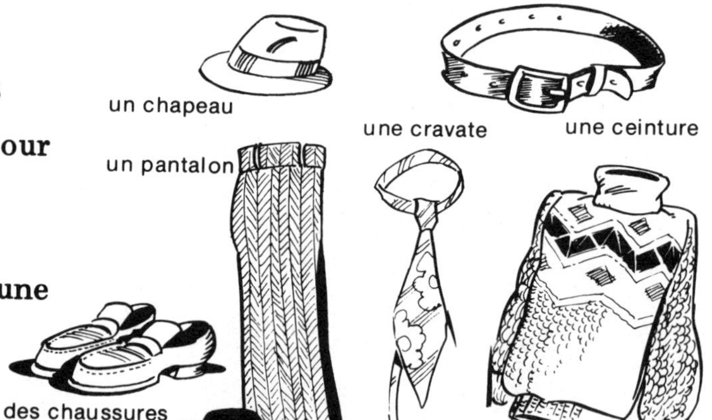

Voici une cravate **bleu foncé**. (→ 7F)
Voilà une blouse **verte** et un tricot **blanc**. (→ 7; 8)
Je prends **cette** blouse. (→ 11)

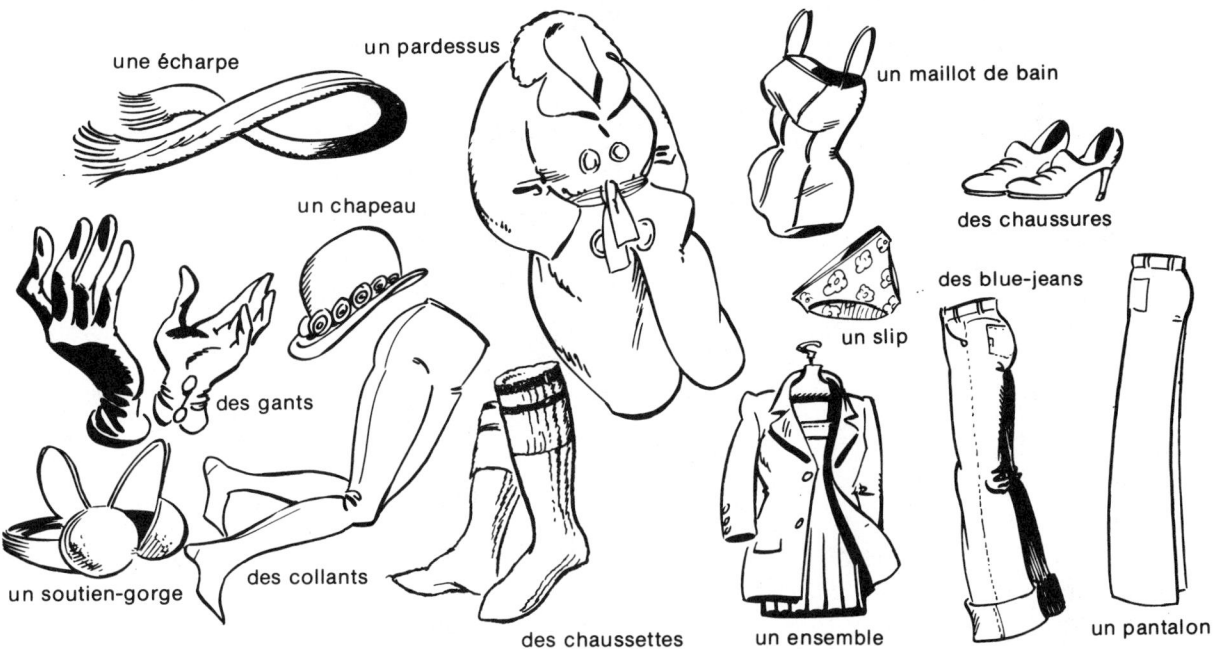

Les grands magasins et les petits commerçants

En France, comme un peu partout dans le monde, il y a une forte concurrence entre les grands magasins et les petites boutiques. Le libre-
5 service et la grande surface, voilà deux phénomènes du commerce moderne. Il y a des supermarchés partout. Il y a même des hypermarchés.
10 Pour les petits commerçants c'est difficile. Les salaires, les frais du personnel et les impôts augmentent tout le temps. Les clients disent que la nourriture coûte trop cher. L'infla-
15 tion complique toujours la situation.

Confection pour dames

Vocabulaire

un achat [œ̃naʃa]	purchase
la blouse [blu:z]	blouse
le pullover [pylɔvɛ:R]	pullover (sweater)
la couleur [kulœ:R]	color
de couleurs [d(ə)kulœ:R]	colored (of colors)
vif (m), **vive** (f) [vif] [viv]	lively (h. bright)
mettre [mɛtR]	h. to wear
la jupe [ʒyp]	skirt
vert -e [vɛ:R vɛRt]	green
rouge [Ru:ʒ]	red
aller [ale]	h. to go with (to match)
gris -e [gRi gRi:z]	grey
la taille [taj]	size
je prends [ʒ(ə)pRã] *(prendre)*	I take
le tricot [tRiko]	sweater
blanc (m), **blanche** (f) [blã] [blã:ʃ]	white
jaune [ʒo:n]	yellow
la qualité [kalite]	quality
la robe [Rɔb]	dress
le gant [gã]	glove
le soutien-gorge [sutjẽgɔRʒ]	brassiere
les collants [lekɔlã]	pantyhose
le maillot de bain [majodbẽ]	bathing suit
le slip [slip]	underpants
un ensemble [œ̃nãsã:bl]	ensemble, outfit
les blue-jeans [lebludʒin(s)]	blue jeans
le pardessus [paRdəsy]	coat, overcoat
le chapeau -x [ʃapo]	hat
la chaussure [ʃosy:R]	shoe
la chaussette [ʃosɛt]	sock
le pantalon [pãtalɔ̃]	pants

Langue

1. **une** blouse — a blouse
   cette blouse — this blouse
   un tricot — a sweater
   ce tricot — this sweater
   (See → 11.)

2. Review the adjectives (endings and position).
   (See → 7, 8.)

   Note:
   a) **blanc** (m. s.) **blanche** (f. s.);
   b) **bleu foncé** (dark blue) and other compound adjectives are not declined;
   c) **marron** (brown) and **chic** (elegant) are not declined.

A. Des couleurs
Learn the colors.

1. bleu — blue
2. blanc — white
3. rouge — red
4. jaune — yellow
5. marron — brown
6. gris — grey
7. vert — green
8. orange — orange
9. bleu foncé — dark blue
10. bleu clair — light blue

B. Questions and answers

In Exercise **A** each color has a number. The numbers on the items of clothing illustrated below refer to those colors. Make up questions and answers according to the model. Alternate between *vous* and *tu*.

Model
- Vous avez une blouse?
○ Voici une blouse verte.

1 - Tu as une .....

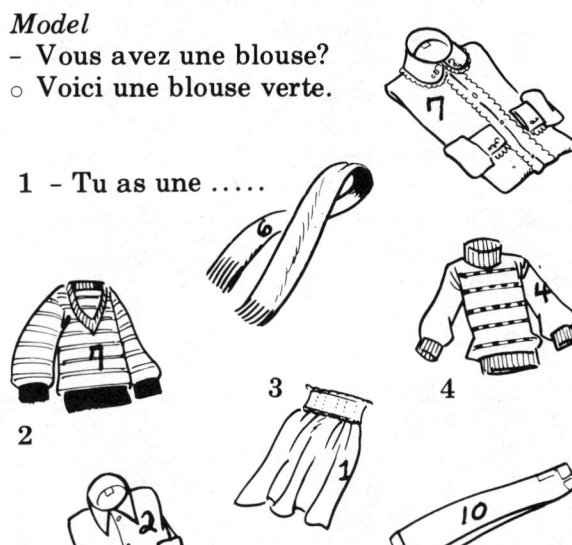

D. Role play

Form pairs. One is a customer, the other an employee at a department store. Base your dialogs on the illustration on page 67 and the following model.

Model
- Les pantalons pour dames, c'est à quel étage?
○ Au troisième étage, à gauche, madame.

à quel étage?   on which floor?

C. Ce ou cette?

Make up dialogs based on the illustrations in Exercise **B** and the models.

Model 1
- Voici une jolie blouse.
○ Oui, elle est très jolie.
  Je prends cette blouse.

Model 2
- Comment trouvez-vous cette blouse?
  (= What do you think of this blouse?)
○ Elle est très jolie.

Variantes
ravissant, -e	marvelous
c'est bien	it's good
très bien	very good
pas très bien	not so good
très à la mode	very stylish
drôle	amusing
chouette	cute
affreux (m), *affreuse* (f)	awful

Confection pour hommes

Vocabulaire

un ami [œ̃nami]	friend
quel -le [kɛl]	what
de quelle couleur? [d(ə)kɛlkulœ:R]	what color?
aimer bien [ɛmebjɛ̃]	to like very much
le bleu [blø]	blue (the color blue)
bleu -e [blø]	blue
foncé [fɔ̃se]	dark
clair -e [klɛR]	light
choisissez [ʃwazise] *(choisir)* (→ 27B)	choose! select!
le gilet [ʒilɛ]	vest
le complet [kɔ̃plɛ]	suit
le veston [vɛstɔ̃]	sport coat (jacket)
la gabardine [gabaRdin]	raincoat

E. Speaking about clothing
Follow the models.

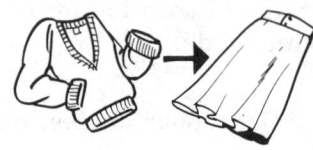

Model 1
Voilà un joli tricot. Il va bien avec ma jupe.

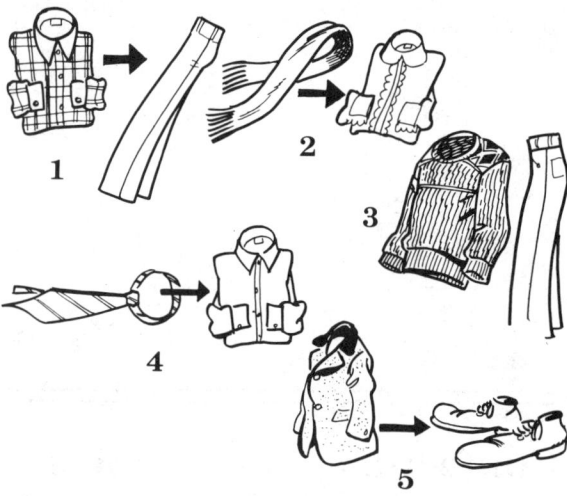

Model 2
Voilà un briquet. C'est un très joli briquet. C'est un briquet français.

1. pullover
2. lampe
3. cravate
4. serviette
5. sac

Variantes

italien	Italian
anglais	British
américain	American
canadien	Canadian
suisse	Swiss

F. Dialog practice
Look at the illustrations and dialogs on pages 70 and 71. Form pairs, select an item of clothing, and make up similar dialogs. One student takes the role of the customer, the other that of the salesperson.

G. Questions and answers
Imagine that you are working at the information booth of a department store (see page 67). Answer the following questions:

1. Vous avez des lampes?
2. Où est le rayon des valises?
3. Vous avez des blouses pour une petite fille?
4. Il y a des chemises dans ce rayon?
5. Où sont les voitures d'enfant?
6. À quel étage sont les stylos?
7. Vous avez des jupes?
8. Y a-t-il des cravates dans ce rayon?
9. Où est-ce qu'on prend un café?
10. Vous avez des tables?

H. Translate

1. Mrs. Martin is working at a department store.
2. She sells neckties and shirts.
3. Here is a customer (male):
4. – Do you have ties?
5. ○ Yes. This blue tie is very nice.
6. – I don't like blue. I'll take this green tie. How much is this grey hat?
7. ○ 175 francs.

Listening comprehension 👓
Listen to the tape (or to your teacher). You will hear a conversation between a customer and a salesperson. Note down the prices of the various items mentioned. Listen again and check off the items the customer bought. How much is the total bill?

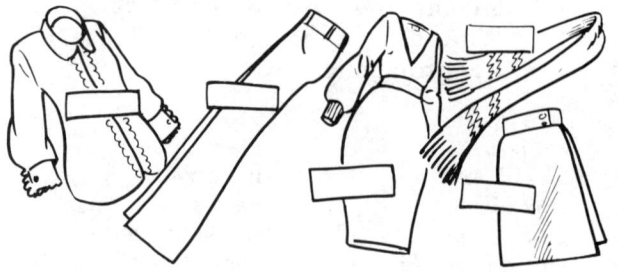

Les grands magasins et les petits commerçants

Vocabulaire

comme [kɔm]	as, like
un peu [œ̃pø]	a little, a little bit
partout [paRtu]	everywhere
le monde [mɔ̃:d]	world
fort -e [fɔ:R] [fɔRt]	strong
la concurrence [kɔ̃kyRɑ̃:s]	competition
entre [ɑ̃tR]	between
le libre-service [libRəsɛRvis]	self-service
la surface [syRfas]	space
la grande surface [gRɑ̃dsyRfas]	(large) discount store
voilà [vwala]	h. here we have
le phénomène [fenɔmɛn]	phenomenon
le commerce [kɔmɛRs]	commerce
le supermarché [sypɛRmaRʃe]	supermarket
même [mɛm]	same (h. even)
un hyper-marché [œ̃nipɛRmaRʃe]	very large supermarket
le commerçant [kɔmɛRsɑ̃]	businessman
le petit commerçant [p(ə)tikɔmɛRsɑ̃]	small shopkeeper
difficile [difisil]	difficult
le salaire [salɛ:R]	salary
les frais (m. pl.) [fRɛ]	costs
le personnel [pɛRsɔnɛl]	personnel
les frais du personnel [fRɛdypɛRsɔnɛl]	personnel costs
un impôt [œ̃nɛ̃po]	tax
augmenter [ɔgmɑ̃te]	to go up, to increase
le temps [tɑ̃]	time
tout -e [tu tut]	all
tout le temps [tultɑ̃]	all the time
les clients disent [lekliɑ̃di:z] (dire)	customers say
la nourriture [nuRity:R]	food
coûter cher [kuteʃɛ:R]	to cost too much
une inflation [ynɛ̃flasjɔ̃]	inflation
compliquer [kɔ̃plike]	to complicate
toujours [tuʒu:R]	always
la situation [sitɥasjɔ̃]	situation

Listening comprehension 👁️👁️

Mr. Laboule owns a small grocery store. He tells about his problems. Make a written report of what he says. You may do so in English. Translate some of the key sentences into French and use them as a basis for a mini-speech in French.

Sounds and letters 👁️👁️

[ø]-sound   [ø] *at the end of a word:* bl**eu** d**eux** monsi**eur** un p**eu**

[ø] *within a word,* **eu** *as in:* p**eu**t-être h**eu**reusement

[œ]-sound   [œ] *before the r-sound:* conservat**eu**r la s**œu**r la coul**eu**r h**eu**reusement

other examples of eu as [œ]: n**eu**f j**eu**ne s**eu**lement le fl**eu**ve

13 Le tour du monde en

Les pays où on parle français:

1 l'Algérie (f)	7 le Canada	13 la Guadeloupe	18 le Laos	24 la Mauritanie
2 la Belgique	8 le Congo	14 la Guinée	19 Liechtenstein	25 le Niger
3 le Benin	9 la Côte-d'Ivoire	15 la Guyane française	20 le Luxembourg	26 la Nouvelle-Calédonie
4 le Burundi	10 les États-Unis	16 Haïti	21 le Mali	27 la Polynésie française (Tahiti)
5 le Cambodge	11 la France	17 la Haute-Volta	22 le Maroc	
6 le Cameroun	12 le Gabon		23 la Martinique	

Où est-ce qu'on parle français?

Dans plusieurs pays, le français est la langue maternelle d'une partie des habitants, par exemple, en Belgique, en Suisse, et au Canada. Au Canada, on parle anglais et français. En Belgique, on parle flamand et français. En Suisse, allemand, français et italien.

En Afrique, il y a beaucoup de pays où le français est la langue étrangère qu'on utilise le plus. Quand un Marocain parle avec un Sénégalais, il parle français.

français

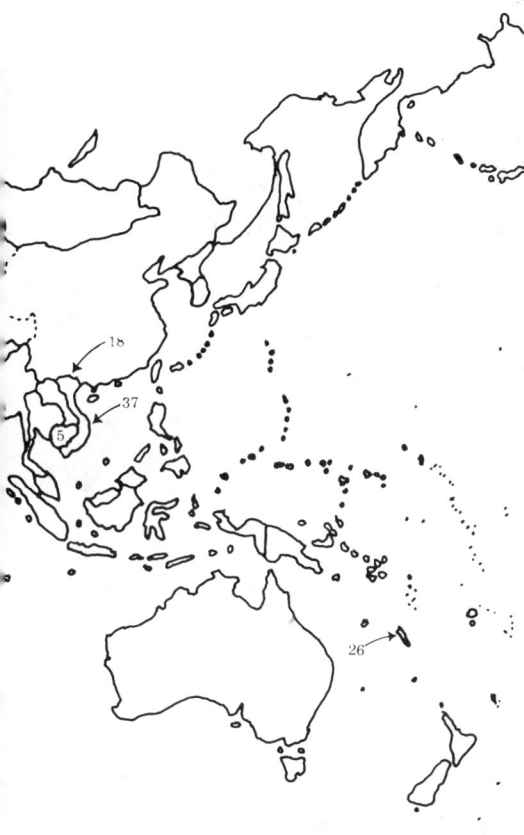

28 la République Centrafricaine	33 la Suisse
29 le Rwanda	34 le Tchad
30 Madagascar	35 le Togo
31 la Réunion	36 la Tunisie
32 le Sénégal	37 le Vietnam
	38 le Zaïre

Quel journal est-ce qu'on lit?

À Genève, on lit naturellement *La Tribune de Genève*.

Les Parisiens lisent *Le Monde*, *Le Figaro*, *France-Soir* ou *Le Parisien Libéré*.

Les habitants de Dakar lisent *Le Soleil* et *L'Afrique Nouvelle*.

À Bruxelles, on lit *Le Soir* et *La Libre Belgique*.

La Presse et *Le Devoir* sont deux journaux canadiens.

À Genève, on **lit** *La Tribune de Genève*. (lire → 45)

Où est-ce qu'on parle français?

Vocabulaire

le tour du monde [tuʀdymɔ̃ːd]	world tour
plusieurs [plyzjœːʀ]	several, a number of
le pays [pɛi]	country
le français [fʀɑ̃sɛ]	French (language)
la langue [lɑ̃ːg]	language
la langue maternelle [lɑ̃gmatɛʀnɛl]	native language (mother tongue)
la partie [paʀti]	part
un habitant [œ̃nabitɑ̃]	inhabitant
l'anglais [ɑ̃glɛ] (m)	English (language)
le flamand [flamɑ̃]	Flemish (language)
l'allemand [almɑ̃] (m)	German (language)
l'italien [italjɛ̃] (m)	Italian (language)
l'Afrique (f) [afʀik]	Africa
étranger (m), **étrangère** (f) [etʀɑ̃ʒe] [etʀɑ̃ʒɛːʀ]	foreign
qu'on [kɔ̃]	that one
utiliser [ytilize]	to use
le plus [ləply(s)]	most
le Marocain [maʀɔkɛ̃]	Moroccan (person)
le Sénégalais [senegalɛ]	Senegalese (person)

> **Langue**
>
> Compare **au Canada** and **en Belgique**.
> (See → 4A.)

Voici une photo d'une école en Haute-Volta. Le français est la langue officielle de la Haute-Volta.

A. Answer the questions

1. Quelles langues est-ce qu'on parle en Belgique? En Suisse? Et au Canada?
2. Dans quels pays d'Afrique est-ce qu'on parle français?

B. Languages

Name some countries where French is an official language or a prominent second language. (Refer to the map on pages 76 and 77 if necessary.)

Quel journal est-ce qu'on lit?

Vocabulaire

Genève [ʒ(ə)nɛ:v] — Geneva
naturellement [natyʀɛlmɑ̃] — naturally
La Tribune de Genève [latʀibyndəʒ(ə)nɛ:v] — (*Geneva Tribune*)
le Parisien [paʀizjɛ̃] — Parisian (person)
ils lisent [illi:z] (*lire*) — they read
Le Monde [ləmɔ̃:d] — (*World*)
Le Figaro [ləfigaʀo] — (*Figaro*)
France-Soir [fʀɑ̃sswa:ʀ] — (*France Tonight*)
Le Parisien Libéré [ləpaʀizjɛ̃libeʀe] — (*Free Parisian*)
Dakar [daka:ʀ] — Dakar
Le Soleil [ləsɔlɛj] — (*Sun*)
l'Afrique Nouvelle [lafʀiknuvɛl] — (*New Africa*)
Bruxelles [bʀysɛl] — Brussels
Le Soir [ləswa:ʀ] — (*Evening*)
La Libre Belgique [lalibʀəbɛlʒik] — (*Free Belgian*)
La Presse [lapʀɛs] — (*Press*)
Le Devoir [ləd(ə)vwa:ʀ] — (*Duty*)

C. Answer the questions

1. Quel journal est-ce qu'on lit à Genève?
2. Quels journaux lisent les Parisiens, par exemple?
3. Vous êtes à Dakar. Quels journaux lisez-vous?
4. Qu'est-ce qu'on lit à Bruxelles?
5. Et à Montréal?

Langue

1. The verb **lire** in the present tense.

je lis	I read
tu lis	you read
il lit	he reads
elle lit	she reads
on lit	one reads
nous lisons	we read
vous lisez	you read
ils lisent	they read (masc.)
elles lisent	they read (fem.)

   (See → 45.)

2. *Le* Monde, **La** Tribune de Genève, **Le** Figaro

   Most newspaper names include a definite article. Examples of those that do not are *France-Soir* and *Paris-Match*.

D. Quel journal est-ce qu'on lit?

Fill in the correct form of the verb *lire*.

1. Moi, je ..... *France-Soir*.
2. Nadine ..... *Le Figaro*.
3. Toi, tu ..... *Le Monde*.
4. Mes filles ..... *France-Soir* aussi.
5. Pierre ..... *Le Soir*.
6. Nous ..... *France-Soir*.
7. Vous ..... *La Libre Belgique*?

Sounds and letters

[j]-sound — *spelled with* **i** *or* **y**: b**i**en le cas**i**er plus**i**eurs deux**i**ème L**y**on il **y** a Ple**y**el

eil, eill *is pronounced* [ɛj]: le sol**eil** Mir**eill**e un or**eill**er

ay *is also pronounced* [ɛj]: p**ay**er je p**ay**e

ail, aill *is pronounced* [aj]: trav**aill**er le trav**ail** le chand**ail**

ill *is pronounced* [ij]: la f**ill**e le b**ill**et elle est gent**ill**e

14 On parle français

Sekou

Sekou est de Dakar.
Il est Sénégalais.
Il a 35 ans.
Il est journaliste.
Il écrit dans *Le Soleil.*
Sekou est le correspondant de son journal à Paris.
Il a trois frères et quatre sœurs.
Son frère aîné travaille en France, au Havre, dans un chantier naval.
Sekou a beaucoup de cousins et de cousines.

Anniversaire

– Quel âge avez-vous, Sekou?
o J'ai 35 ans. Et vous?
– Moi, j'ai 21 ans aujourd'hui. C'est mon anniversaire.

Il **écrit** dans *Le Soleil.* (écrire → 42)
Quel âge avez-vous? (→ 26)

Lucienne

Lucienne habite à Québec.
Elle est Canadienne.
Elle a 30 ans.
Elle est femme d'affaires.
Elle lit *La Presse* pour les annonces.
Lucienne n'est pas mariée.
Elle habite chez sa mère.
Elle n'a plus son père.

Son fiancé travaille dans l'électronique.
Il vient souvent chez elle.
La mère de Lucienne aime bien Jean-Louis. Elle lui parle volontiers.

Elle n'a **plus** son père. (→ 62)
Il **vient** souvent chez elle. (venir → 58)
Elle **lui** parle volontiers. (→ 16 II)

Paulette

Moi, je suis née en 1937*.
Je suis de Liège.
Je suis Belge.
Quand je suis libre, je lis *Le Soir* et parfois un hebdomadaire comme *Paris-Match*.

Mon mari a 47 ans.
Il est de Paris, mais nous habitons à Lyon.
Il est portier d'hôtel et il a beaucoup de temps pour lire les journaux!

Arsène

Je m'appelle Arsène Leblanc.
Moi, je suis Parisien.
J'habite à Paris.
J'ai 52 ans.
Je suis marchand de journaux.
J'ai un kiosque à journaux, boulevard Voltaire.
Je vends *Le Monde*, *Le Figaro*, *France-Soir*, *Le Nouvel Observateur* et beaucoup d'autres.
Je ne lis pas les journaux.
Je n'ai pas le temps.

*dix-neuf cent trente-sept (→12)

Je **m'appelle** Arsène. (*s'appeler* → 28B; 18)

Sekou

Vocabulaire

Sekou [seku]
il a 35 ans — he is 35 years old
 [ilatʀɑ̃tsɛ̃kɑ̃]
le journaliste — journalist
 [ʒuʀnalist]
il écrit [ilekʀi] — he writes
 (écrire)
le correspondant — correspondent
 [kɔʀɛspɔ̃dɑ̃]
le frère [frɛːʀ] — brother
aîné -e [ɛne] — older
Le Havre [ləɑːvʀ] — an important French port on the English Channel
dans [dɑ̃] — in
le chantier naval — naval ship yard
 [ʃɑ̃tjenaval]
le cousin, la cousine — cousin
 [kuzɛ̃] [kuzin]

Langue

The verb **écrire** in the present tense

j'écris	I write
tu écris	you write
il écrit	he writes
elle écrit	she writes
on écrit	one writes
nous écrivons	we write
vous écrivez	you write
ils écrivent	they write (masc.)
elles écrivent	they write (fem.)

A. Answer the questions

1. Sekou est-il de Paris?
2. Est-ce qu'il est Français?
3. Quel âge a-t-il?
4. Quelle est sa profession (= profession)?
5. Dans quel journal est-ce qu'il écrit?
6. A-t-il des frères et des soeurs?
7. Où travaille son frère aîné?
8. Est-ce que Sekou a des cousins?

B. Conversation with Sekou

Write Sekou's answers. Then role play the questions and answers with a partner.

– D'où êtes-vous, monsieur Sekou?
○ .....
– Alors, vous n'êtes pas Français?
○ .....
– Quel âge avez-vous?
○ .....
– Quelle est votre profession?
○ .....
– Dans quel journal écrivez-vous?
○ J'écris .....
– Est-ce que vous avez des frères et des soeurs?
○ .....
– Quelle est la profession de votre frère aîné?
○ .....
– Avez-vous une grande famille?
○ .....

Anniversaire

Vocabulaire

un anniversaire [œ̃nanivɛRsɛ:R]	birthday
un âge [œ̃na:ʒ]	age
quel âge avez-vous? [kɛlaʒavevu]	how old are you?
j'ai 21 ans [ʒevɛ̃tœ̃nɑ̃]	I am 21
aujourd'hui [oʒuRdɥi]	today

C. Practice for all ages

Model
J'ai 16 ans. J'ai seize ans.

1. Tu as 20 ans.
2. Il a 33 ans.
3. Elle a 19 ans.
4. J'ai 59 ans.
5. Ils ont 65 ans.
6. Elles ont 75 ans.
7. Il a 85 ans.

D. Quel?

Fill in the correct form of *quel*.

1. ..... âge as-tu, Alain?
2. ..... sont les journaux qu'on lit le plus en France?
3. ..... sont tes chaussures, Monique?
4. ..... est la langue officielle de ce pays?
5. Dans ..... pays est-ce qu'on parle français?

Listening comprehension 👂

Listen to the tape (or to your teacher) and write where each person lives and how old he/she is.

Noms	*Ville*	*Âge*
Roland Matthieu		
Paul Lamartine		
Lucile Aymé		
Pierre Leval		
Brigitte Lamartine		

Lucienne

Vocabulaire

Lucienne [lysjɛn]	
habiter [abite]	to live
Québec [kebɛk]	
la Canadienne [kanadjɛn]	Canadian (person)
la femme d'affaires [famdafɛ:R]	businesswoman
une annonce [ynanɔ̃:s]	ad
marié -e [maRje]	married
chez [ʃe]	*h.* with (her mother); i.e., in the home of
la mère [mɛ:R]	mother
ne ... plus [nə ply]	no longer
le père [pɛ:R]	father
le fiancé [fjɑ̃se]	fiance
l'électronique (f) [elɛktRɔnik]	electronics industry
il vient [ilvjɛ̃] (*venir*)	he comes
chez elle [ʃezɛl]	to (visit) her home
Jean-Louis [ʒɑ̃lwi]	
lui [lɥi]	(to) him
volontiers [vɔlɔ̃tje]	willingly, gladly
venir [v(ə)ni:R]	to come

Langue

1. The verb **venir** in the present tense.

je viens	I come
tu viens	you come
il vient	he comes
elle vient	she comes
on vient	one comes
nous venons	we come
vous venez	you come
ils viennent	they come (m.)
elles viennent	they come (f.)

   (See → 58.)

2. **ne ... plus**

   (See → 62.)

E. Conversation with Lucienne
Write Lucienne's answers. Now role play the questions and answers in pairs.

- Où est-ce que vous habitez, Lucienne?
○ .....
- Vous êtes Française?
○ .....
- Quel âge avez-vous?
○ .....
- Quelle est votre profession?
○ .....
- Quel journal est-ce que vous lisez?
○ .....
- Et *pourquoi* (= why) ce journal?
○ .....
- Vous êtes mariée, Lucienne?
○ .....
- Vous habitez chez votre père?
○ .....
- Êtes-vous fiancée?
○ .....
- Quelle est la profession de votre fiancé?
○ .....
- Voyez-vous souvent votre fiancé?
○ .....

F. Narrative
Read the narrative about Lucienne on page 80. Write a new narrative about Philippe. Use these key words.

Montréal—père—mère—sa fiancée—Marie

G. Venir
Write five questions using *venir*.

Model
Tu viens ou tu ne viens pas?
1. Vous
2. Nous
3. Les Leval
4. Marcel
5. Je

H. Transformation
Write six sentences based on the model.

Model
Pierre est là. Marcel vient chez lui.

1. Nous sommes là. Les Leval .....
2. Vous êtes là. Annie .....
3. Je suis là. Toi, tu .....
4. Tu es là. Moi, je .....
5. Claudine est là. Paul .....
6. Monsieur Barre est là. Madame Lasalle .....

Paulette

Vocabulaire
Paulette [pɔlɛt]
né -e [ne] — born
Liège [ljɛːʒ]
le, la Belge [bɛlʒ] — Belgian (person)
libre [libʀ] — free
je lis [ʒ(ə)li] (*lire*) — I read
parfois [paʀfwa] — sometimes
un hebdomadaire — weekly
  [œ̃nɛbdɔmadɛːʀ]
Paris-Match
  [paʀimatʃ]

Langue

Note:
Je suis née **en** 1937.   I was born in 1937.
(See → 65.)

I. Paulette et Jean-Paul
Read about Paulette on page 81. Tell about her. Start with: "Elle est née..." She has a twin brother (= *frère jumeau*), Jean-Paul. Tell about both of them. Start with: "Ils sont nés..."

J. Practice the numbers

Model
1940 Dix-neuf cent quarante

| 1935 | 1965 | 1945 | 1978 |
| 1952 | 1937 | 1957 | 1980 |

K. Quel âge?
Complete the following dialogs.

1. - Quel âge avez-vous, monsieur?
   ○ Je suis né en 1965.
   - Alors, vous avez ..... ans.
2. - Quel âge avez-vous, mademoiselle?
   ○ Je suis née en 1963.
   - Alors, vous avez ..... ans.
3. - Quel âge as-tu?
   ○ Je suis né en 1955.
   - Alors, ...
4. - Quel âge ont-ils?
   ○ Ils sont nés en 1920.
   - .....
5. - Quel âge a-t-elle?
   ○ Elle est née en 1960.
   - .....

PETITE LECTURE 👓

Je suis né à Camembert

Bordeaux, c'est une ville. Le bordeaux, c'est un vin. La Brie, c'est une région. Le brie, c'est un fromage. Camembert, c'est un village. Le camembert, c'est aussi un fromage. Cognac, c'est aussi une ville. Le cognac, c'est un alcool.

- Où êtes-vous né, monsieur?
○ Je suis né à Camembert.

- Où habitez-vous, mademoiselle?
○ J'habite à Cognac, mais je suis née à Roquefort.

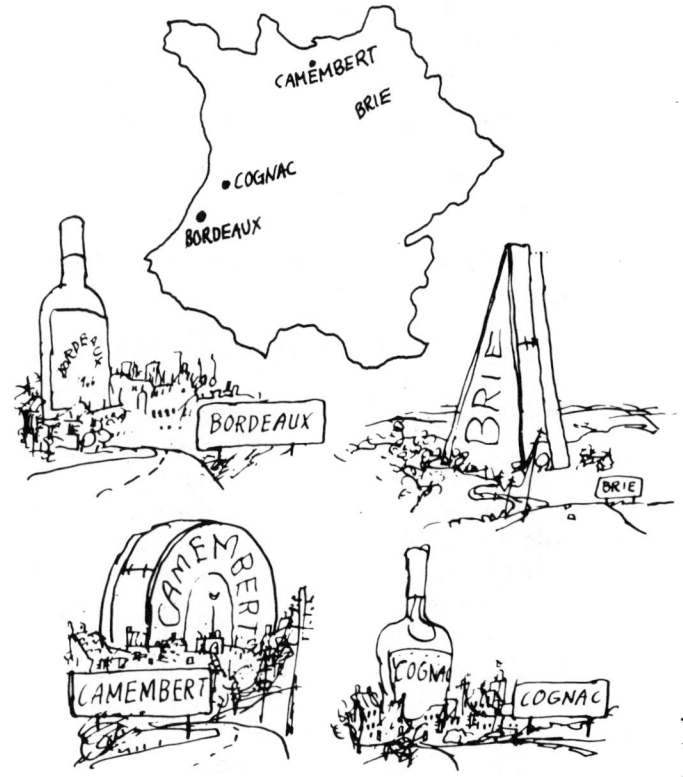

le vin	wine	*le village*	village
la région	region	*un alcool*	liquor
le fromage	cheese		(alcohol)

Arsène

Vocabulaire

je m'appelle [ʒ(ə)mapɛl] (*s'appeler*)	my name is (I am called)
Leblanc [ləblɑ̃]	
Arsène [aRsɛn]	
le marchand de journaux [maRʃɑ̃dʒuRno]	newspaper vendor
le boulevard [bulvaːR]	boulevard, street
boulevard Voltaire [bulvaRvɔltɛːR]	
Le Nouvel Observateur [nuvɛlɔpsɛRvatœːR]	(*New Observer*)
avoir le temps [avwaRlətɑ̃]	to have time
s'appeler [saple]	to be named (called)

Langue

The reflexive verb **s'appeler** in the present tense.

je m'appelle	My name is (I am called, etc.)
tu t'appelles	your name is
il s'appelle	his name is
elle s'appelle	her name is
nous nous appelons	our names are
vous vous appelez	your names are
ils s'appellent	their names are (masc.)
elles s'appellent	their names are (fem.)

Notice that the **l** is doubled before a silent **e**.

(See → 18, 28**B**.)

L. Comment vous appelez-vous?

Model
- Pardon, madame, comment vous appelez-vous?
○ Je m'appelle Marie Dupont.

Marie Dupont   Pierre Duval
Claudine Leval   Arsène Leblanc
Christine Martin   Louis Bernard

M. Arsène

Read about Arsène on page 81. Form pairs. One student should ask questions about Arsène, and the other should answer based on the text. Use the following words:

Comment ..... ?   Qu'est-ce que ..... ?
Où ..... ?   Pourquoi ..... ?
Quel âge ..... ?

N. People and their professions

Write about the following persons:

1. Annie Lafleur—dactylo—née en 1950—Nice—*Nice-Matin*
2. Marcel Martin—contre-maître—né en 1932—Lille—*Le Figaro*

Write about other people.

Professions you may want to use:

la dactylo	typist
le programmeur	programmer
le facteur	postman
un ingénieur	engineer
une infirmière	nurse
le contre-maître	foreman
le, la secrétaire	secretary
un ouvrier, une ouvrière	worker

O. Translate

1. Chantal Dubois is a journalist.
2. She lives in Paris.
3. She writes for a large French daily, *Le Figaro*.
4. She is 33.
5. She is no longer married.
6. But she has a friend whose name is Georges Moreau.
7. He works in a bank.
8. He visits her often and she visits him sometimes.
9. When they have time they read books and newspapers.

Sounds and letters

Nasal vowels

[ã]: dans en France en français deux ans je prends le temps la défense on pense sûrement changer cent francs

[ɔ̃]: montrer le nom marron foncé compter

[ɛ̃]: le matin maintenant canadien au coin américain la province la ceinture un instant loin combien? Alain Martin

[œ̃]: un quelqu'un un instant un parfum

Listening comprehension

Listen to the tape (or to your teacher). You'll hear Jean-Pierre Petit tell about himself.

1. Where is he from?
2. Does he live with his parents?
3. Where does his fiancee work?

15 Au kiosque à journaux

Journaux

Le Monde est un quotidien. Il paraît chaque jour. *Paris-Match* est un hebdomadaire. Il paraît chaque semaine. *Le Monde* est un journal sérieux. Les reportages et les articles sont toujours bien documentés. On ne trouve presque pas de photos dans *Le Monde*. On vend plus d'un million d'exemplaires de *France-Soir*. C'est un très grand quotidien.

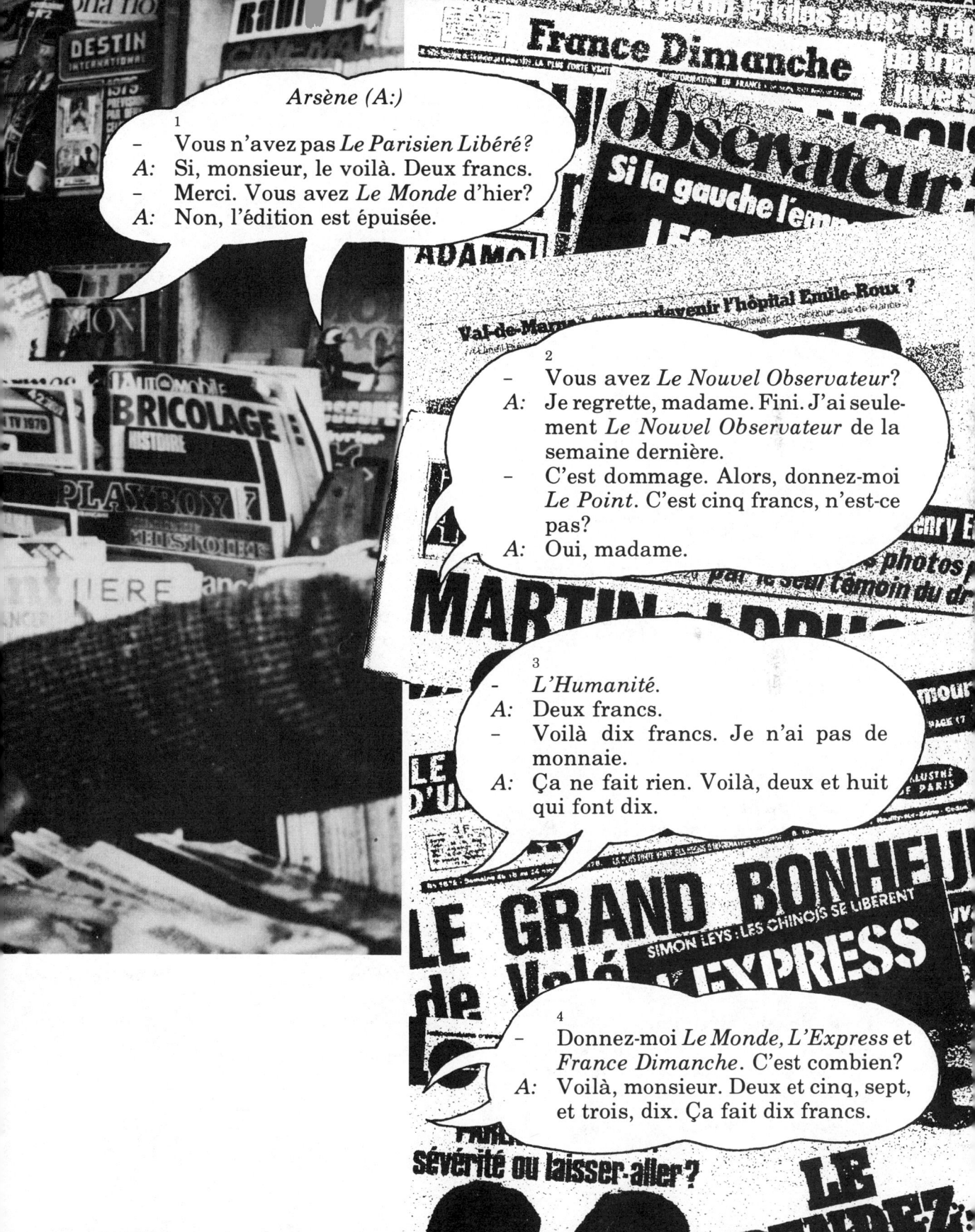

Arsène (A:)

1
- Vous n'avez pas *Le Parisien Libéré*?
- A: Si, monsieur, le voilà. Deux francs.
- Merci. Vous avez *Le Monde* d'hier?
- A: Non, l'édition est épuisée.

2
- Vous avez *Le Nouvel Observateur*?
- A: Je regrette, madame. Fini. J'ai seulement *Le Nouvel Observateur* de la semaine dernière.
- C'est dommage. Alors, donnez-moi *Le Point*. C'est cinq francs, n'est-ce pas?
- A: Oui, madame.

3
- *L'Humanité*.
- A: Deux francs.
- Voilà dix francs. Je n'ai pas de monnaie.
- A: Ça ne fait rien. Voilà, deux et huit qui font dix.

4
- Donnez-moi *Le Monde*, *L'Express* et *France Dimanche*. C'est combien?
- A: Voilà, monsieur. Deux et cinq, sept, et trois, dix. Ça fait dix francs.

Journaux

Vocabulaire

le quotidien [kɔtidjɛ̃]	daily (paper)
il paraît [ilpaRɛ]	it appears (i.e., is published)
le jour [ʒu:R]	day
sérieux (m), **sérieuse** (f) [seRjø seRjø:z]	serious
le reportage [R(ə)pɔRta:ʒ]	report
un article [œ̃naRtikl]	article
bien [bjɛ̃]	well
documenté -e [dɔkymɑ̃te]	documented
plus de [plyd(ə)]	more than, over
un exemplaire [œ̃nɛgzɑ̃plɛ:R]	copy

1

si [si]	yes (following negation)
une édition [ynedisjɔ̃]	edition
épuisé -e [epɥize]	*h.* sold out

2

fini -e [fini]	*h.* all out (finished)
la semaine [s(ə)mɛn]	week
dernier (m), **dernière** (f) [dɛRnje dɛRnjɛ:R]	last
la semaine dernière [lasmɛndɛRnjɛ:R]	last week
c'est dommage [sɛdɔma:ʒ]	that's too bad
Le Point [ləpwɛ̃]	(*The Point*, a weekly)
n'est-ce pas? [nɛspɑ]	isn't it?

3

L'Humanité [lymanite]	(*Humanity*, newspaper published by the French Communist Party)
la monnaie [mɔnɛ]	(small) change
ça ne fait rien [sanfɛRjɛ̃]	it doesn't matter

4

L'Express [lɛkspRɛs]	(*Express*, a weekly)
France Dimanche [fRɑ̃sdimɑ̃:ʃ]	(*France Sunday*, Sunday edition of *France Tonight*)

A. Les journaux
Talk about a French newspaper. Start as follows:

Il y a, par exemple, ...
C'est un .....
Il paraît .....

B. Faites des dialogues
Write four dialogs, based on those on page 89. Substitute the following information.

Variantes pour dialogue 1:
Nice-Matin—2 F—Le Provençal
Le Monde—2 F—Le Figaro

Variantes pour dialogue 2:
Elle—Marie-Claire—8 F
L'Express—Paris-Match—10 F

Variantes pour dialogue 3:
France-Soir—2 F—5 F
Le Monde—2 F—10 F

Variantes pour dialogue 4:
Le Nouvel Observateur—Paris-Match—France-Soir—5 F—10 F—2 F = 17 F
Nice-Matin—Le Provençal—2 F—2 F = 4 F

Role play the dialogs in pairs.

C. Écrivez ce dialogue en français

Le client — *La marchande de journaux*

- Ask the newspaper vendor if she has an American paper.
  - She says that she doesn't have one and that she's sorry.
- Ask where American newspapers are sold.
  - She answers that American newspapers are sold in the kiosk by the railroad station.
- Say thank you and good-bye.
  - She also says good-bye.

Listening comprehension

Listen to the tape (or to your teacher) and then answer the following questions.

1. What paper does the woman sell?
2. What is the big news item? (You may answer in English.)
3. What newspaper does the man sell?
4. What is the big news item? (You may answer in English.)

Sounds and letters

	Nasal vowels	Non-nasal vowels
an, am	[ã]: dans changer Jean Champagne	Anne Jeanne la dame
en, em	[ã]: penser cent temps	Vincennes troisième *(note!):* la femme [-am]
ien	[jɛ̃]: bien canadien	canadienne
ein	[ɛ̃]: la ceinture	la Seine une enseigne
ain	[ɛ̃]: américain	américaine
in	[ɛ̃]: le matin Martin	Claudine Martine
on, om	[ɔ̃]: bon il montre	bonne nous sommes

REVIEW/SELF-TEST III
Vous vous rappelez?

A. C'est à quel étage?
Look at page 67 in the textbook and answer the questions.

1. – Avez-vous des tables?
   ○ Oui, c'est au .....
2. – Pour une valise?
3. – La confection pour dames, s'il vous plaît?
4. – Vous avez des chemises?
5. – La confection pour hommes s'il vous plaît?

B. Numbers
Write the following sentences, spelling out the numbers.

Les Duval habitent 38, rue de la Poste, 4e.
Les Dupont habitent 69, rue d'Orléans, 5e.

C. Adjectives
Insert the correct form of the adjective.

1. (vert) Je voudrais une blouse ....., une jupe ..... et un tricot .....
2. (bleu) Nous avons ici un pantalon ....., une chemise .....

D. Word order
Complete the four sentences, placing the words in the correct order.

1. Voici un .....   livre
                       bon
                       français
2. Voici une .....   canadienne
                       fille
                       petite
3. Voici un .....   grand
                       américain
                       film
4. Voici une .....   valise
                       italienne
                       grosse

E. Ces, cette, ce
Fill in the correct demonstrative.

1. ..... clé
2. ..... parapluie
3. ..... chemises
4. ..... billets
5. ..... sac
6. ..... vendeuse

F. Lire
Complete the following sentences with the correct form of the verb *lire*.

1. Quels journaux ..... -vous?
2. Moi, je ..... *France-Soir* et parfois *Le Nouvel Observateur*.
3. Et votre mari? –Il ..... seulement *France-Soir*.

G. Venir
Complete the following sentences with the correct form of the verb *venir*.

1. Vous ..... souvent ici?
2. Je ..... très souvent.
3. Et les enfants? –Ils ..... toujours avec moi.
4. Et votre mari? –Il ..... parfois aussi.

H. Years
Spell out the following years.

1632—1789—1814—1945—1960—1981

I. Fill in the blanks
Complete each sentence with the most appropriate word from the list.

juste   beaucoup de   comment
assez   souvent   avec
près de   chaque   seulement
heureusement

1. Regarde, Le Louvre, c'est là, c'est ..... loin.
2. ..... écrivez-vous votre nom, monsieur?
3. Le fiancé de Lucienne vient ..... chez elle.
4. Cette blouse va très bien ..... ma jupe.
5. La chambre coûte 75 francs .....
6. Dans ..... ville, il y a un Syndicat d'Initiative.
7. Sekou a ..... cousins.
8. Il y a un kiosque à journaux ..... à côté.
9. Aujourd'hui Jean a 4 grosses valises, mais ..... il trouve un taxi.
10. Il y a une station de taxi ..... l'hôtel.

J. Translate

1. What is your name?
2. My name is Jean-Marie Calet.
3. How old are you?
4. I am 35 years old.
5. Where do you live?
6. I live in Dijon.
7. We have three daughters.
8. When I have time, I read newspapers.

K. Say it in French

1. Someone asks what your name is and how to spell it. Answer.
2. You go to a department store. Ask where the gift department is.
3. You ask if they speak English.
4. Ask that they show you a tie. It is for your brother's birthday.
5. You meet an acquaintance (f.) on the street. Ask her if she no longer works at the bank.
6. Ask a newspaper vendor for a weekly (name the one you want).

L. Listening comprehension ●●
Indicate with a check mark whether the following statements are true (*vrai*) or false (*faux*).

	vrai	*faux*
1. Jean-Louis Petit habite à Paris depuis 10 ans.	___	___
2. Il va acheter un cadeau pour sa femme.	___	___
3. Il regarde une blouse et une écharpe.	___	___
4. Il achète l'écharpe.	___	___

M. Pronunciation ●●
Write the plural of each phrase. Now pronounce first the singular, then the plural of each phrase. Indicate with a [z̆] which phrases have elision.

1. Il arrive.
2. Il écrit.
3. Elle ouvre.
4. Elle aime bien Paris.
5. Il entre.
6. Elle arrive.
7. Il a 21 ans.
8. Elle habite ici.

16 Quelle est votre opinion?

Première interview

Sekou (S:)
Sekou va faire une interview pour le journal où il travaille. Il va questionner des Français et des Françaises sur le tunnel sous la Manche.

S: Pardon, madame, je suis journaliste. Est-ce que vous acceptez de répondre à quelques questions?
- Oui, bien sûr.
S: D'abord, comment vous appelez-vous?
- Je m'appelle Fernande Letellier.
S: Quelle est votre occupation?
- Je suis directrice d'école.
S: Vous habitez ici?
- Oui, j'habite ici depuis dix-neuf ans.
S: Que pensez-vous du tunnel sous la Manche? Vous êtes pour ou contre?
- Moi, je suis contre. Ça coûte si cher. Est-ce que c'est vraiment utile?

On reparle du tunnel!

Aujourd'hui, il est de nouveau actuel. Depuis l'époque de Napoléon, on parle d'un tunnel sous la Manche. On abandonne le projet et on recommence. On creuse du côté anglais et du côté français. Depuis 1975, les travaux du dernier projet sont arrêtés. Mais les discussions recommencent. La question est toujours actuelle!

Sekou **va faire** une interview. (→ 27**D**)
Est-ce que vous acceptez de répondre à **quelques** questions? (→ 22**B**)

Deuxième interview

Pendant que Sekou parle avec madame Letellier, un jeune homme arrive. Il écoute l'interview. Sekou voit le jeune homme.

S: Et toi, tu veux bien répondre à mes questions?
- D'accord.
S: Comment t'appelles-tu?
- Denis Farier.
S: Tu es d'ici?
- Non, je suis de Rouen.
S: Qu'est-ce que tu penses du tunnel?
- Je pense que c'est une idée formidable.

Que savez-vous?

Les Européens ne savent pas grand-chose de mon pays, le Sénégal, pense Sekou. Est-ce que j'ai raison? Je veux bien savoir.

C'est pourquoi Sekou questionne les Français sur le Sénégal. Voici quelques questions et quelques réponses.

S: Que savez-vous du Sénégal?
- Oh, c'est en Afrique. C'est une ancienne colonie française.
S: Quelle est la capitale?
- ...??
S: Vous ne savez pas? Alors, c'est Dakar. Quelle langue est-ce qu'on parle?
- Français et... non, je ne sais pas.
S: Il y a combien d'habitants?
- Aucune idée.
S: C'est grand, le Sénégal?
- Vous posez des questions trop difficiles!
S: Vous trouvez?

Tu **veux** bien répondre à mes questions? (*vouloir* → 60)

Que **savez**-vous? (*savoir*) → 52

Première interview

Vocabulaire

une opinion [ɔpinjɔ̃]	opinion
une interview [ɛ̃tɛRvju]	interview
il va faire [ilvafɛ:R]	he is going to do
il va questionner [ilvakɛstjɔne]	he is going to question
la Française [fRɑ̃sɛ:z]	Frenchwoman
le tunnel [tynɛl]	tunnel
sous [su]	under
la Manche [mɑ̃:ʃ]	English Channel
quelques [kɛlk(ə)]	some
la question [kɛstjɔ̃]	question
d'abord [dabɔ:R]	first
comment vous appelez-vous? [kɔmɑ̃vuzaplevu]	what is your name?
Fernande Letellier [fɛRnɑ̃dlətɛlje]	
une occupation [ɔkypasjɔ̃]	occupation
une école [ekɔl]	school
la directrice d'école [diRɛktRisdekɔl]	school principal (f.)
penser [pɑ̃se]	to think
de [də]	of
contre [kɔ̃:tR]	against
si [si]	so (too)
vraiment [vRɛmɑ̃]	really
utile [ytil]	useful

Langue

1. The verb **faire** in the present tense.

je fais	I do, am doing
tu fais	you do
il fait	he does
elle fait	she does
on fait	one does
nous faisons [nufəzɔ̃]	we do
vous faites	you do
ils font	they do (masc.)
elles font	they do (fem.)

   (See → 44.)

2. **Sekou va faire une interview.** — Sekou is going to do an interview.

   The future tense can be expressed by the present tense of *aller* + a verb in the infinitive.

   (See → 27**D**.)

3. **Word order in questions**

   a) When the subject in a question is a personal pronoun, the question may be formed using the normal word order, but with rising intonation (most commonly done in spoken language).

Vous êtes Français?	Are you French?

   (*Note*: This form is also used when the subject is a noun.)

Mme Leval est Française?	Is Mrs. Leval French?
La clé est sur la table?	Is the key on the table?

   b) The inverted word order is most commonly used in written language.

Êtes-vous Français?	Are you French?

   c) The phrase *est-ce que* + normal word order is used in both spoken and written French.

Est-ce que vous êtes Français?	Are you French?

   (See → 69**A**.)

   Note:

A-t-elle son billet?	Does she have her ticket?

   (See → 69**B**.)

A. Répondez aux questions

1. Qu'est-ce que Sekou va faire?
2. Qui est-ce qu'il va questionner?
3. Sur quoi? (About what?)
4. Quelle est la première question?
5. Comment s'appelle la première femme?
6. Quelle est son occupation?
7. Est-ce qu'elle habite dans une ville?
8. Qu'est-ce qu'elle pense du tunnel sous la Manche? Pourquoi?

B. Faites des dialogues

Work in pairs, following the models and using the names and professions of the people in the photographs.

Model 1
- Comment vous appelez-vous, madame?
- Je m'appelle Christiane Laval.
- Quelle est votre occupation?
- Je suis caissière.

Model 2
- Comment s'appelle-t-elle?
- Elle s'appelle Christiane Laval.
- Quelle est son occupation?
- Elle est caissière.

médecin	doctor
caissière	cashier
programmeur	programmer

1. Madame Christiane Laval
caissière

2. Mademoiselle Chantal Bouquin
médecin

3. Monsieur Arsène Leblanc
marchand de journaux

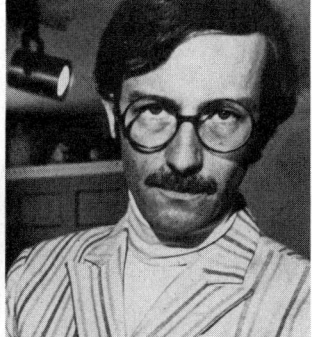

4. Monsieur Jean-Paul Robin
programmeur

5. Monsieur Sekou Kabé
journaliste

6. Madame Fernande Letellier
directrice d'école

C. Questions

For each of the following statements write a question in three different ways. Use the questions under the illustration as a model.

1. Tu as le billet.
2. Vous êtes à Paris.
3. Elle est à Marseille.
4. Il demande une chambre. (→ 69 **B** Obs.)
5. Il a une voiture.
6. Elle vient aujourd'hui.
7. Vous voyez la Tour Eiffel.
8. Vous acceptez de répondre à quelques questions.

Vous avez une pièce d'identité?
Avez-vous une pièce d'identité?
Est-ce que vous avez une pièce d'identité?

On reparle du tunnel!

Vocabulaire

reparler de [ʀ(ə)paʀled(ə)]	to speak again about (something)
de nouveau [d(ə)nuvo]	again
actuel (m), **actuelle** (f) [aktɥɛl]	current
une époque [epɔk]	time, epoch
Napoléon [napɔleɔ̃]	Napoléon Bonaparte (1769-1821)
abandonner [abɑ̃dɔne]	to abandon
le projet [pʀɔʒɛ]	project
recommencer [ʀ(ə)kɔmɑ̃se]	to resume, to begin again
creuser [kʀøze]	to dig
du côté anglais [dykoteɑ̃glɛ]	from the English side (of the Channel)
1975 = dix-neuf cent soixante-quinze [diznœfsɑ̃swasɑ̃tkɛ̃:z]	
arrêté -e [aʀɛte]	stopped, discontinued
la discussion [diskysjɔ̃]	discussion

Deuxième interview

Vocabulaire

pendant que [pɑ̃dɑ̃k(ə)] — while
écouter [ekute] — to listen
tu veux [tyvø] (*vouloir*) — you want
tu veux bien? [tyvøbjɛ̃] — do you want to?
d'accord [dakɔ:ʀ] — all right
Denis Farier [dənifaʀje]
d'ici [disi] — from here
Rouen [ʀwɑ̃] — town in Normandy
formidable [fɔʀmidabl] — fantastic
vouloir [vulwa:ʀ] — to want (to)

Langue

The verb **vouloir** in the present tense.

je veux	I want
tu veux	you want
il veut	he wants
elle veut	she wants
on veut	one wants
nous voulons	we want
vous voulez	you want
ils veulent	they want (masc.)
elles veulent	they want (fem.)

(See → 61.)

D. Répondez aux questions

1. À qui parle Sekou?
2. Qui arrive?
3. Que fait-il?
4. Qu'est-ce que Sekou demande à ce jeune homme?
5. Il est de Paris?
6. Qu'est-ce qu'il pense du tunnel?

E. Questions

1. Ask your friend Paul if he is for or against the tunnel.
2. Ask Mrs. Martin if she works in Paris.
3. Ask Paulette if she only reads *Le Soir*.
4. Ask someone if there is a newspaper stand on (= *dans*) this street.
5. Ask someone if Hotel de Paris is situated on a quiet street.

F. Faites des dialogues

Write four dialogs based on the model and using the *Variantes*. Then practice your dialogs in pairs.

Model
– Que pensez-vous du tunnel sous la Manche? Vous êtes pour ou contre?
○ Je suis contre. Ça coûte si cher. Est-ce que c'est vraiment utile?

Variantes

les transports en commun gratuits	free public transportation
l'énergie nucléaire	nuclear energy
la publicité à la télé	television advertising
l'interdiction des voitures dans le centre des villes	prohibition of cars in downtown areas
c'est dangereux	it's dangerous
c'est fou	it's crazy, insane
c'est complètement idiot	it's completely idiotic
c'est fantastique	it's fantastic
ça n'a pas de sens [sɑ̃:s]	it doesn't make sense
ce n'est pas raisonnable	it's unreasonable
c'est nécessaire	it's necessary
c'est une idée excellente	it's an excellent idea
c'est une très bonne idée	it's a very good idea
c'est peut-être une bonne idée	it may be a good idea

G. Vouloir

Model 1
- Vous voulez répondre au téléphone?
○ Non, je ne veux pas.

Model 2
- Denis veut parler à Sekou?
○ Oui, il veut bien.

Variantes

Tu—Vous—Les Leval—Alain et Jeanne—Christiane—Denis

payer la note—téléphoner à Brigitte—ouvrir la porte—fermer les livres—acheter ce journal—vendre la voiture—venir chez moi—aller à l'école

-Tu veux payer la note?
-Oui, je veux bien.

Que savez-vous?

Vocabulaire

vous savez [vusave] (*savoir*)	you know	
un Européen [œRɔpeɛ̃]	European	
savoir [savwa:R]	to know	
grand-chose [grɑ̃ʃoz]	very much	
le Sénégal [senegal]		
avoir raison [avwaRRɛzɔ̃]	to be right	
bien [bjɛ̃]	*h.* really	
pourquoi [puRkwa]	why	
c'est pourquoi [sɛpuRkwa]	that's why	
la réponse [Repɔ̃:s]	answer	
la colonie [kɔlɔni]	colony	
alors [alɔ:R]	well	
Dakar [daka:R]		
aucun -e [ɔkœ̃ ɔkyn]	any (negation)	
aucune idée [ɔkynide]	no idea	
poser des questions [pozedekɛstjɔ̃]	to ask questions	

Langue

The verb **savoir** in the present tense.

je sais	I know
tu sais	you know
il sait	he knows
elle sait	she knows
on sait	one knows
nous savons	we know
vous savez	you know
ils savent	they know (masc.)
elles savent	they know (fem.)

(See → 52.)

H. Répondez aux questions
1. Que pense Sekou des Européens?
2. Que fait-il alors?
3. Qu'est-ce qu'il demande, par exemple?

I. Intonation 👓

Mark lines 9–22 on page 95 to indicate when the intonation rises (/) and when it falls (\). Listen to the tape (or to your teacher). Are your marks correct? (See the Phonology section on page 233.)

J. Traduction

1. How many inhabitants are there in Belgium?
2. I don't know. Don't you know that?
3. What is the capital?
4. What languages are spoken in Belgium?
5. You ask difficult questions.
6. Do you think so?

K. Pour ou contre? 👓

What is the opinion of the two persons who are interviewed on the tape? Listen carefully.

1. Le monsieur   ☐ pour
                       ☐ contre
2. La jeune fille   ☐ pour
                       ☐ contre

La Grand-Place à Bruxelles.

17 Le Sénégal

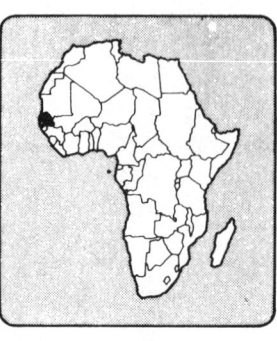

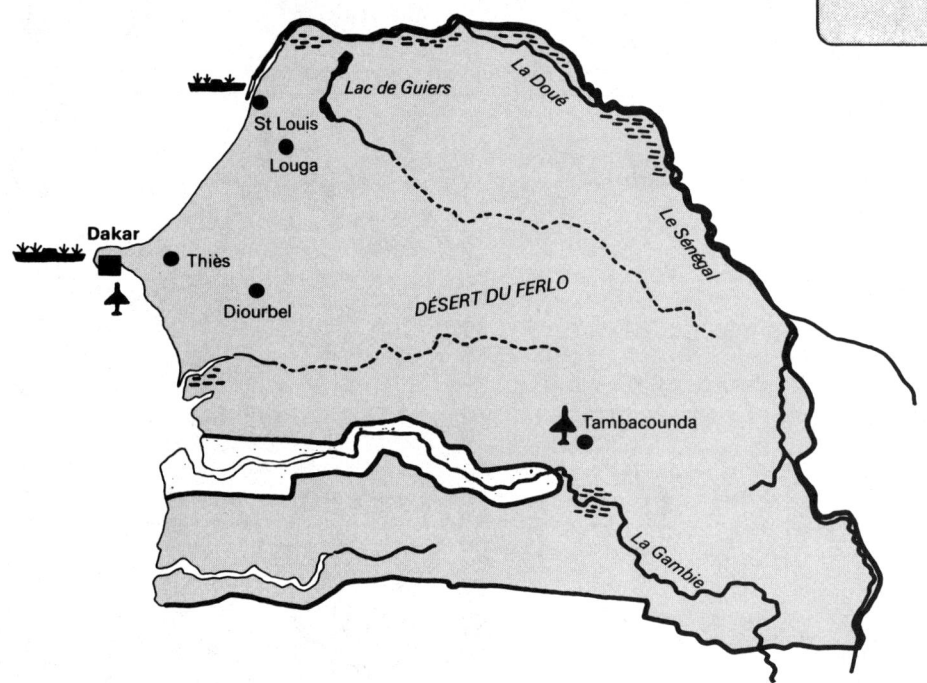

Le Sénégal a presque 4 millions d'habitants.
C'est un pays d'environ 197 000 kilomètres carrés.
Ancienne colonie française. Libre depuis 1960.
République.
5 Capitale: Dakar.
Le climat est chaud.

L'industrie principale est l'agriculture.
La récolte des cacahuètes est très importante.
Elles donnent l'huile d'arachide.
10 On les mange aussi grillées.

Le français est la langue officielle. Il y a plusieurs
langues africaines, par exemple, le woulof.

Dakar, la capitale du Sénégal, est une ville moderne. Au centre, il y a beaucoup de grands immeubles blancs. Voici le Parlement.

Le Palais du Président de la République du Sénégal.

Le Sénégal

Vocabulaire

environ [ãviRɔ̃]	about	la cacahuète [kakaɥɛt]	peanut
carré -e [kaRe]	square	une huile [ɥil]	oil
le kilomètre [kilɔmetR]	kilometer	une arachide [aRaʃid]	peanut plant
le kilomètre carré [kilɔmetRəkaRe]	square kilometer	l'huile d'arachide [lɥildaRaʃid]	peanut oil
197 000 = cent quatre-vingt dix-sept mille [sãkatRəvɛ̃disɛtmil]		manger [mãʒe]	to eat
		grillé -e [gRije]	roasted
1960 = dix-neuf cent soixante [diznœfsãswasã:t]		officiel (m), officielle (f) [ɔfisjɛl]	official
la république [Repyblik]	republic	africain -e [afRikɛ̃ afRikɛn]	African
		le woulof [wulɔf]	a language spoken in Senegal (spelled either wolof or woulouf)
le climat [klima]	climate		
chaud -e [ʃo ʃo:d]	warm		
principal -e [pRɛ̃sipal]	main, principal	le centre [sã:tR]	center
l'agriculture [agRicyltyR]	agriculture	un immeuble [imœbl]	building
la récolte [Rekɔlt]	crop	le Parlement [paRləmã]	Parliament

A. Faites un discours
Write a speech in French about Senegal.

B. Ecrivez
Write two narratives like the one about Senegal on page 102.

1. La Tunisie: 6 millions d'habitants—164,000 kilomètres carrés—libre depuis 1956—capitale: Tunis—la langue officielle: arabe
2. Le Cameroun: 6 millions d'habitants—475,000 kilomètres carrés—libre depuis 1960—capitale: Yaoundé—la langue officielle: nguéma

Listening comprehension ••
Listen to the tape (or to your teacher). You will hear about Canada. Fill in the missing words in the following text. If necessary, listen to the tape again.

Au Canada on parle ..... et ...... Plus de ..... millions d'habitants parlent français. Ils habitent la province du .... est grand comme ..... fois la France, ... kilomètres carrés. ..... est la capitale du Canada. ......, avec ..... millions d'habitants, est la ..... ville francophone du monde après ....

18 On a faim, on a soif

En France, on ne va pas au café seulement pour boire. Le café, qu'est-ce que c'est pour un Français? Le café, c'est un salon où on rencontre des amis, c'est un bureau où on fait des affaires, c'est une terrasse où on regarde le spectacle de la rue.

Si on a faim, on commande des sandwiches.

– Voulez-vous manger quelque chose?
◦ Non, je n'ai pas faim. J'ai soif. Donnez-moi un demi.

Si on a soif, on peut boire très vite au bar.
Presque tous les cafés ont un bar.

Un petit bistrot à Marseille

C'est un café tout près du port.
Il y a des clients à la terrasse.

Deux femmes et un homme sont assis à la première table. Pierre, un chauffeur de taxi, est assis à la deuxième table. À la troisième table, il y a des jeunes gens et des jeunes filles. Jean-Marc est garçon de café.

Qu'est-ce que vous prenez?

*Jean-Marc (J:). Le monsieur (M:).
La dame (D:). La jeune fille (F:).*

J: Pour vous, messieurs-dames?
D: Pour moi, un café noir.
J: Et vous, monsieur?
M: Donnez-moi un jus de fruit.
J: Et mademoiselle, qu'est-ce que vous prenez?
F: Un coca-cola, s'il vous plaît. Où est le téléphone?
J: À côté des toilettes. Vous achetez des jetons à la caisse.

Qu'est-ce que vous **prenez**? (*prendre* → 50)

L'addition, s'il vous plaît

Pierre (P:).

P: Garçon! L'addition, s'il vous plaît.
J: Vous avez un café à deux francs et une glace à trois francs, ça fait cinq francs. Plus un vin rouge à trois francs, ça fait huit francs.
P: Il y a aussi deux sandwiches.
J: C'est vrai. Deux sandwiches à trois francs, ça fait six francs. Huit et six, quatorze. Quatorze francs, monsieur.
P: Avec le service?
J: Non, sans le service.

À la troisième table

Nicole (N:). Patrick (P:).

J: Qu'est-ce que vous prenez, messieurs-dames?
P: Je prends une salade niçoise et un croque-monsieur.
   (À Nicole)
   Et toi, qu'est-ce que tu prends?
J: Des saucisses de Strasbourg?
N: Non, donnez-moi plutôt deux œufs sur le plat.
J: Quelque chose à boire? Un petit vin blanc? Une bière?
P: Nous prenons une grande bouteille d'eau minérale.
J: Tout de suite, monsieur.
N: Donnez-moi le sel, s'il vous plaît.

Coutumes

Vous êtes assis au café et vous avez soif. Vous êtes assis au restaurant et vous avez faim. Vous attendez une minute, dix minutes. Vous pensez «Maintenant j'appelle le serveur». Mais comment est-ce qu'on l'appelle? C'est très simple. On dit «Garçon» ou «Monsieur» au serveur, «Madame» ou «Mademoiselle» à la serveuse.

Dans les petits cafés, c'est souvent le propriétaire ou la propriétaire qui sert. Alors, on peut dire «Patron» ou «Patronne» au lieu de «Monsieur» ou «Madame».

On a faim, on a soif

Vocabulaire

avoir faim [avwaRfɛ̃]	to be hungry
avoir soif [avwaRswaf]	to be thirsty
le café [kafe]	cafe
boire [bwa:R]	to drink
le salon [salɔ̃]	living room (drawing room)
rencontrer [Rãkɔ̃tRe]	to meet
le bureau -x [byRo]	office
la terrasse [tɛRas]	sidewalk (in front of a cafe)
le spectacle [spɛktakl]	sight, spectacle
commander [kɔmɑ̃de]	order
le sandwich [sɑ̃dwitʃ]	sandwich
à [a]	to
le demi [d(ə)mi]	large glass of beer
on peut [ɔ̃pø] (*pouvoir*)	one can
tous/les/ [tule]	all
le bar [ba:R]	bar

Langue

Si on **a faim** on commande des sandwiches.	If one is hungry one orders sandwiches.
Si on **a soif** on peut boire au bar.	If one is thirsty one can drink at the bar.

Note: **avoir faim, avoir soif**.

A. Répondez aux questions

1. Le café, qu'est-ce que c'est pour un Français?
2. Qu'est-ce qu'on peut faire au café?
3. Si vous avez faim, qu'est-ce que vous commandez, par exemple?
4. Et si vous avez soif?

B. Transformation

Change the following sentences by using the pronouns, *je, nous, vous* instead of *on*.

1. On va au café pour boire.
2. On commande aussi des sandwiches.
3. On fait des affaires.
4. On rencontre des amis.
5. On regarde le spectacle de la rue.
6. On voit beaucoup d'amis.

Un petit bistrot à Marseille

Vocabulaire

le bistrot [bistRo]	small cafe, pub
Marseille [maRsɛj]	port on French Mediterranean coast
près de [pRɛd(ə)]	near
tout près de [tupRɛd(ə)]	very near
le port [pɔ:R]	port, harbor
être assis [ɛtRasi]	to be seated
à [a]	at
le chauffeur [ʃofœ:R]	driver, chauffeur
les gens (m. pl.) [ʒã]	people
les jeunes gens [ʒœnʒã]	young people
Jean-Marc [ʒãmaRk]	

C. Observez
Look at the illustrations on pages 106 and 107 and tell what you see.

Vocabulary

le verre	glass
la carafe	carafe
la tasse de café	cup of coffee
la paille	straw
la chaise	chair
le cendrier	ashtray
la barque de pêche	fishing boat
le bateau à moteur	motorboat
la caisse de poissons	crate of fish
le bloc-notes	pad of paper
la serviette	napkin

Qu'est-ce que vous prenez?

Vocabulaire

vous prenez [vupRəne] (*prendre*)	you take; h. have, eat
messieurs-dames [mɛsjødam]	literally, "gentlemen, ladies"; expression used, for example, by waiters when addressing patrons
le café [kafe]	coffee
noir -e [nwa:R]	black
le café noir [kafenwa:R]	black coffee
le jus [ʒy]	juice
le fruit [fRɥi]	fruit
le jus de fruit [ʒydfRɥi]	fruit juice
le coca-cola [kɔkakɔla]	coke
les toilettes (f pl) [twalɛt]	toilets
le jeton [ʒ(ə)tõ]	token (for telephone)
la caisse [kɛs]	cash-register
prendre [pRã:dR]	to take, h. to eat, to have

Langue

The verb **prendre** in the present tense.

je prends	I take
tu prends	you take
il prend	he takes
elle prend	she takes
on prend	one takes
nous prenons	we take
vous prenez	you take
ils prennent	they take (masc.)
elles prennent	they take (fem.)

(See → 50.)

L'addition, s'il vous plaît

Vocabulaire

une addition [adisjɔ̃]	bill, check
à [a]	*h.* at (price)
la glace [glas]	ice (cream)
plus [plys]	plus (addition)
le vin [vɛ̃]	wine
un vin rouge [œ̃vɛ̃Ru:ʒ]	red wine
le service [sɛRvis]	service charge
sans [sɑ̃]	without

D. Nombres

1. – Ça fait combien?
   ○ 4 et 6 ... 10 ... et 3 ... 13 francs, madame.
2. – Ça fait combien?
   ○ 2 et 5 ... 7 ... et 4 ... 11 francs, mademoiselle.

E. Tarif des consommations

Form pairs. One will play the waiter, the other a customer. Place your order from the *tarif des consommations*. Then alternate roles.

Model
– Une bouteille d'eau minérale, c'est combien?
○ C'est trois francs cinquante, monsieur.

```
TARIF DES CONSOMMATIONS
sandwich                         3.00
œuf sur le plat                  4.50
saucisse de Strasbourg           5.50
croque-monsieur                  6.00
salade verte                     5.00
salade niçoise                   7.50
salade de fruits                 6.50
eau minérale (bouteille)         3.50
jus de fruit                     2.75
vin rouge (verre)                3.00
vin blanc (verre)                3.00
bière (demi)                     4.00
bière (petite)                   2.50
coca-cola                        2.25
café                             2.00
thé                              2.00
glace maison                     3.00
* service
```

À la troisième table

Vocabulaire

Nicole [nikɔl]	
Patrick [patRik]	
la salade [salad]	salad
niçois -e [niswa niswa:z]	from Nice
la salade niçoise [saladniswa:z]	green salad with tomatoes, anchovies and black olives
le croque-monsieur [kRɔkməsjø]	grilled ham and cheese sandwich
la saucisse [sosis] **Strasbourg** [stRasbu:R]	sausage
la saucisse de Strasbourg [sosisdəstRasbu:R]	sausage from Strasbourg
plutôt [plyto]	rather; *h.* instead
un œuf, des œufs [œf ø]	egg, eggs
deux œufs sur le plat [døzøsyRləpla]	two fried eggs
un petit vin blanc [œ̃ptivɛ̃blɑ̃]	a small glass of white wine
la bière [bjɛ:R]	beer
la bouteille [butɛj]	bottle
l'eau [lo] (f)	water
l'eau minérale [lomineRal]	mineral water
tout de suite [tudsɥit]	right away, immediately
le sel [sɛl]	salt

F. Prendre

Substituting from the list below and from the *tarif des consommations*, write six dialogs based on the models. Practice your dialogs in pairs.

Model 1
- Qu'est-ce que tu prends?
- Je prends un verre de vin rouge.

Model 2
- Je prends un café. Vous prenez un café aussi?
- Non, je crois que je prends un thé.

Use *vous, Monique, Pierre, les garçons, les jeunes filles*.

G. Traduction

A man, a woman and two children are sitting at a cafe.

Man:	I'm thirsty. I want something to drink.
Waiter:	Do you want fruit juice?
Man:	Yes, please. Give me a large glass of fruit juice. What do you want, Madeleine? Something to eat?
Woman:	Yes, I'm hungry. I (will) take a sandwich.

H. Role play

Working in groups, act out dialogs in accordance with the following descriptions.

1. Vous êtes au Café de la Poste avec un ami.
   Vous avez soif.
   Vous commandez et vous payez.
2. Paul et Julie sont au café avec Catherine, la fille de Julie.
   Paul demande une bière, Julie un jus de fruit.
   Catherine prend un jus aussi.
   Ils commandent et ils payent.

Coutumes

Vocabulaire

la coutume [kutym]	custom
attendre [atɑ̃:dʀ]	to wait (for)
la minute [minyt]	minute
j'appelle [ʒapɛl] *(appeler)*	I call (someone)
le serveur [sɛʀvœ:ʀ]	waiter (literally, server)
simple [sɛ̃:pl]	simple
la serveuse [sɛʀvø:z]	waitress
le, la propriétaire [pʀɔpʀietɛ:ʀ]	owner
il sert [ilsɛ:ʀ] *(servir)*	he serves
le patron [patʀɔ̃]	h. proprietor
la patronne [patʀɔn]	h. proprietress
au lieu de [oljød(ə)]	instead of

I. En français

1. You are in a cafe or a restaurant in France. You wish to call the waiter. What do you say?
2. The waiter doesn't come, so you call the proprietress. What do you say?

Listening comprehension 👂

Listen to the tape (or to your teacher) and answer the following questions.

1. Que prend le monsieur?
2. Que prend la femme?
3. Qui sert?

19 L'heure et le calendrier

Quelle heure est-il?

Il est cinq heures

Il est cinq heures dix.

Il est cinq heures et quart.

Il est cinq heures et demie.

Il est cinq heures moins le quart.

Il est cinq heures moins dix.

Il est midi.

Il est minuit.

Il est midi et demie.

La télévision par satellite

La télévision par satellite, c'est fantastique. Je peux voir le championnat de boxe en direct de San Francisco. Bien sûr, il y a un problème. Le match a lieu à six heures du soir et quand il est six heures du soir à San Francisco, il est trois heures du matin en France. Et à trois heures du matin, je dors.

L'heure standard

En France, il y a l'heure d'été et l'heure d'hiver. En été, quand il est huit heures à Bonn, il est neuf heures à Paris. Quand il est dix heures à Bruxelles, il est onze heures à Lyon. On change le premier avril et le premier octobre.

Espagne	Grande-Bretagne	Suède France Italie	Moscou
12:00	11:00	12:00	14:00

San Francisco	Québec	Sénégal	Algérie	Tunisie	Viêt-nam
03:00	06:00	11:00	11:00	12:00	19:00

La date, les mois, les jours de la semaine

Quelle est la date, aujourd'hui?

C'est le trente et un mars.
C'est le premier avril.
C'est le douze avril.

Quels sont les mois de l'année?

Janvier, février, mars, avril, mai, juin, juillet, août, septembre, octobre, novembre, décembre.

Quels sont les jours de la semaine?

Lundi, mardi, mercredi, jeudi, vendredi, samedi, dimanche.

Quelle heure est-il?

Vocabulaire

le calendrier [kalɑ̃dʀie]	calendar
Quelle heure est-il? [kɛlœʀɛtil]	What time is it
Il est cinq heures [ilɛsɛ̃kœ:ʀ]	It is five o'clock
Il est cinq heures dix [ilɛsɛ̃kœ̃ʀdis]	It is ten after five
Il est cinq heures et quart [ilɛsɛ̃kœʀeka:ʀ]	It is quarter after five
Il est cinq heures et demie [ilɛsɛ̃kœʀedmi]	It is five thirty
Il est cinq heures moins le quart [ilɛsɛ̃kœʀmwɛ̃lka:ʀ]	It it quarter to five
Il est cinq heures moins dix [ilɛsɛ̃kœʀmwɛ̃dis]	It is ten minutes to five
Il est midi [ilɛmidi]	It is noon
Il est minuit [ilɛminɥi]	It is midnight
Il est midi et demie [ilɛmidiedmi]	It is twelve (noon) thirty

Culture

In France and throughout Europe, the 24-hour clock is standard for all official time designations, i.e., transportation, government work, etc.

A. Quelle heure est-il?

B. Faites des dialogues

Substituting from the lists below, write five dialogs based on each model. Select different times.

Model 1
- Pardon, monsieur, vous avez l'heure?
○ Il est cinq heures.
- Merci, monsieur.

Use *monsieur, madame, mademoiselle, Marcel, Claudine, vous, tu.*

Model 2
- Quelle heure est-il?
○ Il est trois heures et quart.
- Oh, déjà? Il faut aller au travail maintenant.

3:15 p.m.	aller au travail
10:45 a.m.	aller à la gare
11:30 p.m.	demander l'addition
8:00 p.m.	fermer le magasin
9:35 a.m.	ouvrir la banque

Practice your dialogs in pairs.

L'heure standard

Vocabulaire

l'heure standard [lœRstɑ̃daːR]	standard time
l'Espagne (f) [lɛspaɲ]	Spain
la Grande-Bretagne [gRɑ̃dbRətaɲ]	Great Britain
l'Allemagne (f) [lalmaɲ]	Germany
l'Italie (f) [litali]	Italy
Moscou [mɔsku]	Moscow
San Francisco [sɑ̃fRɑ̃sisko]	
l'Algérie (f) [alʒeRi]	Algeria
la Tunisie [tynizi]	Tunisia
l'été (m.) [ete]	summer
l'heure d'été [lœRdete]	daylight-savings time
l'hiver (m.) [ivɛːR]	winter
l'heure d'hiver [lœRdivɛːR]	standard time

La télévision par satellite

Vocabulaire

la télévision [televizjɔ̃]	television
par [paR]	by
le satellite [satɛllit]	satellite
la télévision par satellite [televizjɔ̃ paRsatɛllit]	television by satellite (i.e., broadcasts via satellite)
fantastique [fɑ̃tastik]	fantastic
je peux [ʒ(ə)pø] *(pouvoir)*	I can
le championnat [ʃɑ̃pjɔna]	championship
la boxe [bɔks]	boxing
en direct [ɑ̃diRɛkt]	live (TV)
le problème [pRɔblɛm]	problem
le match [matʃ]	match
avoir lieu [avwaRljø]	to take place
le soir [swaːR]	evening
à six heures du soir [asizœRdyswaːR]	six o'clock in the evening
il est trois heures du matin [ilɛtRwazœRdymatɛ̃]	it is three o'clock in the morning
je dors [ʒ(ə)dɔːR] *(dormir)*	I sleep, I am sleeping

Langue

Il est six heures **du soir**.	It is six o'clock in the evening.
Il est trois heures **du matin**.	It is three o'clock in the morning.
Il est quatre heures **de l'après-midi**.	It is four o'clock in the afternoon.

Note: de + definite article (*du, de l'*) is used to express the parts of the day (i.e., in the morning, afternoon, etc.).

C. Répondez aux questions

1. La télévision par satellite, c'est fantastique. Pourquoi?
2. À quelle heure y a-t-il un match à San Francisco? Quelle heure est-il en France alors?
3. Un match à trois heures du matin, cela n'est pas très pratique. Pourquoi?

D. Le matin—l'après-midi—le soir?
Write sentences in accordance with the model.

Model
06 h   Il est six heures du matin.
18 h   Il est six heures du soir.

02 h	15 h
14 h	11 h
09 h	19 h
21 h	03 h

La date, les mois, les jours de la semaine

Vocabulaire

la date [dat]	date
quelle est la date? [kɛlɛladat]	what is the date?
une année [ane]	year

Les mois

janvier [ʒɑ̃vje]	January
février [fevʀje]	February
mars [maʀs]	March
avril [avʀil]	April
mai [mɛ]	May
juin [ʒɥɛ̃]	June
juillet [ʒɥijɛ]	July
août [u] *or* [ut]	August
septembre [sɛptɑ̃:bʀ]	September
octobre [ɔktɔbʀ]	October
novembre [nɔvɑ̃:bʀ]	November
décembre [desɑ̃:bʀ]	December

Les jours de la semaine

lundi [lœ̃di]	Monday
mardi [maʀdi]	Tuesday
mercredi [mɛʀkʀədi]	Wednesday
jeudi [ʒœdi]	Thursday
vendredi [vɑ̃dʀədi]	Friday
samedi [samdi]	Saturday
dimanche [dimɑ̃:ʃ]	Sunday

E. Les jours de la semaine

Model
Aujourd'hui, c'est lundi.

Continue with the rest of the days of the week.

F. Quelle est la date?

Referring to the calendar, read the dates in French.

Model
C'est lundi le huit octobre.
C'est mardi le neuf octobre.
Etc.

(Note that, in French, the day precedes the month. This is true both when the date is expressed in numbers and when it is expressed verbally.)

5/3	14/7	15/1
10/2	13/12	7/4
15/10	9/11	22/5
6/6	30/8	1/9

G. La semaine

Look at the calendar. Choose a week. Read the dates according to the model.

Model
C'est mercredi le premier août.

Langue

1. Cardinal numbers are used to indicate the date, except the first, which is **premier**.

C'est le **douze** avril.	It's April 12.
C'est le **premier** mai.	It's May 1.
C'est le **deux** septembre.	It's September 2.
(See → 12C.)	

2. | | |
|---|---|
| Quel jour est-ce aujourd'hui? | What day is (it) today? |
| Aujourd'hui, c'est lundi. | Today (it) is Monday. |

Note: The days of the week are all masculine in gender.

3. | | |
|---|---|
| **Le lundi** je vais chez mes parents, mais **ce lundi** je vais étudier. | On Mondays I go to my parents', but this Monday I'm going to study. |

Note: **le** lundi = (every) Monday, on Monday(s)
(**ce**) lundi = this Monday

AOÛT			SEPTEMBRE			OCTOBRE			NOVEMBRE			DÉCEMBRE		
Mer	1	Alphonse 213-152	Sam	1	Gilles 244-121	Lun	1	Thérèse l'E.J. 274-91	40	Jeu	1	305-80	Sam	1	Florence 335-30
Jeu	2	J. Aymard 214-151	Dim	2	Ingrid 245-120	Mar	2	Léger 275-90		Ven	2	Défunts 306-59	Dim	2	Avent 336-29
Ven	3	Lydie 215-150	Lun	3	Grégoire 246-119	36	Mer	3	Gérard 276-89	Sam	3	Hubert 307-58	Lun	3	Fr. Xavier 337-28
Sam	4	JM Vianney 216-149	Mar	4	Rosalie 247-118		Jeu	4	Fr. d'Assise 277-88	Dim	4	Charles 308-57	Mar	4	Barbara 338-27
Dim	5	Abel 217-148	Mer	5	Raïssa 248-117		Ven	5	Fleur 278-87	Lun	5	Sylvie 309-56	45	Mer	5	Gérald 339-26
Lun	6	Transfigurat. 218-147	32	Jeu	6	Bertrand 249-116	Sam	6	Bruno 279-86	Mar	6	Bertille 310-55	Jeu	6	Nicolas 340-25
Mar	7	Gaétan 219-146	Ven	7	Régine 250-115		Dim	7	Serge 280-85	Mer	7	Carine 311-54	Ven	7	Ambroise 341-24
Mer	8	Dominique 220-145	Sam	8	Nativité 251-114		Lun	8	Pélagie 281-84	41	Jeu	8	Geoffroy 312-53	Sam	8	I. Conception 342-23
Jeu	9	Amour 221-144	Dim	9	Alain 252-113		Mar	9	Denis 282-83	Ven	9	Théodore 313-52	Dim	9	P. Fourier 343-22
Ven	10	Laurent 222-143	Lun	10	Inès 253-112	37	Mer	10	Ghislain 283-82	Sam	10	Léon 314-51	Lun	10	Romaric 344-21
Sam	11	Claire 223-142	Mar	11	Adelphe 254-111		Jeu	11	Firmin 284-81	Dim	11	Martin 315-50	Armistice 1918	Mar	11	Daniel 345-20
Dim	12	Clarisse 224-141	Mer	12	Apollinaire 255-110		Ven	12	Wilfried 285-80	Lun	12	Christian 316-49	46	Mer	12	J.-F. Chantal 346-19

H. Le lundi ou ce lundi?

Form sentences according to the model, using the words listed below. You may need to add some words in order to make the sentences complete.

Model

Le lundi Lucie achète *Le Nouvel Observateur*, mais ce lundi, elle achète *Le Point*.

On Mondays Lucy buys *Le Nouvel Observateur*, but this Monday she is buying *Le Point*.

1. mardi — ils — travailler — huit heures — neuf heures
2. mercredi — nous — lire — *Le Figaro* — *Le Monde*
3. jeudi — je — regarder — un film à la télé — un match de boxe
4. vendredi — nous — aller — café du port — café de la poste
5. samedi — Pierre — téléphoner — son frère — sa soeur
6. dimanche — Paul et Simone — prendre — le métro — un taxi
7. lundi — Marie — aller — libre-service — petite boutique
8. mardi — nous — acheter — bouteille de vin rouge — bouteille de vin blanc
9. mercredi — le magasin — ouvrir — neuf heures — dix heures
10. jeudi — je — être — école — chez moi
11. vendredi — les Leval — aller — Louvre — Centre Pompidou
12. samedi — nous — manger — une salade niçoise — un sandwich
13. dimanche — je — aller manger — restaurant — chez mes amis

I. Traduction

Translate the sentences, spelling out all the numbers.

1. What time is it?
2. I think it is three to five.
3. Already? We must (one must) go to the bank now.
4. What day is it today?
5. It is Wednesday. But what is the date?
6. It is May 2.

Listening comprehension 👂

Listen to the tape (or to your teacher). You will hear a number of persons give their birth dates. Write them under the names.

Jean-Louis   Thérèse   Marcel   Jean
....
Louise   Françoise Gérard   Catherine
....
Georges   Jean-Paul
....

20 Le temps qu'il fait

Quel temps fait-il aujourd'hui? Regardez cette carte d'Europe. Nous sommes déjà en avril. En Suède, il neige. En Angleterre, il pleut; en Belgique, il fait beau, il fait soleil. En Suisse, il fait froid, il fait moins trois. Et à Paris, il fait mauvais. Quelle température fait-il? Il fait zéro. À Bordeaux, il fait 17, comme au printemps. Et à Brest, il pleut. Mais regardez Nice. Il fait chaud sur la Côte d'Azur. C'est déjà l'été.

Paris, le 21 septembre

- Aujourd'hui, il fait froid. C'est l'automne!
- Alors, mets ton pull et prends ton pardessus.
- Je mets mon pardessus, ça suffit.

Genève, le 5 janvier

- Il fait mauvais. Le ciel est couvert. Tu crois qu'il va neiger?
- Je ne sais pas. Prends ton imperméable.
- Non, je prends mon parapluie.

Brest, le 15 mai

- Je n'aime pas le temps qu'il fait ici. Regarde la météo dans ce journal. À Nice, il fait toujours beau, il fait chaud. Et ici, sur la côte de la Bretagne, il pleut comme d'habitude.
- Mais tu sais bien, comme dit le poète: «Il pleut sans cesse sur Brest», c'est de la poésie!
- Moi, je trouve qu'il fait trop souvent mauvais ici, et ce n'est pas poétique du tout!

Nous sommes à Genève. C'est le 15 février. Aujourd'hui, il neige.

Nous sommes à Nice. Il est midi. Il fait chaud. La température de l'eau est agréable.

Le climat

Le climat de la France est varié. Dans le Nord et dans l'Ouest, c'est le climat océanique. Dans le Sud, on a le climat méditerranéen et dans l'Est, le climat continental.

Le temps qu'il fait

Vocabulaire

le temps [tã]	weather, time
le temps qu'il fait [l(ə)tãkilfɛ]	literally, the weather it makes (= is) (how the weather is)
quel temps fait-il? [kɛltãfɛtil]	how is the weather?
regarder [R(ə)gaRde]	to look at
la carte [kaRt]	map
Europe [ɸRɔp]	
il neige [ilnɛ:ʒ]	it is snowing
l'Angleterre (f) [lãglətɛ:R]	England
il pleut [ilplø] *(pleuvoir)*	it is raining, it rains
il fait beau [ilfɛbo]	it (the weather) is nice
le soleil [sɔlɛj]	sun
il fait soleil [ilfɛsɔlɛj]	it is sunny
froid -e [fRwa fRwad]	cold
il fait froid [ilfɛfRwa]	it is cold
moins [mwɛ̃]	minus
il fait moins trois [ilfɛmwɛ̃tRwa]	it is minus three
mauvais -e [mɔvɛ mɔvɛ:z]	bad
il fait mauvais [ilfɛmɔvɛ]	it (the weather) is bad
la température [tãpeRaty:R]	temperature
zéro [zeRo]	zero
il fait zéro [ilfɛzeRo]	it is zero
Bordeaux [bɔRdo]	
le printemps [pRɛ̃tã]	spring
au printemps [opRɛ̃tã]	in the spring
Brest [bRɛst]	
Nice [nis]	
il fait chaud [ilfɛʃo]	it is warm

Langue

Quel temps **fait-il**?   What is the weather (like)?
Il fait beau.   It is nice.

In French *il fait* is used to describe the weather.

(See → 44.)

A. Quel temps fait-il?

Look at the weather map on page 118 and report the weather.

Model
«En Angleterre, il .....»
«En Suède, ...»
Etc.

B. Regardez la carte et répondez

1. Quel temps fait-il
    a) en Bretagne?
    b) à Lille?
    c) à Besançon?
    d) à Toulouse?

2. Quelle température fait-il à
    a) Paris?
    b) Lyon?
    c) Brest?
    d) Bordeaux?

Paris, le 21 septembre

Vocabulaire

un automne [otɔn]	fall
mets [mɛ] *(mettre)*	put on
le pull [pyl]	pullover sweater
ça [sa]	that
ça suffit [sasyfi] *(suffire)*	that is enough

Paris, le 15 octobre. Quel temps fait-il?

Genève, le 5 janvier

Vocabulaire

le ciel [sjɛl]	sky
couvert -e [kuvɛːʀ kuvɛʀt]	h. overcast
neiger [neʒe]	to snow
qu'il va neiger [kilvaneʒe]	that it is going to snow
un imperméable [ɛ̃pɛʀmeabl]	raincoat

C. Transformation
Select appropriate items from the lists and make up sentences according to the model.

Model 1 Il neige. Mets tes bottes.
Model 2 Il neige. Prends ton manteau.

Expressions de temps
le ciel est couvert
il neige
il pleut
il fait beau
il fait soleil
il fait froid
il fait moins huit
il fait mauvais
il fait dix-sept degrés
il fait chaud

Vêtements	*Clothing*
blouson	windbreaker
écharpe	scarf
tricot	sweater
pull	pullover sweater
gabardine	raincoat
manteau	coat
gants	gloves
bottes	boots
maillot de bain	bathing suit
imperméable	raincoat

Brest, le 15 mai

Vocabulaire

la météo [meteo]	weather report
la côte [koːt]	coast
la Bretagne [bʀətaɲ]	Brittany
une habitude [abityd]	habit, custom
comme d'habitude [kɔmdabityd]	as usual
il dit [ildi] *(dire)*	he says, he is saying
le poète [pɔɛt]	poet
sans cesse [sɑ̃sɛs]	without stopping, continuously
la poésie [pɔezi]	poetry
c'est de la poésie [sɛdlapɔezi]	that is poetry
je trouve [ʒ(ə)tʀuːv]	I think, I find
poétique [pɔetik]	poetic
ne...pas du tout [padytu]	not at all

D. Faites des dialogues
Rewrite the dialog *Paris, le 21 septembre*, assuming that the weather is warm. Make all necessary changes. (Check Lesson 12 for clothing.) Rewrite the dialog *Genève, le 5 janvier*. Discuss whether it will be rainy or pleasant. Practice your new dialogs in pairs.

E. Faites un discours
Tell a French friend about summer and winter in San Francisco and in Boston.

F. Traduction
1. It's cold today but the weather is nice. The sun is shining. I think I'm going to put on my coat.
2. The weather is bad. It's raining, as usual.
3. It's warm in Nice today. It's 28 degrees.
4. Look! It's snowing.

Le climat

Vocabulaire
varié -e [vaʀje]   varied
le nord [nɔ:ʀ]   north
l'ouest (m) [lwɛst]   west
océanique [ɔseanik]   oceanic
méditerranéen -ne   Mediterranean
   [mediteʀaneɛ̃
   mediteʀaneɛn]
l'est (m) [lɛst]   east
continental -e   continental
   [kɔ̃tinɑ̃tal]

Listening comprehension ••
Listen to the tape (or to your teacher), and answer the question.

Quel temps est-ce qu'il va faire dans le Sud?

À Londres, il fait mauvais.

À Rome, il fait froid.   Et à Stockholm, quel temps fait-il?

REVIEW/SELF-TEST IV
Vous vous rappelez?

A. Faire
Fill in the correct forms of *faire*.

1. Qu'est-ce que vous ..... maintenant?
2. Et votre femme, qu'est-ce qu'elle ..... ?
3. Et toi Pierre, qu'est-ce que tu ..... ?
4. Je ne ..... rien.
5. Et les enfants, qu'est-ce qu'ils ..... ?

B. Questions
Write three different types of questions for each of the following statements.

1. Vous avez les clés.
2. Elles sont ici.
3. Tu viens chez moi.
4. Tu acceptes de répondre.
5. Elle est contre.
6. Vous voulez répondre.

C. Savoir
Fill in the correct forms of *savoir*.

1. ..... -vous où est situé Baubourg?
2. Votre femme, est-ce qu'elle ..... cela?
3. Mais vous, messieurs-dames, vous ..... où est situé Baubourg?
4. Non, nous ne ..... pas.
5. Et les jeunes gens, ils ne ..... pas?

D. Translation

1. How many inhabitants are there in (has) Switzerland?
2. You don't know?
3. What is the capital?
4. What languages are spoken (one speaks) in Switzerland?
5. French, German and Italian are spoken.

E. Prendre
Fill in the correct forms of *prendre*.

1. Qu'est-ce que tu ..... ?
2. Je ..... un coca-cola.
3. Et vous, mesdames, que ..... -vous?
4. Nous ..... un café.
5. Et ce jeune homme. – Il ..... une glace.
6. Et ces dames? – Elles ..... une glace aussi.

F. Time
Quelle heure est-il?

1. Il est .....

G. Dates
Write the following dates and ages according to the model.

Model
Brigitte 11/3 34

L'anniversaire de Brigitte est le onze mars. Elle a trente-quatre ans.

Jean-Louis 15/1 40
Monsieur Martin 14/7 65
Catherine 12/12 16
Paul 7/6 16

Continue as above for: *mon père, ma mère, ma soeur, mon frère, mon fils, ma fille, mon mari, ma femme*.

H. Fill in the blanks

Jean-Pierre { (is nearly) ..... / (is approximately) ..... / (is no longer) n' ..... } 20 ans.

(First) .....
(Sometimes) ..... { il prend un demi et un sandwich au bar.
(As usual) .....

I. Translation

1. When (which day) are you coming?
2. They are coming at 8 o'clock.
3. What is the date today?
4. It is June 13.
5. What time is it?
6. It is quarter to eight.

J. Say it in French

1. You want to interview a Parisian about his city. Ask him if he will answer some questions.
2. Ask him what he thinks of Georges Pompidou Center.
3. You are hungry and go into a restaurant. Ask for the menu.
4. You're going to make a telephone call. Ask for a token.
5. Ask a woman on the street what time it is.

K. Listening comprehension 👂

1. Mark the following statements true (*vrai*) or false (*faux*) with a check.

	vrai	faux
a) Claude et Jacques parlent. Il est minuit.		
b) Ils vont à la terrasse d'un café. Il fait beau.		
c) Jacques habite la ville depuis dix ans.		
d) Jacques est chauffeur.		

2. Give the date and time of arrival of the following persons.

Monsieur Duval .....
Oncle Jules .....
Marcel .....
Marie-France et son ami .....
Nos amis .....

L. Crossword

Complete the crossword with the days of the week.

M. Pronunciation 👂

Draw a line through each silent *e* in the following words.

mademoiselle
s'appeler
à demain
heureusement
et demi
on demande

acheter
donne-moi
samedi
trois heures
le passeport

21 Où et quand?

On se voit quand?

Madeleine et Caroline vont au lycée Corneille à Rouen. Après les cours, à quatre heures et demie, elles ne rentrent pas ensemble, parce que Madeleine habite assez loin et elle prend l'autobus. Demain, c'est mercredi et elles n'ont pas de cours.

M: Demain, on se voit à quelle heure? À une heure, si tu veux?
C: Non, à une heure je ne peux pas. J'ai rendez-vous chez la dentiste, à midi.
M: Alors, à deux heures.
C: Plutôt à deux heures et demie. Viens chez moi, si tu veux.
M: Très bien. Rendez-vous chez toi demain, à deux heures et demie.
C: On peut regarder la télé.
M: Oui, s'il y a la série «Le grand amour de Balzac» sur TF 1. Sinon, je ne veux pas passer tout l'après-midi devant la télé.
C: D'accord. Alors, à demain.
M: C'est ça, à demain.

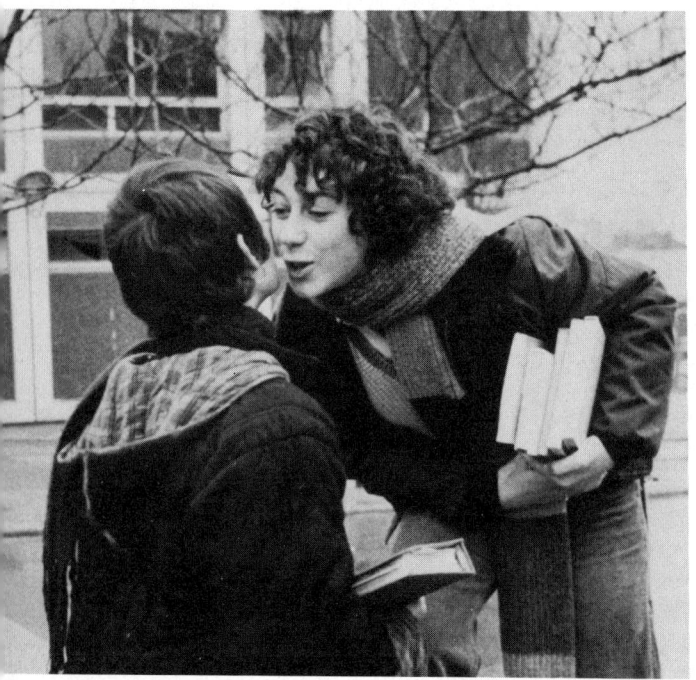

Le grand rendez-vous

1. Pierre a rendez-vous avec Lucie au Café de la Poste.
2. Yvette rencontre son fiancé à la gare.
3. Après le travail, monsieur Rodier voit ses amis au bar La Buvette.
4. Marcel Lebleu vend des voitures d'occasion. Il donne rendez-vous à un client au Garage Central.
5. Annie Mathieu ne va pas bien. Elle téléphone au docteur Charpentier pour prendre rendez-vous.

Je ne **peux** pas. (*pouvoir* → 49)

On se voit quand?

Vocabulaire

on [ɔ̃]	*h.* we	
se voir [səvwa:ʀ]	to meet	
Madeleine [madlɛn]		
Caroline [kaʀɔlin]		
le lycée [lise]	high school	
Corneille, Pierre [kɔʀnɛj pjɛ:ʀ]	French dramatist (1606-1684)	
Rouen [ʀwɑ̃]	town in Normandy, birthplace of Corneille	
après [apʀɛ]	after	
les cours [kuʀ]	class	
à quatre heures et demie [akatʀœʀədmi]	at four thirty	
rentrer [ʀɑ̃tʀe]	to go home	
ensemble [ɑ̃sɑ̃:bl]	together	
parce que [paʀs(ə)k(ə)]	because	
loin [lwɛ̃]	far	
un autobus [ɔtɔbys]	bus	
demain [d(ə)mɛ̃]	tomorrow	
à quelle heure? [akɛlœ:ʀ]	at what time	
je ne peux pas [ʒənpøpa] (*pouvoir*)	I cannot	
le rendez-vous [ʀɑ̃devu]	meeting, appointment	
le, la dentiste [dɑ̃tist]	dentist	
à midi [amidi]	at noon	
très bien [tʀɛbjɛ̃]	fine, OK	
la télé [tele]	TV	
la série [seʀi]	series	
un amour [amu:ʀ]	love	
Balzac, Honoré de [balzak ɔnɔʀedə]	French author (1799-1850)	
TF 1 [teɛfœ̃] = **Télévision Française 1**	Channel 1	
sinon [sinɔ̃]	otherwise	
passer [pase]	to spend (time)	
tout -e [tu tut]	all	
un après-midi [apʀɛmidi]	afternoon	
à demain [admɛ̃]	until tomorrow	
pouvoir [puvwa:ʀ]	to be able	

Langue

The verb pouvoir in the present tense.

je peux	I can
tu peux	you can
il peut	he can
elle peut	she can
on peut	one can
nous pouvons	we can
vous pouvez	you can
ils peuvent	they can
elles peuvent	they can

(See → 49.)

A. Répondez aux questions

1. Où habitent Madeleine et Caroline?
2. Qu'est-ce qu'elles font?
3. À quelle heure finissent les cours?
4. Rentrent-elles ensemble? Pourquoi?
5. Madeleine et Caroline *fixent* (arrange) un rendez-vous mercredi. Sont-elles libres?
6. Mercredi, Caroline est-elle occupée (busy) à une heure?
7. Après, Madeleine peut venir chez Caroline. Qu'est-ce que les deux jeunes filles vont faire?

B. Faites des dialogues

Model 1
- On se voit à **une heure**?
- Non, je ne peux pas. J'ai rendez-vous **chez le dentiste**.

1 h chez le dentiste	4 h avec Jacqueline
11 h chez le *docteur* (= doctor)	7 h avec monsieur Martin
10 h chez le *notaire* (= notary)	11 h avec mon frère

Model 2
- Alors, on a rendez-vous à **deux heures**, si tu veux.
- Je ne peux pas.
- Alors à **trois heures**?
- D'accord.

 2 h - 3 h
 5 h - 7 h
 6 h - 8 h
10 h - 11 h

Model 3
- On se voit à **une heure**?
- D'accord. Et où?
- Devant **le lycée**.

C. Faites des dialogues

Model
- On se voit aujourd'hui?
- Oui, à quelle heure?
- **À neuf heures.**
- D'accord. Et où?
- Chez **Jacques**. Tu sais où il habite?
- Oui, **15, rue Racine**.
- Je viens chez toi.
- Bien. À **neuf** heures moins le quart.

9 h Jacques	15, rue Racine
3 h Marcel et Claudine	12, rue Corneille
7 h Pierre Lefort	13, boulevard Raspail
1 h Annie	54, avenue Victor Hugo

LYCÉE

GARE

KIOSQUE

Le grand rendez-vous

Vocabulaire

Yvette [ivɛt]	
Rodier [Rɔdje]	
La Buvette [labyvɛt]	
la voiture d'occasion [vwatyRdɔkazjɔ̃]	used car
donner rendez-vous à [dɔneRɑ̃devua]	to make an appointment with
le Garage Central [gaRaʒsɑ̃tRal]	Central Garage
Annie Mathieu [animatjø]	
aller bien [alebjɛ̃]	to feel well
le docteur [dɔktœ:R]	doctor
Charpentier [ʃaRpɑ̃tje]	
prendre rendez-vous [pRɑ̃dRəRɑ̃devu]	to make an appointment

D. Décrivez

Cover the text on page 127 and describe the picture.

Qu'est-ce que tu vois/vous voyez?
Je vois .....
Devant la gare, il y a .....
À gauche, vous avez .....

Vocabulaire

la mairie	town hall
la pharmacie	pharmacy
la statue	statue
le cheval	horse
le chien	dog
le banc	bench
la corbeille à papier	trashcan
le feu	stoplight

E. Composition

Use the text on page 127 as a point of departure, but start with "Je..."

F. Faites des dialogues

Look at the picture on page 127 and decide where and when you are going to meet.

Model
- Où est-ce qu'on se voit?
○ Devant la mairie.
- Très bien, et à quelle heure?
○ À une heure, si tu veux.
- À une heure, d'accord.

G. Traduction

1. When are we going to meet today? Two o'clock as usual?
2. No, I can't at two o'clock. I have an appointment with Dr. Garcia.
3. Then we can't go to the movies (= aller au cinéma) today. But perhaps tomorrow?
5. Yes, I think that I can come.

H. Jouez le rôle

Imagine a telephone conversation between Pierre and Lucie. They discuss what day they're going to meet, where and at what time. Finally, they agree to meet at Café de la Poste. Write the dialog. Play the roles in pairs.

Listening comprehension 👁👁

Listen to the tape (or to your teacher). A couple of friends call you up and tell you that they're going to come to see you. When?

Claudine va arriver à ....
Jean-Marc va arriver à ...

22 Rendez-vous

— On sort ensemble ce soir?
○ Non, ce n'est pas possible, je vais à une réunion.

Je regrette

Louis et Nicole travaillent à l'hôpital. Souvent ils déjeunent ensemble. Mais aujourd'hui, Nicole déjeune au snack. Louis ne vient pas avec elle. Il mange à la cantine. C'est moins cher, mais c'est moins bon.

L: On se voit cet après-midi?
N: Je regrette. Moi, je ne suis pas libre. Je suis de garde à l'hôpital.
L: Alors, tu es libre vendredi soir?
N: Quelle malchance, je suis déjà invitée.
L: Une autre fois?
N: C'est ça. Avec plaisir.

Au snack

À midi, beaucoup de gens n'ont pas le temps de déjeuner. Ils prennent quelque chose à manger dans un snack. Dans un snack-bar, ça va vite et ce n'est pas cher.

On **sort** ce soir? (*sortir* → 55)
On se voit cet après-midi? (→ 24)

impossible

Au téléphone

M. Lebœuf (L:), Gérard (G:), le père (P:)

L: Allô, c'est bien le 235-53-47? Je voudrais parler à monsieur Bonnard.
G: Ne quittez pas. Papa, c'est pour toi.
P: Qui est-ce?
G: Je crois que c'est monsieur Lebœuf.
P: Oh! je n'ai pas le temps. Dis que je ne suis pas là.
G: Je regrette, mon père n'est pas là. C'est bien monsieur Lebœuf?
L: Oui, c'est lui-même. C'est bien Gérard? Dis à ton père que je suis chez moi tout le dimanche. Mes amités à ta mère.

J'ai beaucoup à faire

- Voulez-vous dîner chez moi lundi prochain, avec Christine?
o Non, merci. Je dois travailler.
- Un autre jour alors?
o Je suis désolé, mais j'ai beaucoup à faire cette semaine. Mais volontiers plus tard, peut-être la semaine prochaine. Téléphonez-moi au début de la semaine.
- Volontiers.
o Excusez-moi.
- Je vous en prie.

Je suis chez moi **tout** le dimanche. (→ 21)
Je **dois** travailler. (*devoir* → 39)

Rendez-vous impossible

Vocabulaire

impossible [ɛ̃pɔsibl]	impossible
on sort [ɔ̃ sɔːʀ] (*sortir*)	h. are we going out? (literally, one goes out)
ce soir [səswaːʀ]	this evening
possible [pɔsibl]	possible
la réunion [ʀeynjɔ̃]	meeting

Langue

The verb **sortir** in the present tense.

je sors	I go (am going) out
tu sors	you go (are going) out
il sort	he goes (is going) out
elle sort	she goes (is going) out
on sort	one goes (is going) out
nous sortons	we go (are going) out
vous sortez	you go (are going) out
ils sortent	they go (are going) out
elles sortent	they go (are going) out

(See → 55.)

Je regrette

Vocabulaire

Louis [lwi]	
un hôpital (pl **-aux**) [ɔpital ɔpito]	hospital
déjeuner [deʒœne]	to eat lunch
le snack/-bar/ [snakbaːʀ]	snack-bar
la cantine [kɑ̃tin]	cafeteria
moins cher [mwɛ̃ʃɛːʀ] (→ 9)	less expensive, cheaper
moins bon [mwɛ̃bɔ̃]	less good, not as good as
cet après-midi [sɛtapʀɛmidi]	this afternoon
être de garde [ɛtʀəd(ə)gaʀd]	to be on duty
vendredi [vɑ̃dʀədi]	Friday
la malchance [malʃɑ̃ːs]	bad luck
invité -e [ɛ̃vite]	invited
le plaisir [plɛziːʀ]	pleasure
avec plaisir [avɛkplɛziːʀ]	with pleasure
sortir [sɔʀtiːʀ]	to go out

A. Répondez aux questions

1. Que font Louis et Nicole?
2. Ils déjeunent toujours ensemble?
3. Où va Nicole aujourd'hui?
4. Et Louis?
5. La cantine, c'est cher?

B. Traduction

1. We are going out tonight.
2. Louis and Nicole are going out together.
3. I am going out at eight o'clock.
4. Are you going out now?
5. Are you also going out?

Au téléphone

Vocabulaire
Leboeuf [ləbœf]
Gérard [ʒeRa:R]
je voudrais   I would like (to)
  [ʒ(ə)vudRɛ]
  (*vouloir*)
Bonnard [bɔna:R]
ne quittez pas   hold on, please
  [n(ə)kitepɑ]   (on the telephone)
dis [di] (*dire*)   say, tell
lui-même [lɥimɛm]   I (literally, himself)
mes amitiés à ta   my regards to your
  mère   mother
  [mezamitjeatamɛ:R]

Langue

Je suis chez moi	I am home all
tout le dimanche.	(day) Sunday.
Je dors **toute** la nuit.	I sleep all night.

(See → 21.)

C. Répondez aux questions
Use *tout*.

Model
— Tu es là samedi?
○ Oui, je suis là tout le samedi.

1. Vous êtes là cette semaine?
   Oui, nous .....
2. Il est là cet après-midi?
3. Vous allez regarder ce film?
4. Tu travailles la nuit?

D. Numéros de téléphone
Look at the extract from the Paris telephone directory. Find the numbers of the following persons:

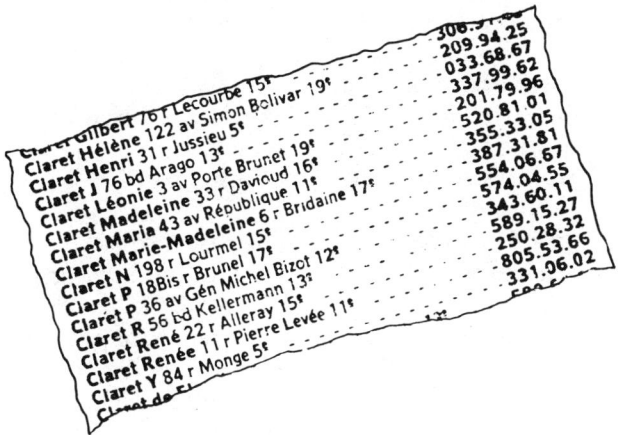

1. Maria Claret .....
2. René Claret .....
3. Renée Claret .....
4. Madeleine Claret .....
5. P. Claret, qui habite rue Brunel .....

Read all the numbers aloud.

E. Faites des dialogues
Read the dialog *Au téléphone* on page 133. Rewrite the dialog, replacing the telephone numbers and the names of the people.

F. Quel est votre numéro de téléphone?
List your classmates' telephone numbers and use them in the following dialog:

Quel est votre numéro de téléphone?
Le numéro ..... , c'est le numéro de qui?
Demandez à *X* quel est son numéro de téléphone.

J'ai beaucoup à faire

Vocabulaire

dîner [dine]	to eat dinner, to dine
prochain -e [pRɔʃɛ̃ pRɔʃɛn]	next
Christine [kRistin]	
je dois [ʒ(ə)dwa] (devoir)	I must, I have to
je suis désolé -e [ʒ(ə)sɥidezɔle]	I am sorry
le début [deby]	beginning
au début de [odebyd(ə)]	at the beginning of
excuser [ɛkskyze]	to excuse, to pardon
je vous en prie [ʒ(ə)vuzɑ̃pRi]	please (h. don't mention it)
devoir [d(ə)vwa:R]	must

G. Devoir

Model
Pierre — sortir
Pierre doit sortir.

1. Tu — écrire à Monique
2. Les Duval — aller à Bordeaux
3. Vous — payer la chambre
4. Madeleine — travailler
5. Nous — rentrer maintenant

Langue
The verb **devoir** in the present tense.

je dois	I must
tu dois	you must
il doit	he must
elle doit	she must
on doit	one must
nous devons	we must
vous devez	you must
ils doivent	they must (masc.)
elles doivent	they must (fem.)

(See → 39.)

H. Faites des dialogues
The following dialogs show different ways to decline invitations. Write four similar dialogs, substituting items from the *Variantes*. Practice your dialogs in pairs.

Model 1
- On sort ensemble ce soir?
○ Non, ce n'est pas possible.
 Je vais à une réunion.

Model 2
- On se voit cet après-midi?
○ Je regrette. Je ne suis pas libre.
 Je dois travailler à l'hôpital.

Model 3
- Tu es libre vendredi soir?
○ Quelle malchance! Je suis déjà invité/e.
 Je ne peux pas.

Variantes

tu peux venir	chez moi	lundi	*je suis occupé/e* (I am busy)
vous pouvez me donner rendez-vous	au restaurant Sylvain	mardi	*je ne peux pas*
on peut se voir	au Café de la Poste	vendredi	*je dois travailler*
tu veux déjeuner/dîner avec moi	devant la gare	samedi	*je ne suis pas là*
vous voulez me parler		ce soir	*j'ai beaucoup à faire*
je voudrais sortir		aujourd'hui	*je ne vais pas très bien*
			je suis fatigué/e (I am tired)

I. La politesse française

The dialog *J'ai beaucoup à faire* on page 133 contains a number of polite expressions. List them, and then add others from preceding lessons. (You may work in groups.) Write an appropriate English equivalent next to each of the French expressions.

J. Traduction

1. Shall we go out tonight?
2. I am sorry, I can't. I'm not free. I must work. I have a lot to do.
3. Shall we see each other on Thursday?
4. I would like to, but call me tomorrow.
5. OK, I will call at 6 o'clock.

K. Écrivez le dialogue

You call an acquaintance and ask if you can meet on Friday at three o'clock at Café de la Poste. He/She cannot because he/she is going to Marseille. You suggest another time and he/she agrees gladly.

Listening comprehension ••

Listen to the tape (or to your teacher).

1. Mr. Duval calls home and leaves a message. What is it? (Answer in French.)
2. Two people talk about meeting. Which day is acceptable to both? (Answer in French.)

PETITE LECTURE ••

Elle, lui et eux

La voix:	Allô, c'est vous?
M. Vague:	Oui, c'est moi. Qui est à l'appareil?
La voix:	C'est moi.
M. Vague:	Ah bon! C'est vous.
La voix:	Comment va-t-elle?
M. Vague:	Elle? Elle ne va pas mal.
La voix:	Et lui?
M. Vague:	Lui? Il va comme d'habitude.
La voix:	Oui, je comprends. Eh bien, au revoir, dites-leur bien des choses de ma part.
M. Vague:	Volontiers. Avec plaisir. Au revoir.
Mme Vague:	Qui c'était?
M. Vague:	Je ne sais pas.

Vous trouvez cette conversation stupide?
Vous avez raison. Elle est stupide.
Quand vous téléphonez, dites votre nom.
Quand on vous téléphone, dites votre numéro.

Vocabulaire

la voix	voice
un appareil	phone (apparatus, appliance)
mal	bad
comprendre	to understand
dites-leur	tell them
bien des choses de ma part	my best regards
qui c'était?	who is that
stupide	stupid
vous avez raison	you are right
on vous téléphone	someone calls you

23 Le bon chemin

Pour aller à... ?

A: Pardon, madame, pour aller à l'UNESCO?
B: Je suis désolée, je ne sais pas. Je ne suis pas d'ici.
A: Pardon, monsieur, pour aller à l'UNESCO?
C: Vous prenez la première rue à droite, puis la deuxième à gauche.

Où habitez-vous?

– Vous pouvez venir à la maison demain soir?
○ Oui, avec plaisir. Où habitez-vous?
– 6, boulevard Jourdan, au troisième étage à gauche.
○ Comment est-ce que je fais pour y aller?
– C'est facile. C'est dans le quatorzième. Il y a une station de métro tout près. Vous prenez la ligne de Sceaux et vous descendez à Cité Universitaire.

M. Vernon demande son chemin

Monsieur Vernon est invité à dîner chez un ami à Pontoise, dans la banlieue parisienne. Monsieur Vernon a un plan et l'adresse de son ami, écrite sur un bout de papier. Mais il ne peut pas trouver la rue. Il ne sait pas où elle est.

Il arrête sa voiture devant une grande station-service. Il montre l'adresse et il demande son chemin. Le pompiste dit que c'est très simple. On prend d'abord la route Nationale 14. Après trois kilomètres, on passe un pont. Tout de suite, après le pont, il faut prendre la première rue à droite et ensuite la deuxième à gauche. Et voilà!

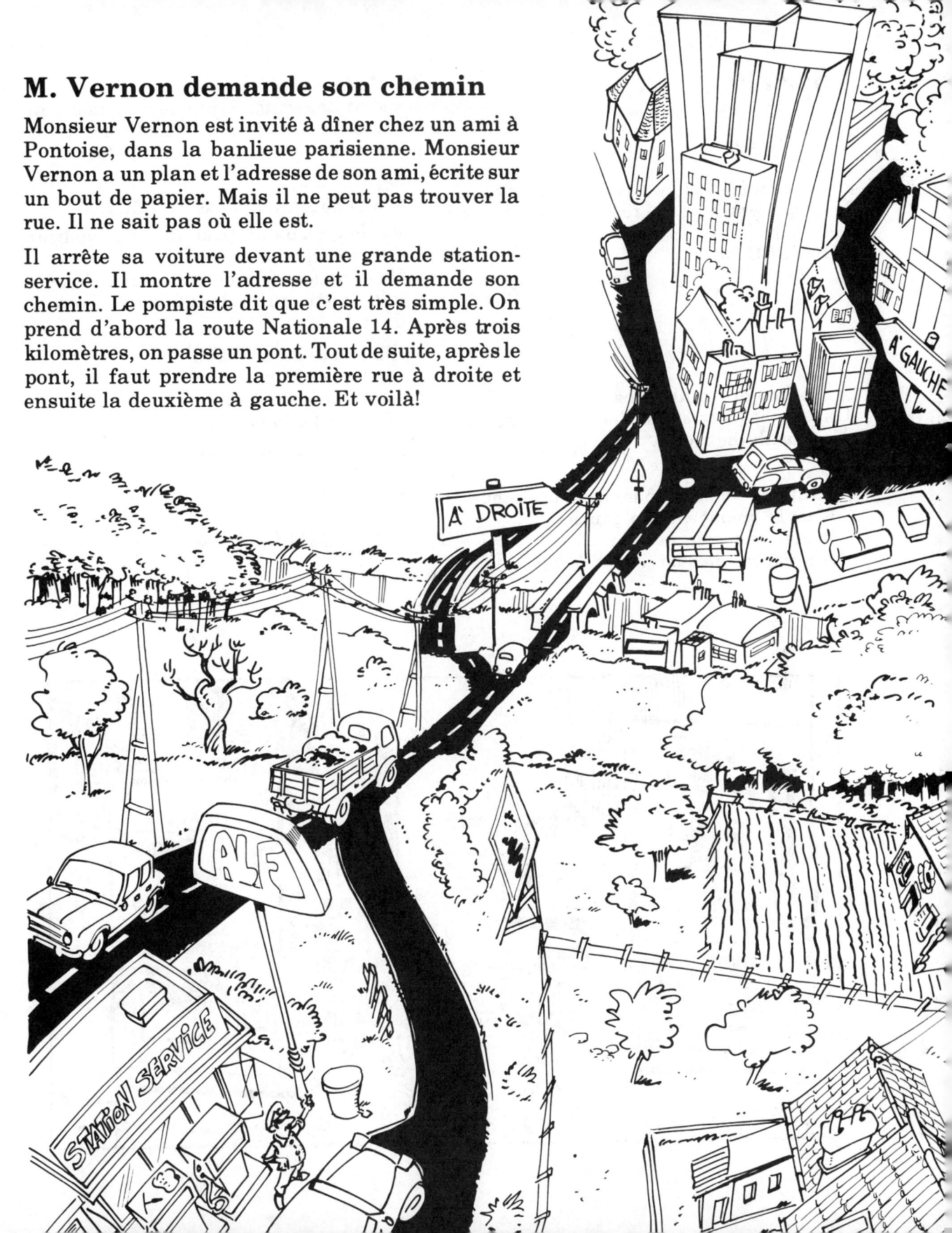

Pour aller à .....

Vocabulaire

le chemin [ʃ(ə)mɛ̃]	road, path, way
le bon chemin [l(ə)bɔ̃ ʃmɛ̃]	the right way
l'UNESCO [ynɛsko]	
puis [pɥi]	then

A. Faites des dialogues

Look at the picture. Ask questions in accordance with the model.

Model
- Pardon, monsieur, pour aller à la banque?
○ C'est la première rue à gauche.
- Merci, monsieur.
○ Il n'y a pas de quoi.

B. L'adresse

Look at the map. Write four dialogs, in accordance with the model, for the locations given below. Now, act out the dialogs.

Model
(de la banque au Syndicat d'Initiative)
- Pardon, madame, pour aller au Syndicat d'Initiative?
○ Vous prenez la première rue à gauche, puis la deuxième rue à droite. Vous allez tout droit.

1. du Musée de la Ville à l'hôpital
2. du lycée à la poste
3. de la gare à l'hôtel
4. de l'hôtel à la banque

tout droit   straight ahead

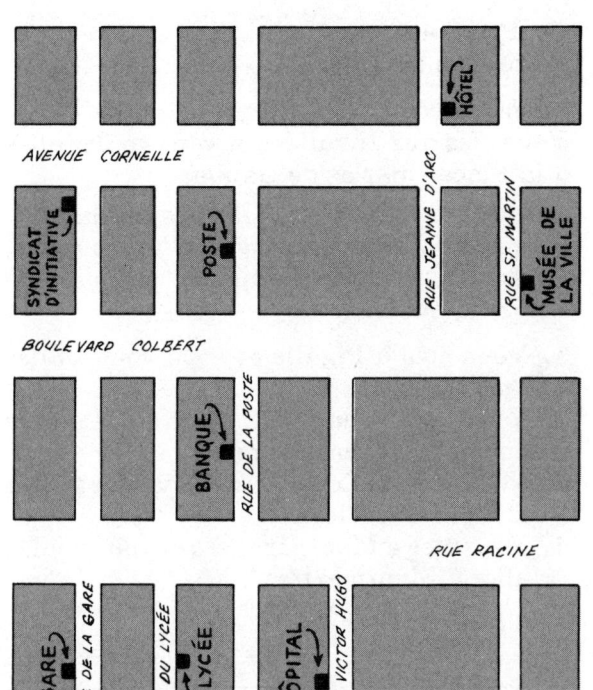

Où habitez-vous?

Vocabulaire

la maison [mɛzɔ̃]	house
à la maison [alamɛzɔ̃]	to the (our) house
Jourdan [ʒuʀdɑ̃]	
y [i]	there
facile [fasil]	easy
le quatorzième [katɔʀzjɛm]	the fourteenth *arrondissement* (administrative district) of Paris
le métro [metʀo]	subway
la ligne [liɲ]	line
Sceaux [so]	suburb of Paris
descendre [desɑ̃:dʀ]	to get off
la Cité Universitaire [siteynivɛʀsitɛ:ʀ]	University town, district

---

Langue

1. Review the ordinal numerals. (See → 13.)
2. J'habite 6, boulevard Jourdan, Paris 14e. (Read: J'habite six, boulevard Jourdan, Paris dans le quatorzième arrondissement.)

   a) Note how French street addresses are written, i.e., the number, the comma, the name of the street.

   b) Paris is divided into 20 administrative districts (*arrondissements*).

   Paris 14e = dans le quatorzième arrondissement.

C. Lisez
Read the following addresses aloud.

1. Annie Lafleur, 5, r Valence, Paris 5^e
2. Nadine Boyer, 119, bd Charonne, Paris 20^e
3. Claude et Marguerite Cloix, 130, r de Rivoli, Paris 1er
4. Lucette Clarisse, 40, av d'Italie, Paris 13^e

```
r  = rue (f.)
bd = boulevard (m.)
av = avenue (f.)
```

D. Pour aller à... ?
Faites des dialogues.

Model
Vous êtes aux Invalides et vous voulez aller à la Place Charles de Gaulle.

– Pour aller à la Place Charles de Gaulle?
◦ Prenez le métro, changez à la Concorde, prenez la ligne de Neuilly et vous descendez à l'Étoile.

1. Vous êtes à Pigalle et vous voulez aller aux Tuileries.
2. Vous êtes à la Gare du Nord et vous voulez aller au Louvre.
3. Vous êtes au Louvre et vous voulez aller à la Gare d'Austerlitz.
4. Vous êtes à Montparnasse et vous voulez aller à Montmartre.

changer   transfer

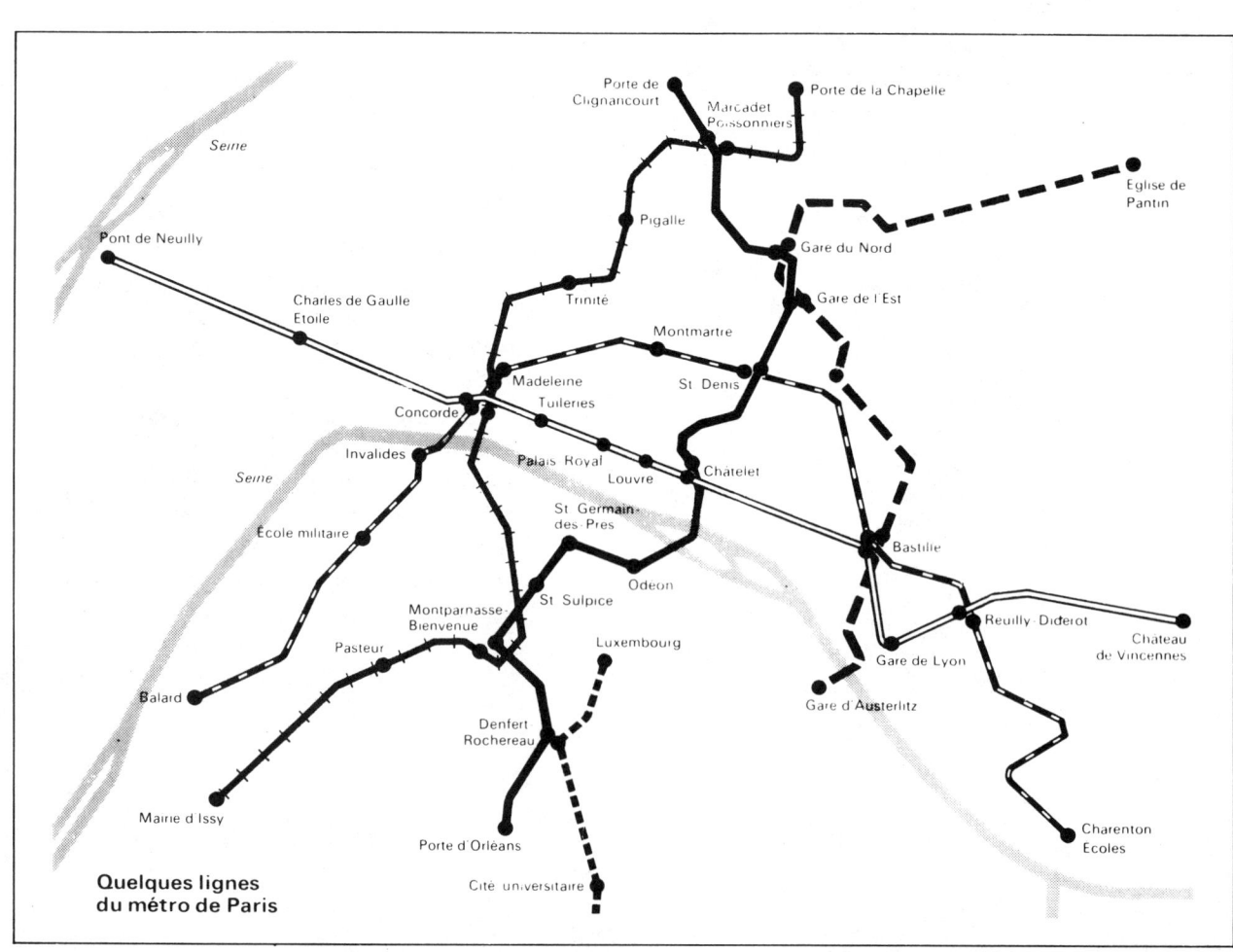

Quelques lignes du métro de Paris

E. Répondez aux questions

1. Où va monsieur Vernon? Pourquoi?
2. Où habite son ami?
3. M. Vernon a-t-il l'adresse?
4. Est-ce qu'il trouve la maison?
5. Où est-ce qu'il arrête sa voiture?
6. Qu'est-ce qu'il fait?
7. Quelle route faut-il prendre?
8. Regardez l'image. Vous voyez le pont. Et après, où c'est?

F. Traduction

1. I cannot find the address.
2. Now I know where it is.
3. One must have a map.
4. Do you know where the railroad station is?
5. One must ask.
6. There is a man.
7. He must know.

M. Vernon demande son chemin

Vocabulaire

Vernon [vɛʀnɔ̃]	
demander le chemin [d(ə)mãndel(ə)ʃ(ə)mɛ̃]	to ask for directions (the way)
Pontoise [põtwa:z]	suburb of Paris
la banlieue [bãljø]	suburb
parisien -ne [paʀizjɛ̃ paʀizjɛn]	Parisian
arrêter [aʀɛte]	to stop
la station-service [stasjõsɛʀvis]	gas station, service station
le pompiste [põpist]	gas station attendant
la route [ʀut]	route
la route Nationale [ʀutnasjɔnal]	major highway ("national" highways are inter-provincial and inter-regional)
le pont [põ]	bridge
ensuite [ãsɥit]	then, right after

Listening comprehension

Listen to the tape (or to your teacher).

1. Did Mr. Vernon have dinner at his friend's house? Explain.
2. You are going to visit a friend. You can't find his house. You're at *X* (see the map). The tape will explain how to get to your friend's house. Indicate his street with a check mark.

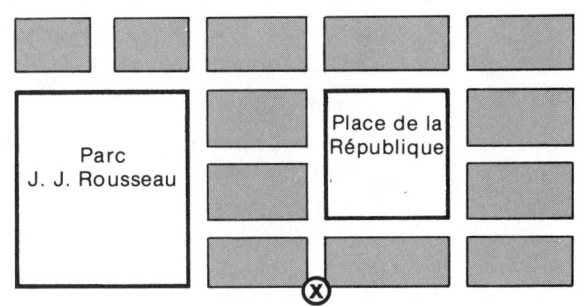

24 Circulez!

Le contractuel

Les contractuels surveillent le stationnement dans la ville. Si le stationnement est interdit, ils mettent un «papillon» sur le pare-brise de la voiture. On doit payer une contravention. Alors, il faut faire attention.

– Vous ne pouvez pas laisser votre voiture ici. Le stationnement est interdit.
o Où est-ce que je peux laisser ma voiture, alors?
– Dans toutes les rues où le stationnement est libre.
o Il n'y a pas de places.
– Vous avez un parking payant rue de la Croix. C'est la rue que vous voyez là-bas, à gauche. Il y a toujours des places.

Ils **mettent** un «papillon» sur le pare-brise. (*mettre* → 46)
Il y a des places? - Non, **il n'y a pas de** places ici. (→ 62)

T.I.R.

Vous connaissez ces poids lourds qui traversent l'Europe du Nord au Sud, de l'Est à l'Ouest? Louis Doumet conduit un camion de douze tonnes entre La Provence et l'Angleterre.

L'après-midi, on charge son camion au marché de Cavaillon. Il part le soir et il roule toute la nuit. Le matin, il arrive à Calais. Il dort dans le ferry. Souvent, pendant le voyage, il dort une heure ou deux dans la couchette de son camion. Le lendemain il est à Liverpool où il livre ses fruits et ses légumes. Pour le retour il prend des marchandises anglaises et fait une livraison à Lyon.

Louis Doumet parle seulement français et, pourtant, il n'a pas de problèmes de communication. Il trouve que le métier de routier n'est pas si mauvais. Il y a des avantages et des désavantages.

Il ne voit pas beaucoup sa famille et rouler loin et longtemps quand il fait mauvais, c'est fatigant. Il traverse régulièrement plusieurs pays en Europe. Est-ce qu'il connaît bien ces pays? Il connaît ce qu'on voit de la route.

Vous connaissez ces poids lourds **qui** traversent l'Europe. (→ 20)
Vous **connaissez** la route? (*connaître* → 36)
Il **part** le soir. (*partir* → 48)

Le contractuel

Vocabulaire

circuler [siRkyle]	to drive	
le contractuel [kɔ̃tRaktɥɛl]	h. parking patrol	
surveiller [syRveje]	to watch (over)	
le stationnement [stasjɔnmɑ̃]	parking	
interdit -e [ɛ̃tɛRdi ɛ̃tɛRdit]	prohibited	
mettre [mɛtR]	to put, to place	
le papillon [papijɔ̃]	ticket (literally, butterfly)	
le pare-brise [paRbRiz]	windshield	
la contravention [kɔ̃tRavɑ̃sjɔ̃]	fine (literally, minor offense)	
une attention [atɑ̃sjɔ̃]	attention	
faire attention [fɛRatɑ̃sjɔ̃]	take care! look out!	
la place [plas]	place	
le parking [paRkiŋ]	parking lot, area	
le parking payant [paRkiŋpejɑ̃]	paid parking	
la croix [kRwa]	cross	
que [kə] (→ 20)	that	

Langue

The verb **mettre** in the present tense.

je mets	I put (place)
tu mets	you put (place)
il met	he puts (places)
elle met	she puts (places)
on met	one puts (places)
nous mettons	we put (place)
vous mettez	you put (place)
ils mettent	they put (place) (masc.)
elles mettent	they put (place) (fem.)

(See → 46.)

A. Répondez aux questions

1. Que font les contractuels?
2. Si le stationnement est interdit, que font-ils?
3. Et vous, si vous trouvez un "papillon" sur votre pare-brise, qu'est-ce que vous devez faire?

B. Completez

Complete the following sentences and then translate them into English.

Faites ..... !
Si vous laissez la voiture là où le ..... est interdit, un ..... met un ..... sur le pare-brise de la voiture et il faut payer une .....

C. Répondez aux questions

Learn the following phrases.

mettre la radio	to turn on the radio
mettre une robe	to put on a dress
mettre la table	to set the table

Answer the questions.

1. Qu'est-ce que vous faites? **2.** Qu'est-ce qu'elle fait?

3. Qu'est-ce qu'ils font? **4.** Qu'est-ce que tu fais?

5. Qu'est-ce que je fais? **6.** Qu'est-ce que nous faisons?

D. Répondez à la question

Answer the question in accordance with each illustration.

Où est-ce qu'il y a un parking?

1

2   3

E. Faites des dialogues

Model 1
- Il y a un parking ici?
- Non, il n'y a pas de parking ici, mais vous avez un parking dans la première rue à gauche.

Model 2
- Il n'y a pas de téléphone?
- Si, il y a un téléphone au coin.

Following the models above, ask for:

parking—parking payant—hôtel—place—téléphone—garage—parc-mètre

T.I.R.

Vocabulaire

T.I.R. = **Transports Internationaux Routiers** [tRɑ̃spɔRtɛtɛRnasjɔnoRutje]	International Highway Transport
vous connaissez [vukɔnɛse] (*connaître*)	you know
le poids lourd [pwalu:R]	heavy truck
traverser [tRavɛRse]	to cross, pass through
Doumet [dumɛ]	
il conduit [ilkɔ̃dɥi] (*conduire*)	he drives
le camion [kamjɔ̃]	truck
la tonne [tɔn]	ton
la Provence [pRɔvɑ̃s]	province in southern France where the climate is excellent for agriculture
l'Angleterre [lɑ̃glətɛR]	England
l'après-midi [lapRɛmidi]	in the afternoon
charger [ʃaRʒe]	to load
le marché [maRʃe]	market
Cavaillon [kavajɔ̃]	largest wholesale vegetable market in Provence
il part [ilpa:R] (*partir*)	he leaves
le soir [l(ə)swa:R]	in the evening
rouler [Rule]	to drive (literally, roll)
la nuit [nɥi]	night
le matin [ləmatɛ̃]	in the morning
Calais [kalɛ]	
le ferry [fɛRi]	ferry
pendant [pɑ̃dɑ̃]	during
la couchette [kuʃɛt]	bunk

(*continué*)

Vocabulaire (*continuation*)

le lendemain [lɑ̃dmɛ̃]	next day
livrer [livʀe]	to deliver
le légume [legym]	vegetable
le retour [ʀətuʀ]	return
retourner [ʀətuʀne]	to return
la marchandise [maʀʃɑ̃di:ʒ]	merchandise
la livraison [livʀɛzɔ̃]	delivery
Lyon [ljɔ̃]	
la communication [kɔmynikasjɔ̃]	communication
il trouve que [iltʀuvkə]	he finds that
le métier [metje]	occupation
le routier [ʀutje]	long-distance driver
un avantage [avɑ̃ta:ʒ]	advantage
le désavantage [dezavɑ̃ta:ʒ]	disadvantage
la famille [famij]	family
longtemps [lɔ̃tɑ̃]	a long time
fatigant -e [fatigɑ̃ fatigɑ̃:t]	tiring
régulièrement [ʀegyljɛʀmɑ̃]	regularly
connaître [kɔnɛ:tʀ]	to know
partir [paʀti:ʀ]	to depart, to leave

F. Répondez aux questions

1. Que fait Louis Doumet?
2. Quand est-ce qu'il quitte Cavaillon?
3. Est-ce qu'il dort pendant le voyage? Où?
4. Qu'est-ce qu'il charge pour le retour?
5. Est-ce que Louis Doumet parle beaucoup de langues?
6. A-t-il des problèmes de langue?
7. Qu'est-ce qu'il pense de son métier?
8. Quels sont les désavantages?
9. Est-ce qu'il connaît bien les pays qu'il traverse?

G. Faites des répliques (*exchanges*)

Model

Vous — cette ville - Vous connaissez cette ville?
je ○ Oui, c'est une ville que je connais très bien.

1. Vous — ce monsieur
   nous
2. Louis — cette route
   il
3. Les jeunes gens — ce quartier
   ils

Langue

1. The verb **connaître** in the present tense.

je connais	I know
tu connais	you know
il connaît	he knows
elle connaît	she knows
on connaît	one knows
nous connaissons	we know
vous connaissez	you know
ils connaissent	they know
elles connaissent	they know

(See → 36)

2. The verb **partir** in the present tense.

je pars	I leave
tu pars	you leave
il part	he leaves
elle part	she leaves
on part	one leaves
nous partons	we leave
vous partez	you leave
ils partent	they leave
elles partent	they leave

3. Vous connaissez ces poids lourds **qui** traversent l'Europe?
   Do you know these heavy trucks that cross Europe?

   Bruxelles est une ville **que** je connais bien.
   Brussels is a city that I know well.

   (See → 20.)

H. Qui ou que?

Model 1
Il prend des marchandises.
Ces marchandises viennent de Liverpool.

Il prend des marchandises **qui** viennent de Liverpool.

Model 2
Voilà une robe.
Je vais acheter cette robe.

Voilà une robe **que** je vais acheter.

1. Voilà un film.
   J'aime bien ce film.
2. Les T.I.R. sont des poids lourds.
   Ces poids lourds traversent l'Europe.
3. Lyon est une grande ville.
   Je traverse souvent cette ville.
4. Je connais un métier.
   Ce métier n'est pas mauvais.
5. Voilà des dollars canadiens.
   Je veux changer ces dollars.

I. T.I.R.

Read the text on page 145.

1. Which countries does Louis Doumet drive through?

   Il traverse la France .....

2. Marcel Renard drives to Rumania. He sees many countries. He says: «Je vois la France et je vois...»

3. He also sees many cities.

   Il voit Lyon qui est situé en France.
   Il voit ..... qui est situé .....

J. Jean Garnier va à Copenhague

Il part à six heures du matin.
Il déjeune à Dijon.
Il dîne en Belgique.
Il couche à Liège.
Il arrive à Hambourg à une heure.
Il quitte Hambourg pour le Danemark.
Le soir, il est à Copenhague.

Another time, Jean Garnier goes with a colleague. Write a parallel text. Start with:

«Mon collègue et moi, nous...»

K. Je traverse l'Europe

You are on a trip. Complete the following with the names of countries and cities that you drive through.

Je conduis ....., je pars de ....., *je prends par* (head towards) ....., je traverse ....., je passe ....., je roule *encore* (still). ..... km ....., j'arrive à .....

Now rewrite the paragraph, changing to the future tense; use: "Je vais conduire ....., je vais partir de ..... ", etc.

Listening comprehension 👓

Listen to the tape (or your teacher). You will hear a description of long-distance driver Pierre Lobel's route. Follow it on the map below. What is his destination?

25 Le travail et les heures

Les trois-huit, un danger pour la santé

Dans une enquête du ministère du Travail, on constate que le nombre d'usines où l'on fait les trois-huit augmente sans cesse. D'après le docteur Dumont, ces horaires sont dangereux pour la santé des ouvriers.

«L'homme est un animal de jour, il n'est pas un animal de nuit comme le chat. L'homme dort mal et il ne retrouve pas ses forces pendant le jour.»

Ce n'est pas l'opinion de tout le monde. M. Brancard, qui a introduit les trois-huit dans ses usines, déclare:

«Depuis toujours, les employés des trains, des restaurants, des cinémas, des hôpitaux, sans parler de la police, travaillent de nuit et ils ne vont pas plus mal pour ça.»

Un ouvrier

Bertrand est ouvrier dans une usine où il fait les trois-huit. Il ne dort pas bien. Il est souvent fatigué. Il cherche un autre travail, par exemple, dans
5 l'usine où travaille François. Bertrand veut savoir les heures de travail de François.

- *B:* À quelle heure est-ce que tu te lèves?
- *F:* Je me lève vers 6 heures.
10 *B:* Quand pars-tu de chez toi?
- *F:* Je pars à 7 heures moins le quart.
- *B:* À quelle heure est-ce que tu commences ton travail?
- *F:* Je commence mon travail à 8
15 heures. J'ai plus d'une heure de métro.
- *B:* À quelle heure est-ce que tu termines ton travail?
- *F:* À 5 heures.
20 *B:* Tu as le temps de déjeuner?
- *F:* J'ai une heure d'arrêt à midi.
- *B:* Est-ce que tu travailles le samedi?
- *F:* Oh non! bien sûr.
- *B:* Ça fait combien d'heures de
25 travail par semaine?
- *F:* 40 heures et environ 10 heures de métro.

Une employée

Mademoiselle Deborne se lève à 8 heures. Elle quitte son appartement à 9 heures moins le quart et va à pied à l'Électricité de France, (l'É.D.F.), où elle travaille.

À midi, mademoiselle Deborne va déjeuner. Elle revient au bureau à
5 deux heures et elle y reste jusqu'à six heures. Elle dîne tous les soirs à 7 heures et demie.

- À quelle heure est-ce que **tu te lèves**?
- **Je me lève** vers 6 heures. (*se lever* → 28 A; 18)

Les trois-huit, un danger pour la santé

Vocabulaire

les trois-huit [tRwaɥit]	three eight-hour shifts (literally, the three eights)
le danger [dɑ̃ʒe]	danger
la santé [sɑ̃te]	health
une enquête [ɑ̃kɛt]	inquiry, investigation
le ministère [ministɛ:R]	ministry
le ministère du Travail [ministɛRdytRavaj]	Ministry of Labor
constater [kɔ̃state]	to establish
le nombre [nɔ̃bR]	number
une usine [yzin]	factory
l'on [lɔ̃] (→ 24)	one
faire les trois-huit [fɛRletRwaɥit]	to work three shifts
d'après [dapRɛ]	according to
Dumont [dymɔ̃]	
un horaire [ɔRɛ:R]	schedule, timetable
dangereux (m), **dangereuse** (f) [dɑ̃ʒRø dɑ̃ʒRø:z]	dangerous
un ouvrier [uvRie]	worker
un homme [ɔm]	man
un animal (pl -aux) [aminal animo]	animal, creature
le chat [ʃa]	cat
mal [mal]	badly
retrouver [R(ə)tRuve]	to find (again), regain
la force [fɔRs]	strength
tout le monde [tulmɔ̃:d]	everybody, all
Brancard [bRɑ̃ka:R]	
il a introduit [ilaɛ̃tRɔdɥi] (*introduire*)	he has introduced
déclarer [deklaRe]	to declare
le train [tRɛ̃]	train
le cinéma [sinema]	theater (movie)
sans parler de [sɑ̃paRled(ə)]	not to speak of
la police [pɔlis]	police
de nuit [d(ə)nɥi]	at night
plus mal [plymal]	worse
pour ça [puRsa]	because of that

A. Répondez aux questions

1. Est-ce que le nombre d'usines où l'on fait les trois-huit augmente ou *diminue* (= diminish)?
2. Cela doit être bien? Pourquoi?
3. Que pense le docteur Dumont de tout cela?
4. Quelle est l'opinion de monsieur Brancard?
5. Quelle est votre opinion?

Variantes

c'est très bien	
c'est acceptable	it is acceptable
c'est inacceptable	it is unacceptable
il faut interdire	it should be prohibited
c'est peut-être dangereux	it is perhaps dangerous

B. Listening comprehension 👂

Listen to the tape (or to your teacher). A man and a woman talk about work shifts. What does he say? What does she say? Answer in French.

jouer   to play

Un ouvrier

Vocabulaire

Bertrand [bɛRtrɑ̃]		
fatigué -e [fatige]	tired	
François [frɑ̃swa]		
se lever [səl(ə)ve]	to get up	
vers [vɛ:R]	around	
commencer [kɔmɑ̃se]	to start	
terminer [tɛRmine]	to finish	
un arrêt [aRɛ]	break	
le samedi [l(ə)samdi]	Saturday	
par [paR]	*h.* per	

Langue

1. The verb **se lever** in the present tense

je *me* lève [ʒəmlɛ:v]	I get up
tu *te* lèves	you get up
il *se* lève [ilsəlɛ:v]	he gets up
elle *se* lève [ɛlsəlɛ:v]	she gets up
on *se* lève [ɔ̃slɛ:v]	one gets up
nous *nous* levons	we get up
vous *vous* levez	you get up
ils *se* lèvent	they get up (m.)
elles *se* lèvent	they get up (f.)

   Se lever is a reflexive verb. The underlined words are reflexive pronouns. Note that they come before the verb. (See → 18.)

   Note the *accent grave* in lève, etc. (See → 28A.)

2. **À quelle heure est-ce que tu te lèves?** — What time do you get up?

   Word order; (see → 68.)

B. Encore

Rewrite the first seven lines of the dialog *Un ouvrier* on page 151. Start with: "Je suis...."

C. What was the question?

Write questions for the following answers. Use *vous*.

1. ..... ?
   Je me lève vers six heures.
2. ..... ?
   Je pars à sept heures moins le quart.
3. ..... ?
   Je commence mon travail à huit heures.
4. ..... ?
   À cinq heures.
5. ..... ?
   Pour déjeuner j'ai une heure à midi.
6. ..... ?
   Le samedi? Oh non, bien sûr!
7. ..... ?
   Quarante heures et environ dix heures de métro.

D. À quelle heure?

1. Write questions and answers in accordance with the model, using *tu*.

Model
(se lever)

– À quelle heure est-ce que tu te lèves?
○ Je me lève à sept heures.

1 (partir de chez toi)

2 (commencer ton travail)

3 (déjeuner)

4 (terminer ton travail)

5 (rentrer chez toi)

2. Rewrite your questions and answers, using *vous*.

Model
(se lever)

– À quelle heure est-ce que vous vous levez?
○ Je me lève à sept heures.

E. Composition

How many hours a day do you work?

Model
Je — 07 h à 14 h — 7

Je travaille de sept heures du matin jusqu'à deux heures de l'après-midi. Ça fait sept heures.

1. Ma mère — 06 h 30 à 15 h 30 — 9
2. Mon père — 08 h à 13 h 30 — 5 ½
3. Mon frère — 02 h à 06 h 15 — 4 ¼
4. Ma sœur — 13 h 30 à 21 h 30 — 8

Et vous-même?
Combien d'heures travaillez-vous?

PETITE LECTURE ••

Le matin de monsieur Bonnaire

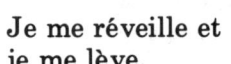

Je me réveille et je me lève.

Je me lave et...

Je me peigne, mais je n'ai pas beaucoup de cheveux.

Je me regarde encore une fois dans le miroir.

Je sors et j'achète un journal. Je lis vite les rubriques.

Je me dépêche. Je prends l'autobus.

...je me rase

Je me brosse les dents.

Je prends le petit déjeuner dans la cuisine.

Une employée

Vocabulaire

Deborne [dəbɔRn]	
un appartement [apaRtəmã]	apartment
le pied [pje]	foot
à pied [apje]	on foot (walk)
l'Électricité de France [lelɛktRisited(ə)fRã:s]	A French utility company
l'É.D.F. [ledeɛf]	acronym of above
revenir [Rəv(ə)ni:R]	to return
rester [Rɛste]	to stay
jusqu'à [ʒyska]	until
tous les soirs [tuleswa:R]	every evening

F. L'interview
Interview Miss Deborne. Ask at least seven questions.

G. Traduction
1. I live in a suburb of Marseille.
2. I get up at six o'clock.
3. I have an hour's bus ride (= une heure d'autobus) to my work.
4. I eat lunch in the cafeteria.
5. I return home at seven o'clock in the evening.
6. I am then tired and hungry.
7. But we eat dinner quite late.
8. Later we spend some time in front of the TV.

Vocabulaire

se réveiller	to wake up
se laver	to wash
se raser	to shave
brosser	to brush
la dent	tooth
se peigner	to comb
les cheveux	hair
le miroir	mirror
le petit déjeuner	breakfast
la rubrique	headline
se dépêcher	to hurry

1. Describe (orally or in writing) Mr. Bonnaire's morning.
2. Describe your own morning.

REVIEW/SELF-TEST V

Vous vous rappelez?

A. Tout
Answer the questions using the correct form of *tout*.

Model
- Pierre est là cette semaine?
- Oui, il est là toute la semaine.

1. Tu travailles cet après-midi?
2. Tu conduis la nuit?
3. Vous lisez ce journal?
4. Ils lisent ces journaux?
5. Vous vendez ces cravates, monsieur?

B. Question words
Write the correct question words.

1. ..... coûte cette valise?
2. ..... tu veux manger?
3. ..... est la femme là-bas?
4. ..... êtes-vous né, monsieur?
5. ..... temps fait-il?
6. ..... heure est-il?
7. ..... est ma serviette?

C. Pouvoir
Fill in the correct form of *pouvoir*.

1. - On sonne au téléphone. Est-ce que vous ..... répondre?
2. o Non, je ne ..... pas.
3. - Pierre vient ce soir. Est-ce que Marie ..... venir aussi?
4. o Pierre et Marie ne ..... pas venir. Ils sont invités chez les Dubout.
5. - À quelle heure ..... -vous partir?
6. o Nous ..... partir à 11 heures.

D. Sortir
Fill in the correct form of *sortir*.

1. Moi, je ..... Est-ce que tu ..... aussi?
2. Nous ..... Alors, vous ..... aussi?
3. Tout le monde ..... ! Les enfants ..... aussi.

E. Connaître, ce, cette
Use the correct forms of *connaître* and *ce/cette*.

1. Vous .... ville?
2. Oui, je ..... la ville très bien.
3. Votre femme .... quartier?
4. Non, mais les enfants ..... très bien.
5. Nous ne ..... pas encore ..... ville.
6. Vous .... ouvrier?
7. Non, je ne ..... pas ..... monsieur.

F. Translate

1. I cannot come. I have to work.
2. Will you call me tonight?
3. Excuse me, how do I get to the post office?
4. Cross this street and go to the left.
5. I often drive across France.
6. I leave Paris in the morning.
7. I drive via Nevers.
8. I eat lunch in Moulins in a restaurant which I know well.
9. I get to Lyon in the evening.

G. Answer the questions
Answer the following questions affirmatively or negatively. Be polite!

1. Vous avez une pièce d'identité?
2. Vous acceptez de répondre à quelques questions?
3. Vous voulez manger quelque chose?
4. On se voit ce soir?
5. Je peux parler avec votre mère?
6. Voulez-vous dîner chez nous samedi prochain?
7. Pardon, pour aller à la Tour Eiffel?
8. Je peux laisser ma voiture ici?

H. Provide the answers

Review the future tense. (See → 27**D**.) Look at the calendar pages illustrated. Answer the following questions.

1. Qu'est-ce que tu vas faire mardi, Pierre?
2. Qu'est-ce que vous allez faire dimanche, Simone?
3. Qu'est-ce que vous allez faire le week-end, mesdemoiselles?
4. Qu'est-ce que tu vas faire mercredi, Marie?
5. Qu'est-ce que madame Duval va faire lundi?
6. Qu'est-ce que Jeanne va faire vendredi?
7. Qu'est-ce que Monique va faire jeudi?

I. Listening comprehension 👓

Listen to the tape (or to your teacher). If you miss something the first time, listen again.

1. Write in the missing information for each person.

   Claret, P.
   ....., r Brunel, ... arr.
   Numéro de téléphone: ....

   Clarisse, D.
   ....., bd Saint-Michel, ... arr.
   ....

   Decœur, S.
   ....., r Morillons, ... arr.
   ....

   Decoin, H.
   ....., r Pasteur ..... arr.
   ....

2. Write the closing time for each of the following:
   Banks ....
   Department stores....................
   Shops ....
   Restaurants ....

Vous vous rappelez?

26 Une journée de travail

Quelqu'un a téléphoné?

Mademoiselle Olivier travaille aussi à l'É.D.F. Elle a commencé en province. Elle a passé deux ans dans une petite ville du Midi. Ensuite, l'administra-
5 tion a envoyé mademoiselle Olivier à Lyon. Elle a quitté son appartement avec regret. À Lyon, elle n'a pas trouvé d'appartement et elle doit habiter dans un petit hôtel. Aujourd'hui,
10 elle a travaillé jusqu'à 8 heures. Puis, elle a pris l'autobus pour rentrer chez elle.

Mlle Olivier (O:); le portier (P:).
O: Est-ce qu'il y a des lettres pour moi?
15 P: Il n'y a pas de lettres mais il y a un colis. J'ai signé pour vous.
O: Merci.
P: Ah, un monsieur a téléphoné.
O: Il a laissé un message?
P: Non, mais il a laissé son numéro de téléphone.

Un monsieur **a téléphoné**? - Oui, il **a laissé** un message. (→ 27C)

En retard ou en avance

Monsieur Lanoi est gardien de nuit dans un immeuble de bureaux qui ouvre à 8 heures. Aujourd'hui, à 8 heures moins 20, il voit arriver son collègue Briot qui est si souvent en retard.
- Tiens, tu es en avance, c'est bien la première fois!
o Tu vas comprendre.
- C'est ça, raconte-moi ton histoire.

«Ce matin, je suis allé au café pour prendre mon petit déjeuner comme d'habitude.

J'ai parlé un moment à un ami.

Mon ami a demandé l'heure au garçon.

Le garçon a regardé sa montre et il a dit: «Tiens, il est déjà 8 heures moins 10».

Je n'ai pas voulu arriver encore une fois en retard.

J'ai couru jusqu'à la station de taxi.

J'ai pris un taxi.

Résultat: je suis en avance et ça m'a coûté 15 francs.»

Je **suis allé** au café…(→ 27**C**)
Je **n'ai pas voulu** arriver en retard. (→ 63**B**)

Quelqu'un a téléphoné?

Vocabulaire

quelqu'un a téléphoné? [kɛlkœ̃natelefɔne]	has anyone called?
Olivier [ɔlivje]	
elle a commencé [ɛlakɔmɑ̃se]	she started
la province [pRɔvɛ̃:s]	province
le Midi [midi]	southern France
une administration [administRasjɔ̃]	administration
envoyer [ɑ̃vwaje]	to send
le regret [R(ə)gRɛ]	regret
elle n'a pas trouvé d'appartement [ɛlnapatRuve dapaRtəmɑ̃]	she has not found an apartment
elle a pris [ɛlapRi] (*prendre*)	she took
la lettre [lɛtR]	letter
le colis [kɔli]	package
signer [siɲe]	to sign
le message [mɛsa:ʒ]	message

Langue

Un monsieur **a** téléphoné. A man called.
Il **a laissé** un message. He left a message.

The verb tense in boldface is called the *passé composé* and is equivalent to the English past tense.
(See → 27C.)

A. Répondez aux questions

1. Où travaille mademoiselle Olivier?
2. Où est-ce qu'elle a commencé?
3. A-t-elle travaillé longtemps en province?
4. Pourquoi est-ce qu'elle a quitté la petite ville?
5. Est-ce qu'elle a trouvé un appartement à Lyon?
6. Mais alors, où est-ce qu'elle habite?
7. Jusqu'à quelle heure est-ce qu'elle a travaillé aujourd'hui?

B. Mlle Olivier

Review *Quelqu'un a téléphoné?* on page 158, especially the verb tenses. Complete what Mlle Olivier has begun to tell about her past.

Mademoiselle Olivier:
«Oh, c'est simple, ce n'est pas beaucoup, Moi, j'ai ..... »

C. Traduction

Translate lines 1-12 on page 158 into English.

D. Faites deux ou trois dialogues

Model
- Quelqu'un a téléphoné?
○ Oui, **un monsieur** a téléphoné.
- Il a laissé un message?
○ Il a laissé **un numéro de téléphone**.

Variantes

une dame	son nom et son adresse
votre fils/fille	une adresse
votre sœur/frère	un nom et un numéro de téléphone
votre père/mère	J'ai noté quelque chose pour vous
votre collègue monsieur X	Il y a un petit message
	rien

E. Passé composé

Rewrite *Ma journée* using the *passé composé*.

Ma journée

1. Je commence mon travail à huit heures.

2. Je quitte la maison à sept heures et demie.

3. Je déjeune à la cantine.

4. Je termine tard. Je travaille jusqu'à huit heures.

F. Composition

Mr. Dubois talks about what he does in the evening:

"Le soir, d'habitude, je regarde la télévision, j'écoute la radio, je téléphone à des amis, je dîne avec ma famille, je travaille un peu, je fume une cigarette…"

What did you do yesterday evening? Base your report on the above.

«Hier soir, comme d'habitude, j'ai ….. »

And what did your wife do?

«Comme moi, elle a ….. »

G. Traduction

1. What did you do (= *tu as fait*) last night?
2. A friend called and I talked to him on the (= *au*) telephone.
3. Madeleine looked at television and afterwards worked a little.
4. We ate dinner late last night.

En retard ou en avance

Vocabulaire

/être/ en retard [εtRɑ̃Rta:R]	/to be/ late
en avance [ɑ̃navɑ̃:s]	early
Lanoi [lanwa]	
le gardien de nuit [gaRdjɛ̃d(ə)nɥi]	night watchman
un immeuble [immœbl]	building
le collègue [kɔllɛg]	colleague
tu vas comprendre [tyvakɔ̃pRɑ̃:dR]	you will understand
raconter [Rakɔ̃te]	to tell
une histoire [istwa:R]	story
ce matin [s(ə)matɛ̃]	this morning
prendre [pRɑ̃:dR]	to eat (literally, to take)
le petit déjeuner [p(ə)tideʒœne]	breakfast
le moment [mɔmɑ̃]	moment
demander l'heure [d(ə)mɑ̃delœ:R]	ask what time it is
la montre [mɔ̃:tR]	watch
il a dit [iladi] (*dire*)	he said
tiens! [tjɛ̃]	well!
voulu [vuly] (*vouloir*)	want (past)
couru [kuRy] (*courir*)	run (past)
le résultat [Rezylta]	result

Langue

1. Qu'est-ce que tu as **fait**?   What did you do?
   Je n'ai pas **voulu** arriver en retard.   I didn't want to arrive late.
   J'ai **couru**. J'ai **pris** un taxi.   I ran. I took a taxi.

   fait *(faire)*   **couru** *(courir)*
   voulu *(vouloir)*   **pris** *(prendre)*

   Note the boldface verb forms. They are irregular. Look up each verb in the Reference Grammar.

2. Je **suis allé(e)** au café.   I went to the cafe.

   Note: Certain verbs use *être* rather than *avoir* to form the passé composé. In these cases, the past participle (e.g., allé(e)) agrees with the subject (i.e., masculine/feminine, singular/plural). (See →27**C**,31.)

H. M. Briot

Look at the pictures. Tell the story. Start like this: "Ce matin, il est allé...."

I. Écrivez ce dialogue

Monsieur Dol	Son collègue, monsieur Mol
Constatez que vous arrivez en retard au bureau.	
	Vous demandez pourquoi.
Dites que vous avez parlé trop longtemps avec votre femme ce matin.	
	Vous demandez pourquoi.
Dites que vous n'avez pas trouvé votre serviette avec les clés de la maison.	
	Vous demandez quand il a quitté sa maison.
Répondez et dites à quelle heure.	
	Demandez s'il a pris l'autobus.
Dites que vous avez manqué (= *missed*) l'autobus.	
	Demandez ce qu'il a fait alors.
Dites que vous avez pris un taxi.	
	Demandez si ça a coûté cher.
Répondez.	

J. Traduction

1. As usual Claudine ate her breakfast at a small cafe.
2. There she met her girlfriend.
3. They talked a while. Then she called home.
4. She said good-bye to her girlfriend. She looked at her watch.
5. She ran to a taxi stand because (= *parce que*) she did not want to be late for work.
6. But she didn't find a taxi. She took the subway.
7. She was late for work.

Use the following:
téléphoner
dire au revoir
regarder sa montre
courir
vouloir
trouver
prendre son petit déjeuner
rencontrer
parler
prendre
être en retard

K. En avance ou en retard?

1. On ferme à dix heures. Marcel arrive à dix heures cinq. Il est .....
2. Le départ du train est à huit heures et demie. Claudine est là à sept heures trente. Elle .....
3. L'arrivée est à onze heures vingt-cinq. Nous arrivons à onze heures et quart. Nous .....
4. Le concert commence à vingt heures trente. Les Duval arrivent à neuf heures moins dix du soir. Ils .....

27 Bon voyage

Au guichet des renseignements de la gare du Nord

– À quelle heure y a-t-il un train ce soir pour Cologne?
○ Vous avez un train à 21 h 40 et un autre à 23 h 20.
– Est-ce qu'il y a des couchettes?
○ Il y a des couchettes dans le train de 23 h 20.

À quelle heure **y a-t-il** un train pour Cologne? (→ 69 Note.)

Au guichet des billets de la gare de Lyon

— Donnez-moi un billet aller et retour pour Genève.
o Quelle classe?
— Deuxième, s'il vous plaît. Je voudrais aussi réserver une place dans le train de 12 h 20.
o C'est un T.E.E. Il n'y a pas de secondes, il y a seulement des premières classes.
— À quelle heure part le train suivant?
o À 17 h 03. Vous voulez réserver une place?
— Oui, un coin-fenêtre.
o Je n'ai pas de coin-fenêtre, mais j'ai un coin-couloir.

Train de Strasbourg à Bordeaux

Monsieur Laniel est spécialiste du droit du Marché Commun. On a appelé monsieur Laniel en consultation à Bordeaux.

— Vous êtes déjà là! Vous avez pris l'avion?
o Non, j'ai pris le train. J'ai mis quatre heures entre Strasbourg et Paris. Puis j'ai eu de la chance, j'ai trouvé tout de suite un taxi et trois quarts d'heure plus tard j'ai pu prendre l'Aquitaine à la gare d'Austerlitz.
— C'est vrai. Les routes qui vont aux aéroports sont toujours encombrées. Et l'aéroport, c'est loin du centre de la ville. On va souvent plus vite en train.

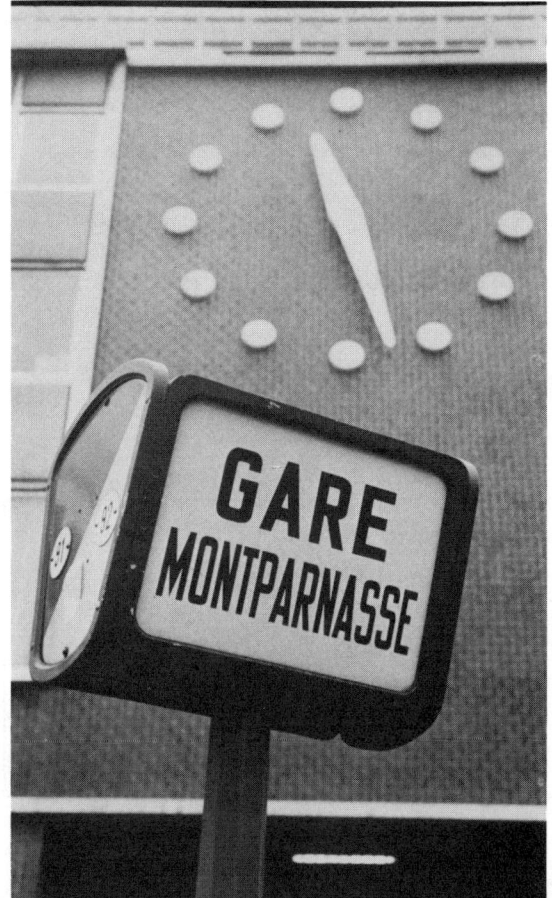

Voyage en train

Il n'y a pas de gare centrale à Paris. Les trains pour la province ou l'étranger partent de six gares différentes.

5 Dans la plupart des grandes villes, à Bruxelles, à Genève et à Montréal, il y a une gare centrale où arrivent toutes les grandes lignes.

Comme on le voit sur une carte, les
10 communications entre Paris et les autres villes de France sont excellentes. Les communications entre les villes de province sont parfois moins bonnes.

Au guichet des renseignements de la gare du Nord

Vocabulaire

bon voyage [bɔ̃vwaja:ʒ] — have a nice trip
le guichet [giʃɛ] — window (information, ticket, etc.)
la gare du Nord [gaRdynɔ:R] — one of the six railroad stations in Paris
y a-t-il [iatil] — is there
Cologne [kɔlɔɲ]

Langue

À quelle heure **y a-t-il** un train pour Cologne? — At what time is there a train for Cologne?

Note the hyphens and the use of the letter *t* to avoid juxtaposing two vowel sounds (See → 69.)

A. Répondez aux questions

In answering the following questions, use the timetable on page 167.

1. Vous êtes à Paris et vous voulez aller à Bruxelles.
   À quelle heure y a-t-il un train? Le matin? Le soir?
   À quelle heure arrivez-vous?
2. Vous êtes à Paris et vous allez à Amsterdam.
   À quelle heure y a-t-il un train?
   À quelle heure arrivez-vous?

B. Faites des dialogues
Base your dialogs on lines 1-4 of the text on page 164.

1. —après-midi—Marseille—14 h 15—16 h 30
2. —soir—Stockholm—20 h 10—22 h 25

3. —matin—l'aéroport—9 h 05—10 h 05
4. —soir—de Calais à *Douvres* (= Dover)—18 h 45

Au guichet des billets de la gare de Lyon

Vocabulaire

la gare de Lyon [gaRdəljɔ̃]	one of the six railroad stations in Paris
aller et retour [aleeRtu:R]	round-trip (literally, go and return)
la classe [klɑ:s]	class
réserver [RezeRve]	to reserve
le T.E.E. [teəə] = le Trans Europ Express [tRɑ̃sœRɔpɛkspRɛs]	Trans Europe Express, an inter-European first-class train
second -e [s(ə)gɔ̃ s(ə)gɔ̃:d]	second (class)
suivant -e [sɥivɑ̃ sɥivɑ̃:t]	next, following
la fenêtre [f(ə)nɛtR]	window
le coin-fenêtre [kwɛ̃fnɛtR]	window seat
le couloir [kulwa:R]	corridor
le coin-couloir [kwɛ̃kulwa:R]	aisle (corridor) seat

Langue
Note the following expressions:

Il y a **un train** à 23 h.	There is a train at 11 o'clock.
Je prends **le train** de 23 h.	I take the 11 o'clock train.

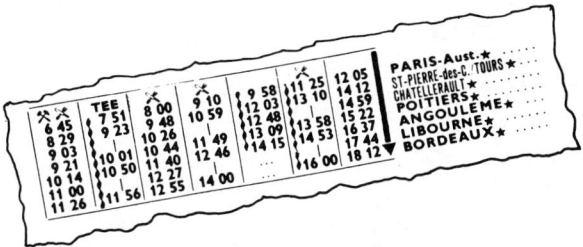

C. Écrivez le dialogue
Vous partez pour Bordeaux avec votre famille. Vous achetez des billets au guichet.

D. Faites des répliques
Look at the timetable below.

Model
(Vous êtes à Paris.)

Vous voulez aller à **Amsterdam** madame? Alors, si vous prenez le train de 7 h 50 du matin, vous arrivez à Amsterdam à 14 h 12 de l'après-midi.

Continue to practice with other cities, trains and times.

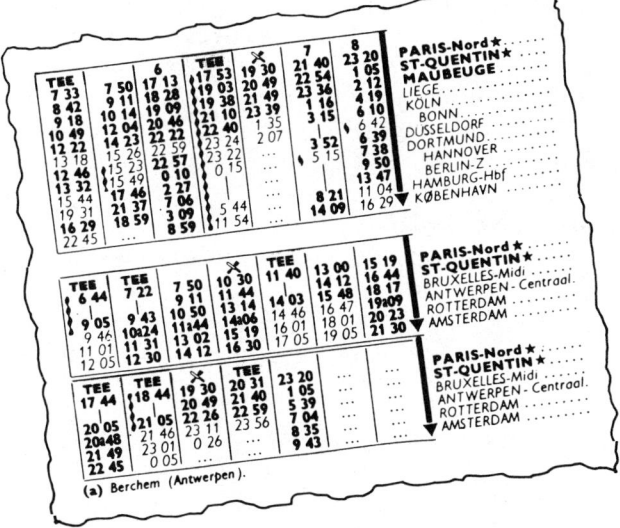

Train de Strasbourg à Bordeaux

Vocabulaire

Laniel [lanjɛl]
le spécialiste [spesialist] — specialist
le droit [dRwa] — law
le Marché Commun [maRʃekɔmœ̃] — Common Market
la consultation [kɔ̃syltasjɔ̃] — consultation, conference
appeler en consultation [apleɑ̃kɔ̃syltasjɔ̃] — to call to a conference
j'ai mis quatre heures [ʒemikatRœ:R] *(mettre)* — I spent four hours
j'ai eu de la chance [ʒeydlaʃɑ̃:s] *(avoir)* — I was lucky
trois quarts d'heure [tRwakaRdœR] — three quarters of an hour
plus tard [plytaR] — later
l'Aquitaine [akitɛn] — name of a fast train between Paris and Bordeaux
la gare d'Austerlitz [gaRdɔstɛRlits] — one of the six railroad stations in Paris
un aéroport [aeRɔpɔ:R] — airport
encombré -e [ɑ̃kɔ̃bRe] — crowded
plus vite [plyvit] (→ 9) — faster

E. Répondez aux questions

1. Que fait monsieur Laniel?
2. Pourquoi va-t-il à Bordeaux?
3. Comment a-t-il fait pour aller de Strasbourg à Paris?
4. Et de Paris à Bordeaux?
5. Aller à l'aéroport, ça peut être un peu compliqué. Pourquoi?

F. Faites des dialogues

Model
– Vous êtes déjà là! Vous avez pris un taxi?
◦ Non, j'ai pris le métro. Ça va plus vite.

G. Traduction

1. Are you already here? Did you drive?
2. No, we couldn't. We took the train.
3. We changed in Paris. We found a taxi.
4. We didn't want to be late and we ran to the taxi stand.
5. Ten minutes later we were in Gare de Lyon.
6. We were lucky.

H. Madeleine et Caroline

Madeleine gives Caroline some tips on traveling:

Tu veux arriver à Bruxelles le soir.
Alors, le matin tu prends le Mistral à Nice.
Tu mets 9 heures entre Nice et Paris.
À Paris tu trouves des taxis devant la gare.
En trente minutes tu es à la gare du Nord.
Tu as le temps de téléphoner à Paul.
Tu peux prendre le train pour Bruxelles.

le Mistral   a fast luxury train between Paris and Nice

In the evening, Caroline calls Madeleine. She tells what she did.

Listening comprehension 👓

You are going to Paris by train. You call to get the schedule. Listen to the tape (or to your teacher). What trains can you take?

Voyage en train

Vocabulaire

central -e (m pl -aux) [sɑ̃tRal sɑ̃tRo]	central
à l'étranger [aletRɑ̃ʒe]	abroad
différent -e [difeRɑ̃ difeRɑ̃:t]	different
la plupart [plypa:R]	most
le [lə] (→16A)	it
la communication [kɔmynikasjɔ̃]	connection (transportation)
excellent -e [ɛksɛlɑ̃ ɛksɛlɑ̃:t]	excellent

28 Allo, docteur

Quelle journée!

Madame Boule est docteur. Elle a visité dix-neuf malades. Elle est sortie de son cabinet vers huit heures du matin. Elle a soigné sept angines, six
5 grippes, deux bronchites, quelques rhumes et un malade imaginaire. Elle est rentrée déjeuner vers midi, très vite, et elle a passé une demi-heure allongée sur son lit.

10 Et maintenant la consultation. Elle a regardé dans la salle d'attente et elle a compté douze personnes qui attendent avec impatience.
«Faites entrer le premier», dit-elle
15 avec un soupir à l'infirmière.

Sécurité sociale
Tout le monde a besoin de sécurité. Dans la vie on risque des maladies, des accidents. Le système de la Sécurité Sociale est très développé en France. Les visites à domicile
5 d'un médecin sont remboursées à 75% et les médicaments de 70 à 90%.

En France on reste le plus souvent fidèle au médecin de sa famille. Quand un médecin âgé prend sa
10 retraite, il vend son cabinet et sa «clientèle», ses malades, à un jeune médecin.

Mme Boule **est sortie** de son cabinet. (→ 27C)

Qu'est-ce que j'ai, docteur?

Beaucoup de grandes entreprises ont un médecin d'entreprise. Ce médecin surveille la santé des employés et soigne les accidents du travail. Le docteur Fournier est le docteur des Laboratoires Chimiques. Dans la salle d'attente, il y a plusieurs malades.

Monsieur Laurent entre chez le docteur.

Le docteur (D:), M. Laurent (L:).

D: Ça ne va pas?
L: Je dors très mal, docteur.
D: Vous avez mal quelque part?
L: Oui, j'ai assez mal à la tête.
D: Vous avez de la fièvre?
L: Non, j'ai 36,8.
D: Je vais vous examiner.
L: Qu'est-ce que j'ai, docteur?
D: Je ne sais pas encore. Vous avez beaucoup travaillé ces derniers temps?
L: Oui, j'ai fait pas mal d'heures supplémentaires.
D: Nous allons voir. C'est peut-être ça.

Quelle journée!

Vocabulaire

Boule [bul]
le malade [malad] sick person, patient
elle est sortie [ɛlɛsɔRti] *(sortir)* she left
le cabinet [kabinɛ] office (doctor's)
soigner [swaɲe] to treat
une angine [ãʒin] sore throat
la grippe [gRip] flu
la bronchite [bRɔ̃ʃit] bronchitis
le rhume [Rym] cold
imaginaire [imaʒinɛ:R] imaginary
la demi-heure [d(ə)miœ:R] half-hour
allongé -e [alɔ̃ʒe] stretched out
la consultation [kɔ̃syltasjɔ̃] consultation (*h.* office visits)
la salle d'attente [saldatã:t] waiting room
la personne [pɛRsɔn] person
une impatience [ɛ̃pasjã:s] impatience
avec impatience [avɛkɛ̃pasjã:s] impatiently
faire entrer [fɛRãtRe] to let in, show in
le soupir [supi:R] sigh
une infirmière [ɛ̃fiRmjɛ:R] nurse

A. Faites une interview à madame Boule
Supply Mme Boule's answers.

1. Madame, qu'est-ce que vous faites?
2. Avez-vous visité beaucoup de malades aujourd'hui?
3. Quels malades avez-vous soignés?
4. Avez-vous eu le temps de déjeuner?
5. Et qu'est-ce que vous avez fait après le déjeuner?

B. Passé composé
Doctor Robert, a colleague of Dr. Boule, has also had a busy day. Write a report. Start with:

"Il a..." "Il est..."

Use the following phrases:

avoir vingt malades—ne pas avoir beaucoup de temps—téléphoner à *la pharmacie* (= drugstore)—parler avec les malades—sortir du cabinet—aller à un bar—vite déjeuner dans le bar—commencer les consultations à 14 heures—travailler jusqu'à 20 heures—rentrer à 21 heures

C. Faites des phrases
Qu'est-ce qu'ils ont fait?

Model
Les Duval—partir pour la gare
Les Duval sont partis pour la gare.

1. Nous—prendre le métro
2. Madeleine et Caroline—aller au guichet des billets
3. Je—partir pour Bordeaux
4. Les garçons—attendre deux heures
5. Madame Martin—arriver à l'hôpital
6. Nous—mettre deux heures pour aller de Versailles à Paris
7. Vous—sortir avec une lettre
8. Les Duval—rentrer à la maison
9. Marcel—venir à la gare trop tard

Sécurité sociale

Vocabulaire

la sécurité [sekyRite]	security	le médecin [medsɛ̃]	doctor
social -e (m pl -aux) [sɔsjal sɔsjo]	social	rembourser [Rãburse]	to reimburse
la sécurité sociale [sekyRitesɔsjal]	social security, National Health Service	sont remboursées à [sɔ̃Rãbursea]	are reimbursed for
le besoin [b(ə)zwɛ̃]	need	75% = soixante-quinze pour cent [swasãtkɛ̃zpursã]	
avoir besoin de [avwaRbəzwɛ̃d(ə)]	to need	le médicament [medikamã]	medicine
la vie [vi]	life	rester [Rɛste]	to remain
risquer [Riske]	to risk	le plus souvent [ləplysuvã]	most often
la maladie [maladi]	illness	fidèle [fidɛl]	faithful
un accident [aksidã]	accident	âgé -e [aʒe]	old
le système [sistɛm]	system	la retraite [R(ə)tRɛt]	retirement
développer [devlɔpe]	to develop	prendre sa retraite [pRãdRəsaRtRɛt]	to retire
le domicile [dɔmisil]	residence	la clientèle [kliãtɛl]	clientele (h. patients)
la visite à domicile [vizitadɔmisil]	house call		

D. Pour ou contre?

1. En France la Sécurité Sociale assure aux travailleurs et leurs familles des garanties en cas de maladie, d'accident, de chômage, et pour la retraite.

   Michel: "Je trouve très bien qu'une nation *s'occupe* (= take charge of, see to) directement du *bien-être* (= well-being) de ses *citoyens* (= citizens)."

   Danielle: "Moi, je préfère payer moins d'impôts et m'occuper moi-même de mon bien-être."

   Et vous?

2. *Michel:* "Parfois un accident, une maladie nécessite un arrêt de travail de plusieurs mois. Sans la Sécurité Sociale, que fait le travailleur?"

   Danielle: "Je suis contre le principe. Le gouvernement ne doit pas intervenir (= intervene) dans la vie des citoyens à ce niveau."

   Et vous? Quelle est votre opinion?

PETITE LECTURE ••
Vol à Perpignan

Perpignan, 28 juin. Hier matin, vers dix heures, deux hommes et une femme sont entrés dans la boutique de monsieur Pignon, horloger, rue Corneille.

Monsieur Pignon a longtemps discuté des prix et de la qualité des montres avec la femme et l'un des hommes. Mais il n'a pas fait attention à l'autre homme qui, pendant ce temps, a volé toutes les montres de la vitrine.

La femme et les deux hommes ont brusquement quitté la boutique. Mais monsieur Pignon a compris trop tard. Il a tout de suite téléphoné à la police. Monsieur et madame Legrand, des voisins, ont vu la voiture des voleurs, une Peugeot bleue.

La police a arrêté les trois voleurs deux heures plus tard. Ils ont tout avoué.

Vocabulaire

le vol	theft
un horloger	watchmaker
discuter	to discuss
le prix	price
voler	to steal
la vitrine	showcase
brusquement	suddenly
(il a) compris (comprendre)	(he) understood
le voisin	neighbor
ils ont vu (voir)	they saw
le voleur	thief
arrêter	to arrest
avouer	to confess

Qu'est-ce que j'ai, docteur?

Vocabulaire

qu'est-ce que j'ai? [kɛskəʒe]	what is wrong with me?
une entreprise [ɑ̃tRəpRi:z]	corporation, firm
Fournier [fuRnje]	
le laboratoire [labɔRatwa:R]	laboratory
chimique [ʃimik]	chemical
Laurent [lɔRɑ̃]	
ça ne va pas? [sanvapɑ]	aren't you well?
avoir mal [avwaRmal]	to have pain
quelque part [kɛlkəpa:R]	somewhere
la tête [tɛt]	head
la fièvre [fjɛ:vR]	fever
vous avez de la fièvre? [vuzavedlafjɛ:vR]	do you have a fever?
36,8 = trente-six huit [tRɑ̃tsisɥit]	
examiner [ɛgzamine]	to examine
je vais vous examiner [ʒ(ə)vevuzɛgzamine]	I am going to examine you
ces derniers temps [sedɛRnjetɑ̃]	lately
pas mal de [pɑmald(ə)]	a fair amount
une heure supplémentaire [œRsyplemɑ̃tɛ:R]	overtime

Langue

Je **vais** vous examiner.   I am going to examine you.

Review the formation of the future.
(See → 27D.)

E. Le docteur
What do you know about Dr. Fournier?

Qui est-ce? Qu'est-ce qu'il fait?

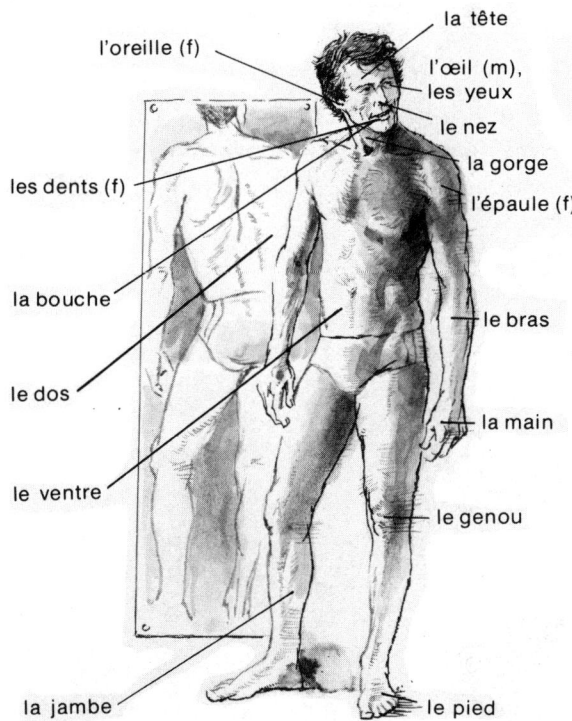

F. L'anatomie
Learn the following expressions:

avoir mal à la tête	to have a headache
avoir mal au dos	to have a backache
avoir mal aux pieds	to have sore feet
avoir mal au bras (gauche ou droit)	to have a sore arm (left or right)
avoir mal à la jambe (gauche ou droite)	to have a sore leg (left or right)

Faites des dialogues.
Model
- Où avez-vous mal?
○ J'ai mal à la tête.

G. Chez le docteur
Write three dialogs about a visit to the doctor. Model them on the dialog on page 171.

Variantes

Ça fait mal.	That hurts.
J'ai assez mal.	I have quite a bit of pain.
J'ai très mal.	I have a lot of pain.
J'ai terriblement mal.	I have terrible pain.
Je marche mal.	It hurts to walk.
Je respire mal.	It hurts to breathe.
J'entends mal.	I can't hear.
Je dors mal.	I sleep poorly.
J'ai du mal à marcher.	I have difficulty walking.
J'ai du mal à respirer.	I have difficulty breathing.
J'ai du mal à entendre.	I have trouble hearing.
J'ai du mal à dormir.	I have trouble sleeping.
Vous avez la grippe.	You have the flu.
Vous avez un rhume.	You have a cold.
Vous avez une indigestion.	You have indigestion.
Vous avez un peu de fièvre.	You have a little fever.

H. Faites des répliques

Model
Vous avez examiné Marcel?—tout de suite.

- Vous avez examiné Marcel?
○ Non, je vais examiner Marcel tout de suite.

1. Tu as pris le parapluie?—tout de suite
2. Madame Bertrand est venue?—dans 10 minutes
3. Les enfants sont partis?—à midi
4. Pierre n'est pas encore arrivé?—ce soir
5. Les garçons sont sortis?—dans quelques minutes

Listening comprehension 🎧
Listen to the tape. What does the nurse say to the patients in the waiting room? What has happened?

29 Portraits

Tu le connais?

- Est-ce que tu connais Jean Pierre?
- Non, je ne crois pas. Comment est-il?
- Il a les yeux noirs, les cheveux châtains.
- Ah! c'est lui, il est très gentil.

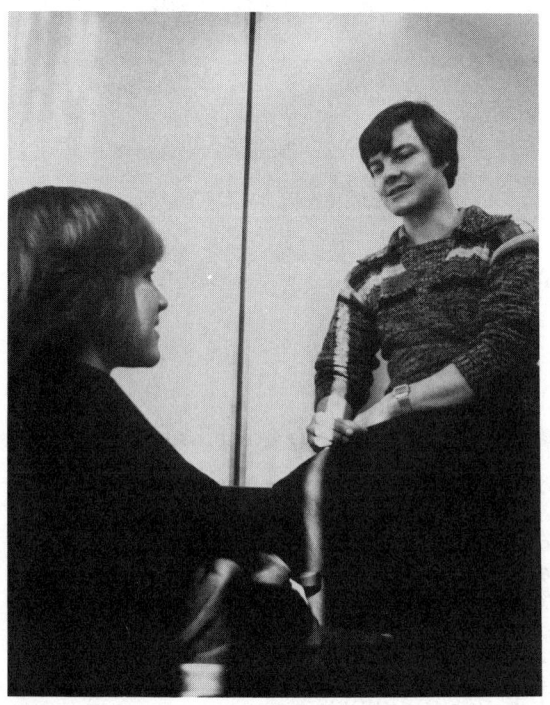

Tu la connais?

- Avec qui es-tu sorti hier soir?
- Avec Paulette. Tu la connais?
- Oui, je la connais très bien. Elle est très sympa.

Voilà Paulette. Je la connais très bien.
Je ne la connais pas. (→ 16I)

Idole?

- Tu as vu le film qui est passé hier soir sur Antenne 2?
- Non. C'est le film avec ce nouvel acteur italien. On parle beaucoup de lui. On dit qu'il est très beau.
- Moi, je le trouve très laid. Il a un grand nez, de grosses lèvres, il a des petits yeux, et il marche comme un canard.
- Il a beaucoup de charme, il chante bien et il danse très bien!

Je ne la connais pas

- Connaissez-vous Claire Bertelard?
- Claire Bertelard?... Non, je ne la connais pas.
- Une jeune fille, grande, aux yeux bleus, aux cheveux blonds. Elle habite chez les Duval. Elle a des lunettes.
- Ah! je vois. Si, je la connais. C'est une amie de mon frère.

Figurant

On cherche un garçon de 20 ans environ, avec le permis de conduire. Large d'épaules, blond. Il doit avoir un costume gris et des souliers noirs.

Il a **les yeux noirs** et **les cheveux chatains**.
Voici une jeune fille **aux yeux bleus** et **aux cheveux blonds**. (→ 4F)

Tu la connais?

Vocabulaire
le portrait [pɔRtRə]   portrait
Paulette [pɔlɛt]
la [la]   her
sympa [sɛ̃pa]   nice

Langue

Tu **la** connais?   Do you know her?

Notice the word order. The personal pronoun used as an object (*la*) is placed before the verb.

(See → 16l.)

A. Faites des répliques

Model
- Voilà **Paulette**. Tu la connais?
○ Oui, je la connais très bien.

1. Madame Duval
2. Pierre Dupont
3. Jean-Pierre et sa sœur
4. Les Martin
5. Marcel Leblanc
6. Mon médecin

B. Répondez aux questions

1. Write ten questions based on the illustrations on pages 10, 16 and 17 in accordance with the model below.

   Model
   - Tu vois **le parapluie**?
   ○ Oui, je le vois très bien.

2. Form pairs. Ask your partner ten questions about different people, based on the following model.

   Model
   Est-ce que tu connais Jean-Pierre?
   Oui, je le connais très bien.

Tu le connais?

Vocabulaire
Jean-Pierre [ʒɑ̃pjɛːR]
un oeil, des yeux   eye, eyes
[œ̃nœj dezjø]
avoir les yeux   to have dark
  noirs   (black) eyes
[avwaR lezjɔ̃nwaːR]
les cheveux (m pl)   hair
[ʃvø]
châtain [ʃatɛ̃]   auburn

C. Faites des dialogues

Model
- Vous connaissez Paul Duval?
○ Oui, c'est un ami de mes parents.
- Comment est-il?
○ Oh! Il a les yeux noirs, les cheveux blonds. Il est très sympa.

Paul Duval — Madame Duval — Marcel Leblanc — Annie Leblanc — Jean-Louis Duculot — Sylvie Lafleur

Variantes

Les yeux noirs, verts, bruns, bleus
Les cheveux blonds, châtains, bruns, noirs, roux (= red)

sympa (*sympathique*)	nice
gentil, gentille	pleasant
gai, gaie	cheerful
beau, belle	pretty
intelligent, intelligente	intelligent
drôle	funny, amusing
bavard, bavarde	talkative
actif, active	lively
malin, maligne	mischievous
marrant, marrante	very funny

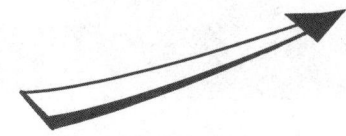

pas sympa	not nice
désagréable	unpleasant
triste	sad
laid, laide	ugly
stupide	stupid
ennuyeux, ennuyeuse	boring
pas très bavard	quiet
paresseux, paresseuse	lazy

Idole?

Vocabulaire

une idole [idɔl]	idol
tu as vu? [tyavy] *(voir)*	have you seen?
le film [film]	film
qui est passé [kiɛpase]	played (film)
une antenne [ɑ̃tɛn]	channel
Antenne 2 [ɑ̃tɛndø]	Channel 2
un acteur [aktœ:R]	actor
italien (m), **italienne** (f) [italjɛ̃ italjɛn]	Italian
laid -e [lɛ lɛd]	ugly
le nez [ne]	nose
la lèvre [lɛ:vR]	lip
marcher [maRʃe]	to walk
le canard [kana:R]	duck
le charme [ʃaRm]	charm
chanter [ʃɑ̃te]	to sing
danser [dɑ̃se]	to dance

D. Faites des phrases

Select adjectives from exercise **C** and write six sentences. Use *il, elle, ils, elles,* or names of persons you know.

Model
On dit qu'il est **très gai**, mais je le trouve **triste**.

Je ne la connais pas

Vocabulaire

Claire [klɛ:R]	
Bertelard [bɛRt(ə)la:R]	
aux yeux bleus [ozjøblø]	with blue eyes
blond -e [blɔ̃ blɔ̃:d]	blond
Duval [dyval]	
les lunettes (f pl) [lynɛt]	glasses
une amie [ami]	friend (f.)

Langue

1. Je **ne la** connais **pas**.   I don't know her.

Notice the word order. **Ne** is placed before the object pronoun and **pas** after the verb. (See → 16C.)

2. Une jeune fille **aux yeux bleus**.   A girl with blue eyes.

In French, expressions such as "with blue eyes," "with long hair" are formed with à + definite article.

E. Faites des répliques

Model
– Voilà **Paulette**. Je la connais très bien.
○ Moi, je ne la connais pas.

1. Bertrand
2. monsieur et madame Armand
3. les cousins de Jean-Pierre
4. le père de Paulette
5. les parents de Sylvie
6. madame Boule

F. Faites des répliques
Alternate "je" and "nous" in the answers.

Model
- Vous avez **la clé**?
o Non, je ne l'ai pas.

- Vous avez **le journal**?
o Non, nous ne l'avons pas.

1. les billets
2. la lettre
3. les clés
4. le calendrier
5. les papiers
6. la serviette

G. Faites des répliques

Model
- Vous ne prenez pas cette **robe**?
o Si, je la prends.

1. livre
2. blouse
3. chaussures
4. journaux
5. parapluie
6. papiers

H. Traduction
1. Do you know him?
2. He has brown hair and dark (black) eyes.
3. We know Paulette very well.
4. She is very charming.
5. It is a girl with blond hair and blue eyes.
6. Here are the Duvals. We know them a little bit. They are very nice.
7. Do you have the keys?
8. Yes, I have them.
9. Do you see the car over there (= là-bas)?
10. No, I do not see it.
11. The red car in front of the cafe.
12. Yes, now I see it.

Figurant

Vocabulaire
le figurant [figyRã]		extra
le garçon [gaRsõ]		boy, young man
large [laRʒ]		broad
une épaule [epo:l]		shoulder
large d'épaules [laRʒdepo:l]		broad-shouldered
le costume [kɔstym]		suit
le soulier [sulje]		shoe

Listening comprehension 👓
Listen to the tape. You will hear a description of a missing person. Which one is it? Mark the missing person with an X.

30 Descriptions

Au bureau des objets trouvés

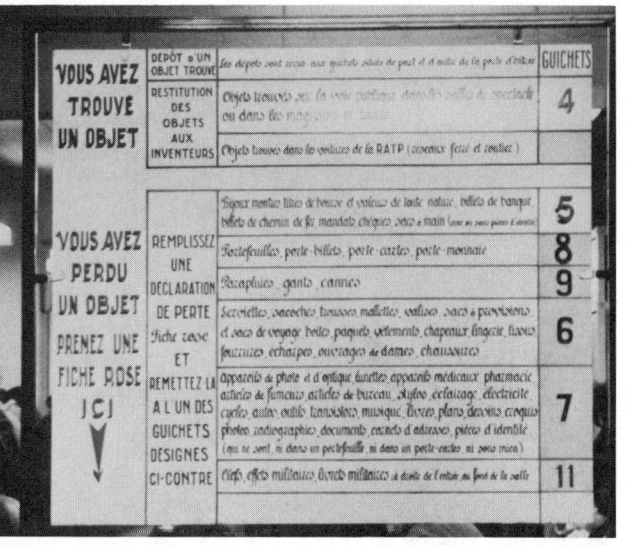

Pascal a trouvé un emploi au bureau des objets trouvés. Le chef de service lui explique le travail.

- Quand les gens se présentent, vous leur demandez s'ils ont une carte d'identité. Ils vous disent où et quand ils ont perdu l'objet. Vous leur demandez aussi la description de l'objet.

Une personne se présente au bureau.
- J'ai perdu mon portefeuille.
o Votre nom et votre adresse, s'il vous plaît.
- Doumet, Louis. 6, rue des Colibris.
o Vous avez votre carte d'identité?
- Elle est dans mon portefeuille!

Le chef **lui** explique le travail. (→ 16 II)

Au vestiaire du théâtre

Avant d'entrer dans la salle, les spectateurs donnent leur manteau, chapeau, pardessus, parapluie et imperméable à la dame du vestiaire. Elle leur donne des tickets avec un numéro. Après la pièce, elle rend les manteaux aux clients contre le ticket.

- Je voudrais mon manteau.
- Vous avez votre ticket?
- Non, je ne le trouve pas.
- Cherchez-le bien.
- C'est inutile. Je sais que je ne l'ai pas.
- De quelle couleur est votre manteau? Comment est-il?
- C'est un grand manteau bleu.
- C'est celui-ci? Il est bleu.
- Non, mon manteau est plus long. Du reste, il est moins neuf.
- C'est celui-là?
- Oui, c'est bien mon manteau. Regardez. Il y a une écharpe en laine dans la poche.
- Oui, c'est vrai. Tenez, monsieur.

Cherchez-le bien. (→ 67B)

Je cherche mon manteau. –C'est **celui-ci** ou **celui-là**? (→ 19)

Où est ma valise?

Catherine Aubert est interprète. Elle parle couramment anglais, allemand et bien sûr français, sa langue maternelle. Elle traduit d'allemand en français et d'anglais en français. Elle travaille dans les grands congrès internationaux. Elle voyage depuis des années, sans
5 problèmes, mais cette fois elle ne retrouve pas sa valise.

«Alors, on m'a téléphoné ce matin et on m'a demandé d'aller à New York tout de suite pour remplacer un collègue qui est tombé malade. J'ai fait mes bagages, j'ai pris le premier autobus pour l'aéroport et j'ai demandé l'heure du prochain vol pour New York.

10 «Il y a un vol cet après-midi pour Los Angeles qui fait escale à New York», a dit un employé. J'ai enregistré ma valise, j'ai pris l'avion, et après un peu plus de sept heures de vol, je suis arrivée à New York.

Après l'atterrissage, j'ai attendu ma valise, mais elle n'est pas arrivée.
15 Je suis allée au bureau des réclamations. La jeune employée a dit avec un sourire: «Je suis désolée, mais votre valise est restée dans l'avion. Nous allons télégraphier à Los Angeles. Voulez-vous remplir ce formulaire. Et excusez-nous.»»

Au bureau des objets trouvés

Vocabulaire

la description [dɛskʀipsjɔ̃]	description
un objet [ɔbʒɛ]	object, thing
le bureau des objets trouvés [byʀodezɔbʒɛtʀuve]	lost and found
Pascal [paskal]	
un emploi [ɑ̃plwa]	job
le chef [ʃɛf]	boss
le service [sɛʀvis]	service
le chef de service [ʃɛfdəsɛʀvis]	manager
lui [lɥi]	him
expliquer [ɛksplike]	to explain
se présenter [s(ə)pʀezɑ̃te]	to present oneself
leur [lœ:ʀ] (→ 16II)	them
perdre [pɛʀdʀ]	to lose
le portefeuille [pɔʀtəfœj]	wallet
le colibri [kɔlibʀi]	hummingbird

Langue

Le chef explique le travail **à Pascal**.	The boss explains the work to Pascal.
Le chef **lui** explique le travail.	The boss explains the work to him.

Note the position of the indirect object, **lui** (singular) and **leur** (plural).
(See → 16II.)

A. Substitution

Read the following sentences aloud. Replace **à Pascal** with **lui** in each.

1. On explique le travail à Pascal.
2. On dit à Pascal *comment faire* (= what to do).
3. On montre le bureau à Pascal.
4. On demande à Pascal de commencer tout de suite.
5. On dit à Pascal que le travail est facile.

B. Leur

Now make the sentences in **A** plural (*leur*).

C. Répondez aux questions

Refer to lines 1-9, page 181.

1. Où est-ce que Pascal a trouvé un travail?
2. Qui lui explique le travail?
3. Quand les gens se présentent, que fait Pascal?
4. Et qu'est-ce qu'ils lui disent?
5. Qu'est-ce que Pascal leur demande aussi?

Listening comprehension 🎧

Listen to the tape. A woman enters the lost and found. She has lost her bag. What was in it. Has anyone found it?

Au vestiaire

Vocabulaire

le vestiaire [vɛstjɛːʀ]	checkroom
le théâtre [teaːtʀ]	theater
le spectateur -trice [spɛkːtatœʀ] [spɛkːtatʀis]	spectator
le ticket [tikɛ]	ticket
la pièce [pjɛs]	play
bien [bjɛ̃]	well
inutile [inytil]	useless
c'est inutile [sɛtinytil]	it is useless
de quelle couleur est votre manteau? [dəkɛlkulœːʀ ɛvɔtʀəmɑ̃to]	what color is your coat?
celui-ci [səlɥisi] (→ 19)	this one
long, longue [lɔ̃ lɔ̃ːg]	long
plus long [plylɔ̃] (→ 9)	longer
le reste [ʀɛst]	rest, remainder
du reste [dyʀɛst]	besides
neuf, neuve [nœf nœːv]	new
celui-là [səlɥila] (→ 19)	that one
en [ɑ̃]	h. of
la laine [lɛn]	wool
la poche [pɔʃ]	pocket

Langue

Cherchez-**le** bien. — Look for it carefully.
Ne **le** cherchez pas. — Don't look for it.
Compare the sentences. Note the placement of the object pronoun.
(See → 67**B**.)

D. Faites des questions

Model
− Je cherche ma serviette.
◦ C'est celle-ci ou celle-là?

1. Mon parapluie, s'il vous plaît!
2. Je voudrais ma valise.
3. Donnez-moi mon imperméable.
4. Donne-moi la clé, s'il te plaît.

E. Celui-ci ou celui-là?

Model
− Quel livre prenez-vous? Celui-ci ou celui-là?

1. Quelle blouse voulez-vous?
2. Quel journal veux-tu?
3. Quel menu prenez-vous?
4. Quelle est ta voiture?

F. Répondez aux questions

Model
− Est-ce que je peux laisser le manteau?
◦ Oui, laissez-le.

1. Est-ce que je peux prendre ce journal?
2. Est-ce que je peux acheter cette serviette?
3. Est-ce que je peux lire ce livre?
4. Est-ce que je peux laisser ma valise?
5. Est-ce que je peux prendre ces papiers?

Repeat the exercise using the familiar address form.

Model
− Je peux laisser le manteau?
◦ Oui, laisse-le.

Où est ma valise?

G. Faites ce dialogue

Au vestiaire du théâtre

Vous	La dame/le monsieur du vestiaire
Say that you want your raincoat.	
	Ask what color it is.
Give the color.	
	Ask if it is this one. It is ... (color).
Say that yours is longer and not so new.	
	Ask if it is this one. It is also ...(color).
Say that you think it is that one. Ask what's in the pocket.	
	Say that there is a newspaper (book, scarf, etc.).
Say that it is yours.	

H. Traduction

1. I want my coat.
2. I do not have a ticket.
3. Have you lost it?
4. Look carefully (for it).
5. There it is.
6. Which is your coat?
7. This one or that one?
8. The black one.
9. Please give me the umbrella.

Vocabulaire

Catherine Aubert [katʀinobɛːʀ]	
un, une interprète [ɛ̃tɛʀpʀɛt]	interpreter
couramment [kuʀamɑ̃]	fluently
traduire [tʀadɥiːʀ]	to translate
le congrès [kɔ̃gʀɛ]	congress
international -e (m pl **-aux**) [ɛ̃tɛʀnasjɔnal ɛ̃tɛʀnasjono]	international
voyager [vwajaʒe]	to travel
depuis des années [d(ə)pɥidezane]	for a number of years
alors [alɔːʀ]	then
remplacer [ʀɑ̃plase]	to replace
tomber [tɔ̃be]	to fall
malade [malad]	ill
tomber malade [tɔ̃bemalad]	to fall ill
les bagages (m pl) [bagaːʒ]	baggage
faire ses bagages [fɛʀsebagaːʒ]	to pack
le vol [vɔl]	flight
une escale [ɛskal]	stop (intermediate)
faire escale [fɛʀɛskal]	to make a stop
enregistrer [ɑ̃ʀəʒistʀe]	to check in
un peu plus de [œ̃pøplyd(ə)]	a little more than
un atterrissage [atɛʀisaːʒ]	landing
la réclamation [ʀeklamasjɔ̃]	complaint
le bureau des réclamations [byʀodeʀeklamasjɔ̃]	complaint department
le sourire [suʀiːʀ]	smile
rester [ʀɛste]	to leave
télégraphier [telegʀafje]	to wire
remplir [ʀɑ̃pliːʀ]	to fill out
le formulaire [fɔʀmylɛːʀ]	form

I. Catherine Aubert

Model
- Comment vous appelez-vous, mademoiselle?
○ Je m'appelle Catherine Aubert.

1. - ..... ?
   ○ Je suis interprète.
2. - ..... ?
   ○ Je parle anglais, allemand et français.
3. - ..... ?
   ○ D'allemand en français et d'anglais en français.
4. - ..... ?
   ○ Dans les grands congrès internationaux.
5. - ..... ?
   ○ Oui, depuis des années.
6. - ..... ?
   ○ J'ai perdu ma valise.

J. Vous

Starting with line 6 of *Où est ma valise* (on page 183) and continuing to line 18, change the first person to the second person plural, as follows: "Alors, on *vous* a téléphoné ce matin et on *vous* a..."

K. Traduction

1. This morning I took the plane to Paris.
2. I landed there at 11:30.
3. Now I am going to eat lunch.
4. At 2 o'clock I have a meeting with two reporters.
5. I am going to stay in Paris all week.
6. I have a lot (much) to do.

L. Quelle est l'histoire de mademoiselle Aubert?

Write a brief report on Mlle Aubert, based on the illustrations.

REVIEW/SELF-TEST VI

Vous vous rappelez?

A. Passé composé
Rewrite the following sentences using the *passé composé*.

1. Je travaille à Dijon.
2. Je soigne les malades.
3. Je quitte cette ville.
4. Les Duval vont sur la Côte d'Azur.
5. Ils prennent le train.
6. Ils changent de train deux fois.
7. Le train est *plein* (= full).
8. Catherine Aubert prend l'avion pour New York.
9. Elle enregistre ses bagages.
10. L'avion part à midi.
11. Elle arrive à JFK.
12. Elle attend sa valise.
13. Elle rentre à Paris le lendemain.

B. Describe
Write a sentence in French for each picture.

Model
Mademoiselle Aubert a mal à la tête.

1. Monsieur Laniel

2. Mademoiselle Olivier

3. Madame Boule

4. Monsieur Briot

5. Monsieur Fournier

C. Questions and answers
Use *le, la,* or *les* in the answers.

1. Vous prenez ces livres?
   Oui, je .....
2. Pierre connaît cette femme?
3. Tu vois le jeune homme là-bas?
4. Vous voyez, messieurs, la grande rue, là-bas, à gauche?

D. Dialogues
Complete the dialogs in accordance with the model.

Model
– Vous avez la clé?
○ Je la cherche, mais je ne la trouve pas.

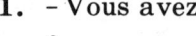

1. – Vous avez
   ○ .....

2. – Tu as
   ○ .....

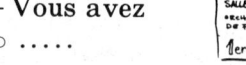

3. – Vous avez
   ○ .....

4. – Tu as
   ○ .....

E. Fill in the blanks.
Fill in the missing verb forms.

Infinitive	Present	Past
être	.....	.....
.....	je dis	.....
prendre	.....	.....
.....	.....	j'ai voulu
.....	je cours	.....
pouvoir	.....	.....
.....	je mets	.....
.....	.....	j'ai eu
perdre	.....	.....
faire	.....	.....
.....	j'attends	.....
.....	.....	j'ai vu
lire	.....	.....
.....	.....	je suis allé/e
.....	je sors	.....
partir	.....	.....
.....	.....	je suis venu/e
.....	je rentre	.....

F. Completion
Complete the following sentences.

1. – Tu prends ton petit déjeuner maintenant?
   o Oui, je (am having it) ..... tout de suite.
2. – Vous connaissez cette femme?
   o Bien sûr. Je (know her) ..... depuis des années.
3. – Est-ce qu'ils vont quitter la maison demain?
   o Non, ils (are leaving it) ..... aujourd'hui, je crois.
4. – Où est-ce que vous achetez ces maillots de bain?
   o Nous (buy them) ..... en Italie.
5. – Il est sympa, ce garçon. (Do you see him) ..... souvent?
   o Mais non, on ne (know him) ..... pas du tout.

PETITE LECTURE

Savoir des langues, c'est utile

Cet été Anne a rencontré un jeune Allemand, Peter Müller. Il a les cheveux noirs et les yeux verts. Anne le trouve charmant. Après les vacances Peter est rentré à Düsseldorf. Anne lui écrit deux fois et enfin elle reçoit une réponse. Elle raconte à son ami Marcel.
– J'ai reçu une lettre de Peter. Tu le connais un peu, n'est-ce pas?
o Bien sûr, ton charmant Allemand de cet été. Alors, tu as lu cette lettre? Qu'est-ce qu'il dit? Il va revenir?
– Tu sais, cette lettre, je ne la comprends pas. Peter écrit en allemand. Je ne sais pas un mot d'allemand. Nous avons parlé français ensemble.
Heureusement, Marcel a étudié l'allemand. Il prend la lettre et il la traduit en français.

les vacances	vacation
enfin	finally
le mot	word
étudier	to study

	vrai	faux
1. Anne est Allemande.		
2. Anne pense que Peter est gentil.		
3. Peter habite maintenant à Paris.		
4. Anne a écrit deux lettres à Peter.		
5. Peter ne répond pas.		
6. Anne ne comprend pas la lettre.		
7. La lettre est mal écrite.		
8. C'est une lettre en allemand.		
9. Marcel traduit la lettre.		

31 Mini-documents

Le gouvernement

La France est une république. Il y a un président. Il est élu pour sept ans.

Le Premier Ministre est choisi par le Président et forme un gouvernement avec les ministres et les secrétaires d'État.

Le Parlement a deux assemblées: l'Assemblée Nationale et le Sénat. Tous les Français de plus de 18 ans ont le droit de voter.

L'Assemblée Nationale à Paris

Usines à Longwy

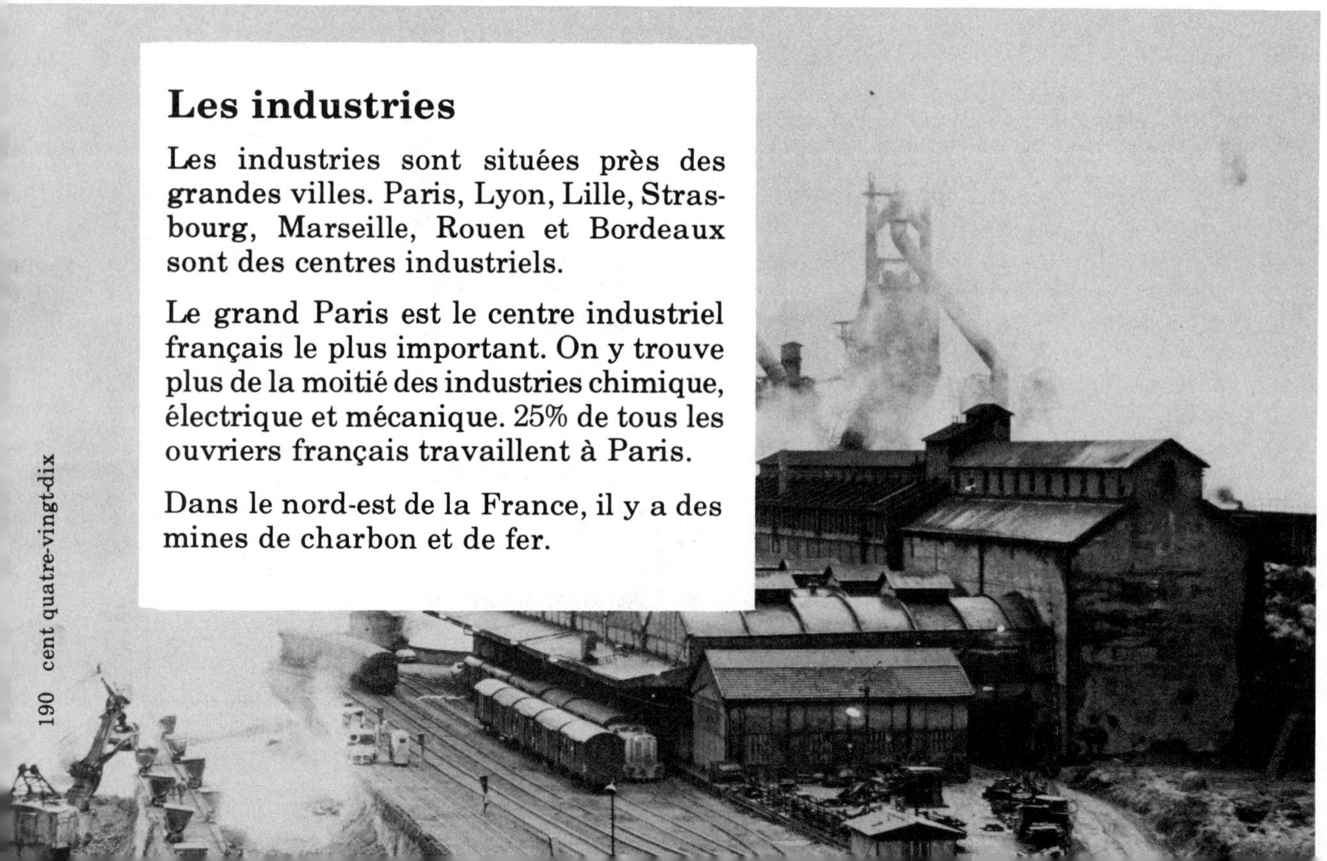

Les industries

Les industries sont situées près des grandes villes. Paris, Lyon, Lille, Strasbourg, Marseille, Rouen et Bordeaux sont des centres industriels.

Le grand Paris est le centre industriel français le plus important. On y trouve plus de la moitié des industries chimique, électrique et mécanique. 25% de tous les ouvriers français travaillent à Paris.

Dans le nord-est de la France, il y a des mines de charbon et de fer.

La population

Il y a 53 millions de Français. Le grand Paris a 8 millions et demi d'habitants. Près de deux tiers des Parisiens sont nés en province. Un tiers des étudiants font leurs études à Paris. Il y a environ 4 millions d'immigrés en France.

Les plus grandes villes françaises

(milliers d'habitants; ville et banlieue)

Paris	9863	Nantes	462
Lyon	1185	Nice	440
Marseille	1076	Rouen	396
Lille	943	Toulon	389
Bordeaux	622	Strasbourg	370
Toulouse	625	Grenoble	332

Départements et provinces

La France est divisée en 95 départements. Chaque département a un numéro. Les voitures portent le numéro du département. 75 est le numéro du département de la Seine. La Bretagne, la Normandie, la Provence, etc., sont les noms des vieilles provinces.

L'église

La France n'a pas d'église d'État. En France on doit toujours se marier à la mairie et on peut se marier à l'église. La plus grande partie des Français sont catholiques. Un catholique sur cinq pratique sa religion.

Les fleuves

Les fleuves de la France sont: la Loire, le Rhône, la Seine et la Garonne; et sur la frontière franco-allemande: le Rhin.

Les montagnes

Les plus grandes montagnes sont: les Alpes et les Pyrénées. Le Massif Central, les Vosges et le Jura sont moins élevés.

La plus haute montagne est le Mont Blanc dans les Alpes. La hauteur du Mont Blanc est de 4807 mètres.

Église du Mesnil, Saint-Denis

Le Rhin à la frontière franco-allemande

Le gouvernement

Vocabulaire
mini [mini]	mini
le document [dɔkymɑ̃]	document
le gouvernement [guvɛRnəmɑ̃]	government
le président [pRezidɑ̃]	president
il est élu [ilɛtely]	he is elected
le Premier Ministre [pRəmjeministR]	Prime Minister
par [paR]	by
former [fɔRme]	to form
le ministre [ministR]	minister
le, la secrétaire [s(ə)kRetɛ:R]	secretary
un état [eta]	state
le secrétaire d'État [s(ə)kRetɛ:Rdeta]	cabinet secretary
une assemblée [asɑ̃ble]	assembly, legislative chamber
le Sénat [sena]	Senate
avoir le droit de [avwaR lədR wad(ə)]	to have the right to

Les industries

Vocabulaire
une industrie [ɛ̃dystRi]	industry
industriel -le [ɛ̃dystRiɛl]	industrial
le plus important [l(ə)plysɛ̃pɔRtɑ̃]	the most important
la moitié [mwatje]	half
électrique [elɛktRik]	electrical
mécanique [mekanik]	mechanical
le nord-est [nɔRɛst]	northeast
la mine [min]	mine
le charbon [ʃaRbɔ̃]	coal
le fer [fɛ:R]	iron

La population

Vocabulaire
la population [pɔpylasjɔ̃]	population
le grand Paris [gRɑ̃paRi]	greater Paris
le tiers [tjɛ:R]	one third
les deux tiers [ledøtjɛ:R]	two thirds
un étudiant [etydjɑ̃]	student
une étude [etyd]	study
faire ses études [fɛRsezetyd]	to study
un immigré [immigRe]	immigrant

Les plus grandes villes françaises

Vocabulaire
le millier [milje]	thousand (e.g., the population, in thousands)

Toulouse [tulu:z]
Nantes [nɑ̃:t]
Toulon [tulɔ̃]
Grenoble [gRənɔbl]

Départements et provinces

Vocabulaire
le département [depaRtəmɑ̃]	department (an administrative unit)
diviser [divize]	to divide
porter [pɔRte]	to carry
la Normandie [nɔRmɑ̃di]	
la Provence [pRɔvɑ̃:s]	
vieux, vieil (m), **vieille** (f) [vjø vjɛj vjɛj]	old

L'église

Vocabulaire

une église [egli:z]	church
se marier [s(ə)maʀje]	to marry
la mairie [mɛʀi]	town hall
le catholique [katɔlik]	Catholic
un catholique sur cinq [œ̃katɔliksyʀsɛ̃:k]	one out of every five Catholics
pratiquer [pʀatike]	to practice
la religion [ʀ(ə)liʒjɔ̃]	religion

Les fleuves

Vocabulaire

la Loire [lwa:ʀ]	
la Garonne [gaʀɔn]	
franco-allemand -e [fʀɑ̃koalmɑ̃ fʀɑ̃koalmɑ̃:d]	Franco-German
le Rhin [ʀɛ̃]	Rhine

Les montagnes

Vocabulaire

la montagne [mɔ̃taɲ]	mountain
les Pyrénées [piʀene]	
le Massif Central [masifsɑ̃tʀal]	Central Highland
les Vosges [vo:ʒ]	
le Jura [ʒyʀa]	
élevé -e [elve]	high
moins élevé [mwɛ̃zelve]	not as high
haut -e [o o:t]	high
la hauteur [otœ:ʀ]	height
4807 = quatre mille huit cent sept [katʀəmiluisɑ̃sɛt]	

A. Composition

Using the text on the French government as an example, write a parallel text on the structure of the government of the United States.

Vocabulaire

les États-Unis	the United States
la République fédérale	federal republic
le Congrès	Congress
la Chambre de Représentants	House of Representatives
la Cour suprême	Supreme Court

B. Pour ou contre?

1. *Alain:* En France, le président est élu pour 7 ans. Il a le temps d'accomplir son programme.

   Nathalie: Moi, je suis pour le système américain. Quatre ans, c'est assez. Et on peut toujours re-élire un bon president!

   Et vous? Que pensez-vous?

2. *Alain:* Le droit de voter à 18 ans, c'est trop tôt. À 18 ans, les jeunes font encore leurs études. Souvent ils habitent chez leurs parents. On n'est pas indépendant à 18 ans.

   Nathalie: Ça n'a rien à voir.* Études ou non. Indépendant ou pas. Ce qui est important, c'est qu'à 18 ans on peut penser comme un adulte.

   Et vous? Etes-vous d'accord avec Alain ou avec Nathalie?

*That's irrelevant.

32 À propos

- Tu sais, on va fermer l'usine Texico à Dinan.
- Mais c'est une catastrophe! On va encore avoir des chômeurs! Pourquoi est-ce qu'on ferme l'usine?
- L'usine ne reçoit plus de commandes. Elle ne peut plus vendre ses produits à cause de la concurrence japonaise.
- Et oui, la main d'œuvre est chère. Est-ce que les banques ne peuvent pas aider Texico?
- Non. Quand les possibilités de vente sont faibles, les banques ne prêtent pas volontiers d'argent.
- C'est triste mais c'est vrai.

- Hier, on a inauguré la nouvelle autoroute qui passe à quatre kilomètres du centre. Heureusement! Je n'aime pas les poids lourds en ville.
- Tu as raison. Ça sent l'essence et l'air est mauvais. Il y a de plus en plus de circulation malgré le prix de l'essence.

- Le Ministre des Finances a dit hier à l'Assemblée Nationale que le niveau de vie des Français est de plus en plus élevé.
- Il a tort! Il ose dire que nous vivons mieux maintenant qu'avant. Les salaires augmentent peu et les prix augmentent beaucoup. Je ne comprends rien.

- Enfin on a voté le nouveau budget. Il y a un déficit d'un milliard.
- À propos! Tu peux me prêter 10 francs?

- Arrête la télé, c'est trop triste. Si la guerre en Asie finit, elle recommence en Afrique ou ailleurs.
- Qu'est-ce que tu veux? Il y a toujours une guerre quelque part. Les responsables, ce sont les marchands de canons.

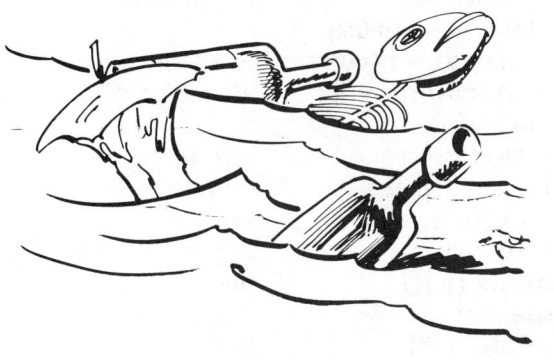

- Enfin! Hier, on a ouvert à Londres une nouvelle conférence sur la pollution des mers.
o Encore une conférence! Toujours des conférences! Elles ne donnent jamais de résultats.
- Tu as bien raison. La mer, c'est une vraie poubelle!
o Oui, la grande poubelle internationale de la société de consommation.

- Alors, je rentre maintenant. À demain!
o Mais pourquoi? Il est seulement huit heures!
- Je m'occupe des enfants. J'ai promis à ma femme. Elle sort ce soir. Le Mouvement de la Libération de la Femme a une réunion.
o Oui, je comprends... ou plutôt, je ne comprends pas. À demain!

- Tu as vu le match hier soir a la télé?
o Quel match?
- Tu ne sais pas! Bordeaux a battu Nice. Au football.
o Ça ne m'intéresse pas.

À propos

Vocabulaire

à propos [apRɔpo]	*h.* incidentally, by the way	
Texico [tɛksiko]		
Dinan [dinɑ̃]		
la catastrophe [katastRɔf]	catastrophe	
le chômeur [ʃomœ:R]	unemployed person	
la commande [kɔmɑ̃:d]	order	
le produit [pRɔdɥi]	product	
la cause [ko:z]	cause	
à cause de [akozd(ə)]	on account of, because of	
japonais -e [ʒapɔnɛ ʒapɔnɛ:z]	Japanese	
et oui [ewi]	oh, yes	
la main d'oeuvre [mɛ̃dœ:vR]	manpower	
aider [ɛde]	to help	
la possibilité [pɔsibilite]	possibility	
la vente [vɑ̃:t]	sale	
faible [fɛbl]	weak	
l'argent (m) [aRʒɑ̃]	money	
ne prêtent pas d'argent [nəpRɛtpɑdlaRʒɑ̃]	don't lend money	
triste [tRist]	sad	
inaugurer [inɔgyRe]	to open, inaugurate	
une autoroute [ɔtoRut]	super highway	
à quatre kilomètres [akatRəkilɔmɛtR]	four kilometers away	
avoir raison [avwaRRɛzɔ̃]	to be right	
ça sent [sasɑ̃]	it smells	
l'essence (f) [lɛsɑ̃:s]	gasoline	
l'air (m) [lɛ:R]	air	
de plus en plus [d(ə)plyzɑ̃ply]	more and more	
la circulation [siRkylasjɔ̃]	traffic	
malgré [malgRe]	in spite of	
le prix [pRi]	price	
le Ministre des Finances [ministRədefinɑ̃:s]	Minister of Finance	
le niveau -x [nivo]	level, standard	
le niveau de vie [nivodvi]	standard of living	
le tort [tɔ:R]	wrong	
il a tort [ilatɔ:R]	he is wrong	
oser [oze]	to dare	
vivre [vi:vR]	to live	
mieux [mjø]	better	
que [kə]	than	
avant [avɑ̃]	before	
peu [pø]	(a) little	
enfin! [ɑ̃fɛ̃]	finally!	
voter [vɔte]	to vote	
le budget [bydʒɛ]	budget	
le déficit [defisit]	deficit	
le milliard [miljα:R]	billion	
la guerre [gɛ:R]	war	
l'Asie (f) [azi]	Asia	
finir [fini:R]	to finish	
ailleurs [ajœ:R]	elsewhere	
qu'est-ce que tu veux [kɛskətyvø]	what do you expect?	
le responsable [Rɛspɔ̃sabl]	(person) responsible	
le canon [kanɔ̃]	cannons, *h.* arms	
on a ouvert [ɔ̃nauvɛ:R] *(ouvrir)*	they've (indefinite) started	
Londres [lɔ̃:dR]	London	
la conférence [kɔ̃feRɑ̃:s]	conference	
la pollution [pɔlysjɔ̃]	pollution	
la mer [mɛ:R]	ocean	
ne...jamais [ʒamɛ]	never	
bien [bjɛ̃]	absolutely	
vrai -e [vRɛ]	true	

la poubelle [pubɛl]	garbage can
la société [sɔsjete]	society
la consommation [kɔ̃sɔmasjɔ̃]	consumption
la société de consommation [sɔsjetedkɔ̃sɔmasjɔ̃]	consumer society
s'occuper de [sɔkype(ə)]	to take care of, be in charge of
promettre [pRɔmɛtR]	to promise
le mouvement [muvmɑ̃]	movement
la libération [libeRasjɔ̃]	liberation
Bordeaux a battu Nice [bɔRdo abatynis] *(battre)*	Bordeaux has beaten Nice
le football [futbo:l]	soccer
intéresser [ɛ̃teRɛse]	to interest

A. Composition

1. Que pensez-vous des zones piétonnières (interdites aux véhicules) dans le centre des villes? Est-ce une solution au problème de la pollution?
2. Dans votre ville, votre région, votre pays, quels sont les problèmes de la pollution? Y a-t-il des solutions?
3. Quels sports vous intéressent? Le football américain? Le baseball? Le basket-ball? Le tennis? La natation? En spectateur ou en participant?

Vocabulaire

zones piétonnières	pedestrian malls
la natation	swimming
en spectateur	as a spectator
en participant	as a participant

B. Pour ou contre?

1. *Nathalie:* Les écologistes ont raison. Nous devons faire un effort et changer notre style de vie pour arrêter la pollution de notre planète.
   Alain: Tu es naïve! Tu ne peux rien faire; nous ne pouvons rien faire. La clé du problème est entre les mains des industries. Mais ce sont les bénéfices qui intéressent les industries, pas la pollution!

   Et vous? Êtes-vous pessimiste comme Alain?

2. *Alain:* Le Mouvement de la Libération de la Femme, c'est ridicule! La femme ne peut être l'égale de l'homme.
   Nathalie: Il n'est pas question de ça. C'est une question de droits. Les femmes doivent avoir les mêmes droits que les hommes.

   Et vous? Etes-vous pour ou contre?

Vocabulaire

un écologiste	ecologist
le style de vie	lifestyle
une planète	planet
un bénéfice	profit
pessimiste	pessimistic

Petite grammaire

ARTICLES

1. The indefinite article

	masculine	feminine
singular	**un** stylo	**une** brosse
plural	**des** stylos	**des** brosses

Tu as **un** stylo? — Do you have a pen?
Vous avez **un** annuaire? — Do you have a telephone book?
Il y a **un** hôtel rue Racine. — There is a hotel on rue Racine.
Tu as **une** brosse? — Do you have a brush?
Il y a **une** penderie dans la chambre. — There is a wardrobe in the room.
Il y a **des** nuages. — There are some clouds. It is cloudy.
J'ai **des** cartes postales. — I have some postcards.

> French has two genders, masculine and feminine.
>
> The indefinite articles are:
>   masculine singular **un**
>   feminine singular **une**
>   masculine and feminine plural **des**

2. The definite article

	masculine	feminine
singular	**le** parapluie **l'**annuaire	**la** clé **l'**étagère
plural	**les** parapluies **les** annuaires	**les** clés **les** étagères

Prêtez-moi **le** parapluie. — Lend me the umbrella.
L'annuaire est sur **l'**étagère. — The telephone book is on the bookcase.
L'hôtel est situé rue Racine. — The hotel is located on rue Racine.
Donne-moi **la** clé. — Give me the key.
Vous avez **les** clés? — Do you have the keys?
Où sont **les** oreillers? — Where are the pillows?

> The definite articles are:
>   masculine singular **le**
>   feminine singular **la**
>   masculine and feminine plural **les**
>
> *Note* **Le** and **la** become **l'** before a vowel and before some words beginning with *h*. This is called elision.

3. Contractions

À + the definite article

> à + le = au
> à + les = aux

Nous allons **au** Louvre et **aux** Invalides.	We are going to the Louvre and the Invalides.
Les Leval sont **à l'**hôtel.	The Levals are at the hotel.
Marcel et Colette sont **à la** gare.	Marcel and Colette are at the train station.

De + the definite article

> de + le = du
> de + les = des

C'est le numéro **du** commissariat.	It's the number of the police station.
Voilà les adresses **des** hôtels.	There are the addresses of the hotels.
Voici l'adresse **de l'**hôtel.	Here is the address of the hotel.
Vous avez **des** renseignements sur les musées **de la** ville?	Have you any information about the city's museums?

4. Use of the definite article

A

Voici **la** France.	Here is France.
La Seine est un fleuve.	The Seine is a river.
La Bretagne est une province.	Bretagne is a province.
Vous voyez **les** Alpes?	Do you see the Alps?
On ne voit pas **le** Mont Blanc.	One (i.e., you) doesn't see Mont Blanc.
Et voilà **la** Tour Eiffel.	And there is the Eiffel Tower.

> Names of countries, rivers, mountains and many buildings are preceded by the definite article.

Note

En Belgique, **en** Suisse et **au** Canada, le français est la langue maternelle d'une partie des habitants.	In Belgium, Switzerland, and Canada, French is the native language of part of the population.

> **En** is used *without* an article before names of continents and countries that are feminine (the majority).
> **À** is used *with* an article before names of countries that are masculine.

B
Les Leval quittent l'hôtel.   The Levals are leaving the hotel.

> The definite article in the plural is used when denoting a family. Note, however, that the family name remains unchanged.

C
Mon ami aime bien le bleu.   My friend likes blue very much.

> The definite article is used before nouns having a general meaning.

D
Le français est la langue officielle.   French is the official language.

> The definite article is used with names of languages, except when they follow the verb *parler* (e.g.: On parle français).

E
D'après le docteur Dumont, c'est dangereux pour la santé.   According to Doctor Dumont, it is dangerous to the health.

> The definite article is used before a title + proper noun.

NOUNS

5. Plural

Vous avez **les** billet**s**?   Do you have the tickets?
Vous avez **les** clé**s**?   Do you have the keys?

> The plural of most nouns is formed by adding **-s**. This **-s** is silent.

A   le pay**s**   les pay**s**
     le pri**x**   les pri**x**
     le ne**z**   les ne**z**

> Nouns that end in **-s**, **-x**, or **-z** do not change in the plural.

B   le cad**eau**   les cad**eaux**
     le bur**eau**   les bur**eaux**

> Nouns that end in **-eau** add **-x** to form the plural.

C   le journ**al**   les journ**aux**
     l'hôpit**al**   les hôpit**aux**
     le trav**ail**   les trav**aux**

> Most nouns that end in **-al**, or **-ail** have the ending **-aux** in the plural.

6. The partitive article

A
C'est l'adresse **de** Mireille Lagloire.   It's Mireille Lagloire's adress.
Donnez-moi le numéro **du** commissariat   Give me the number of the police station
et l'adresse **de l'**hôtel.   and the address of the hotel.
Paris est la capitale **de la** France.   Paris is the capital of France.
Elle répond aux questions **des** touristes.   She answers the tourists' questions.

B
Vous avez une pièce **d'**identité?   Do you have any identification?
Donnez-moi le numéro **de** téléphone.   Give me the telephone number.
Voilà l'Hôtel **de** Ville.   There is the town hall.
Elle note le numéro sur   She writes down the number on
un bout **de** papier.   a piece of paper.

C
Il est six heures **du** soir.   It is six o'clock in the evening.
Le départ **de l'**hôtel.   The departure from the hotel.

> Noun + **de** + noun is used to express possession or relationship. Various prepositions are also expressed by **de**.

ADJECTIVES

7. Gender and number

	masculine	*feminine*
singular	le **grand** magasin	la **grande** table
plural	les **grands** magasins	les **grandes** tables

> Adjectival endings are:
> feminine singular **-e**   masculine plural **-s**   feminine plural **-es**
> The adjective must agree with the noun in number and gender.

A
il est jeune   elle est jeune
un journal belge   une ville belge

> If the masculine singular already ends in **-e**, the feminine form remains the same.

B
un parfum cher   une blouse chère
le premier client   la première cliente

> If the masculine singular ends in **-er** or **-ier**, the feminine ends in **-ère** or **-ière**.

C
un journal sérieux une réunion sérieuse

> If the masculine singular ends in **-eux**, the feminine ends in **-euse**.

D
un **bon** parfum   une **bonne** idée
un dollar canadie**n** une banque canadie**nne**
un **gros** sac   une **grosse** valise
il est genti**l**   elle est genti**lle**

> In certain adjectives, the final consonant is doubled before adding the feminine ending **-e**.

E
un tricot blanc   une blouse blanche
un manteau long   une robe longue

> The adjectives *blanc* and *long* have irregular feminine forms.

F
un tricot   une cravate
bleu foncé   **bleu foncé**

> Compound adjectives such as *bleu foncé* and *bleu clair* and the adjectives *marron* and *chic* are the same for both masculine and feminine.

G
un **nouveau** film
un **nouvel** acteur
une **nouvelle** autoroute

> The masculine form **nouvel** is used before nouns that begin with a vowel.

H
un journal français
des journaux français

un journal sérieux
des journaux sérieux

> If the masculine singular ends in **-s** or **-x**, the masculine plural form remains the same.

I
un congrès international
des congrès internationaux

> Most adjectives that end in **-al** end in **-aux** in the plural.

Note
Lucienne est Canadienne.
Beaucoup de Français comptent
  en anciens francs.

Lucienne is Canadian.
Many Frenchmen count in
  old francs.

> Adjectives of nationality are capitalized when they denote persons.

8. The position of adjectives

A
Vous avez des dollars **américains**?
Il y a des Français très **conservateurs**.
Une cliente demande une blouse **verte**.
Voilà un tricot **blanc** et **jaune**.

Do you have any American dollars?
Some Frenchmen are very conservative.
A customer asks for a green blouse.
There is a yellow and white sweater.

> As a general rule, adjectives are placed after the noun they modify.

B
Simone montre un **bon** parfum.
Elle est vendeuse dans un **grand**
  magasin.
Antibes est une **petite** ville.

Simone points out a good perfume.
She is a saleslady in a large department
  store.
Antibes is a small city.

> A number of short, unstressed adjectives, as for example, *bon, grand, petit, joli, gros, nouveau, ancien* and *jeune* are placed before the noun they modify.

9. Plus and moins

Une heure **plus** tard.
Il est **plus** long.
Manger à la cantine, c'est
  moins cher, mais c'est **moins** bon.

An hour later.
It is longer.
Eating at the cafeteria is
  cheaper, but not as good.

> Notice the use of *plus* and *moins* to form comparative adjectives.

10. Possessive adjectives

	singular		plural
masculine	*feminine*	*masc./fem.*	*masc./fem.*
le fils	la fille	l'ami/e	les enfants
mon fils	**ma** fille	**mon** ami/e	**mes** enfants
ton	**ta**	**ton**	**tes**
son	**sa**	**son**	**ses**
notre	**notre**	**notre**	**nos**
votre	**votre**	**votre**	**vos**
leur	**leur**	**leur**	**leurs**

Note
Mon, ton, son are also used before feminine nouns that begin with a vowel.

Monsieur Leval est à Paris avec **sa** femme et **ses** enfants.	Mr. Leval is in Paris with his wife and his children.
Sa valise est dans la voiture.	His/her suitcase is in the car.
Elle habite chez **sa** mère.	She lives at her mother's home.

The possessive adjective agrees with the noun it modifies. Thus, **sa valise** and **sa mère** may mean *his/her suitcase*, *his/her mother*. The context will generally provide the meaning.

11. Demonstrative adjectives

	masculine	*feminine*
singular	ce tricot cet étage cet hôtel	cette blouse cette écharpe
plural	ces tricots ces étages ces hôtels	ces blouses ces écharpes

Cet is used before masculine singular words that begin with a vowel or a silent *h*.

Lucie n'a pas **ce** renseignement.	Lucie doesn't have this information.
Je prends **cette** blouse.	I am taking this blouse.
Remplissez **cette** fiche, s'il vous plaît.	Fill out this card, please.
Vous avez beaucoup travaillé **ces** derniers temps.	You've worked a great deal lately.

NUMBERS

12. Cardinal

0	zéro [zeRo]	50	cinquante [sɛ̃kɑ̃:t]
1	un, une [œ̃ yn]	51	cinquante et un
2	deux [dø]	52	cinquante-deux
3	trois [tRwa]	60	soixante [swasɑ̃:t]
4	quatre [katR]	61	soixante et un
5	cinq [sɛ̃:k]	62	soixante-deux
6	six [sis]	70	soixante-dix
7	sept [sɛt]	71	soixante et onze
8	huit [ɥit]	72	soixante-douze, etc.
9	neuf [nœf]	80	quatre-vingts [katRəvɛ̃]
10	dix [dis]	81	quatre-vingt-un [katRəvɛ̃œ̃]
11	onze [ɔ̃:z]	82	quatre-vingt-deux [katRəvɛ̃dø]
12	douze [du:z]		
13	treize [tRɛ:z]	90	quatre-vingt-dix
14	quatorze [katɔRz]	91	quatre-vingt-onze
15	quinze [kɛ̃:z]	92	quatre-vingt-douze, etc.
16	seize [sɛ:z]	100	cent [sɑ̃]
17	dix-sept [disɛt]	101	cent un [sɑ̃œ̃]
18	dix-huit [dizɥit]	102	cent deux [sɑ̃dø]
19	dix-neuf [diznœf]	110	cent dix
20	vingt [vɛ̃]	111	cent onze [sɑ̃ɔ̃:z]
21	vingt et un [vɛ̃teœ̃]	200	deux cents
22	vingt-deux [vɛ̃tdø]	201	deux cent un [døsɑ̃œ̃]
23	vingt-trois [vɛ̃ttRwa]	500	cinq cents
24	vingt-quatre [vɛ̃tkatR]	1 000	mille [mil]
25	vingt-cinq [vɛ̃tsɛ̃:k]	1 001	mille un
26	vingt-six [vɛ̃tsis]	1 100	onze cent (mille cent)
27	vingt-sept [vɛ̃tsɛt]	1 500	quinze cents (mille cinq cents)
28	vingt-huit [vɛ̃tɥit]		
29	vingt-neuf [vɛ̃tnœf]	2 000	deux mille
30	trente [tRɑ̃:t]	10 000	dix mille
31	trente et un [tRɑ̃:teœ̃]	100 000	cent mille
32	trente-deux	1 000 000	un million [miljɔ̃]
40	quarante [kaRɑ̃:t]	2 000 000	deux millions
41	quarante et un [kaRɑ̃:teœ̃]	1 000 000 000	un milliard [milja:R]
42	quarante-deux	3 000 000 000	trois milliards

Use

Arsène est né **le quinze** (le 15) juin.   Arsène was born on June 15th.
Lucienne est née **le vingt et un** (le 21) octobre.   Lucienne was born on October 21st.

L'heure d'été commence **le premier** (le 1er) avril. Daylight savings time begins on April 1st.

> The cardinal numbers are used for all dates except the first, which is *le premier*.

Paulette est née **en** 1937 (dix-neuf cent trente-sept). Paulette was born in 1937.

> **En** is used with the year in answer to *when* questions. The year is read as written in the parentheses.

Le Sénégal a presque 4 millions d'habitants. Senegal has almost 4 million inhabitants.

> After *million*, use **de** + noun.

13. Ordinal

1ᵉʳ le premier   1ʳᵉ la première
2ᵉ le, la deuxième [døzjɛm]
2ⁿᵈ le second [səgɔ̃, zgɔ̃]   2ᵈᵉ la seconde
3ᵉ le/la troisième
4ᵉ le *quatrième*
5ᵉ le *cinquième*
6ᵉ le *sixième* [sizjɛm]
7ᵉ le septième
8ᵉ le huitième
9ᵉ le *neuvième*
10ᵉ le dixième [dizjɛm]
11ᵉ le *onzième*
12ᵉ le *douzième*
13ᵉ le *treizième*
17ᵉ le dix-septième
20ᵉ le vingtième

le quat**rième** étage   la deu**xième** interview

> The ordinals are formed by adding **-ième** to the cardinals. Exceptions are *premier* and *second*.

PRONOUNS

14. Personal pronouns

singular	1st person		2nd person	
subject	je	I	tu	you
direct object	me	me	te	you
indirect object	me	(to) me	te	(to) you

	3rd person			
subject	il	he, it	elle	she, it
direct object	le	him, it	la	her, it
indirect object	lui	(to) him, it	lui	(to) her, it

plural	1st person		2nd person	
subject	nous	we	vous	you
direct object	nous	us	vous	you
indirect object	nous	(to) us	vous	(to) you

	3rd person			
subject	ils	they	elles	they
direct object	les	them	les	them
indirect object	leur	(to) them	leur	(to) them

15. Personal pronouns used as subjects

j'ouvre le casier — I open the package.
tu places la valise — You put down the suitcase.
il parle — He speaks.
elle parle — She speaks.

nous mettons un franc — We put in one franc.
vous fermez la porte — You close the door.
ils gardent la clé — They put away the key (m).
elles gardent la clé — They put away the key (f).

Voilà **Pierre**. **Il** téléphone à Marie. — There's Pierre. He's telephoning Marie.
Voilà **Monique**. **Elle** téléphone à Paul. — There's Monique. She's telephoning Paul.
Où est **la brosse**? **Elle** est sur la table. — Where is the brush. It's on the table.
Où sont **les Leval**? — Where are the Levals.
Ils sont en France. — They're in France.

Vous allez bien, Mme Leval? — Are you feeling well, Mrs. Leval?
Tu vas bien, Jacques? — Are you feeling well, Jacques?

> The usual form of direct address in French is **vous**. However, the familiar **tu** is used more and more frequently. When in doubt, use **vous**.

16. Personal pronouns used as objects

I. Direct object

Marcel **me** connaît. *(connaître quelqu'un)* to know someone
te
le
la
nous
vous
les

A
Voilà Paulette. Je **la** connais très bien.	There's Paulette. I know her very well.
Vous prenez ce manteau?	Are you taking this overcoat?
Oui, je **le** prends.	Yes, I'm taking it.
Tu as les clés? Oui, je **les** ai.	Do you have the keys? Yes, I have them.

> The direct object pronoun is placed before the verb.

B
Tu as la clé? Oui, je **l'**ai.

> Before a vowel, the **-e** in **me, te, le** and the **-a** in **la** are dropped.

C
Tu connais Claire?	Do you know Claire?
Non, je ne **la** connais pas.	No, I don't know her.

> In a negative sentence, the object is placed between *ne* and the verb.

D
Le voici (le parapluie).   **La** voilà (la clé).   **Les** voilà (les Leval).

> The object comes before *voici* and *voilà*.

II. Indirect object

Marcel **me** donne un franc
te
lui/lui (à Henri/à Marie)
nous
vous
leur (à Henri et à Marie)

Le chef **lui** explique le travail.
Ils **vous** disent où ils ont perdu l'objet.
Vous **leur** demandez s'ils ont une carte d'identité.

The boss explains the work to him/her.
They tell you where they lost the object.
You ask them if they have an ID card.

Note **lui** and **leur** and their uses.

17. Emphatic pronouns

A

c'est **moi elle** ce sont **eux**
toi nous   **elles**
lui vous

Allô, c'est **toi**? Oui, c'est **moi**.
Ce sont les Leval? Oui, ce sont **eux**.

Hello, is that you? Yes, it is I.
Are those the Levals? Yes, it is they.

The emphatic pronouns are used after *c'est* and *ce sont*.

B

je suis **chez moi**   nous sommes **chez nous**
tu es   **chez toi**   vous êtes   **chez vous**
il est **chez lui**   ils sont   **chez eux**
elle est **chez elle**   elles sont   **chez elles**

Il vient souvent chez **elle**.
Elle sort volontiers avec **lui**.

He often comes to her house.
She goes out with him willingly.

Emphatic pronouns are also used after prepositions.

C

Moi, je suis Parisien.
Et **vous**, quel âge avez-vous?

I'm a Parisian.
And how old are *you*?

Emphatic pronouns may be used, as their name implies, for emphasis.

18. Reflexive pronouns

je	**me**	lève
tu	**te**	lève
il	**se**	lève
elle	**se**	lève
nous	**nous**	levons
vous	**vous**	levez
ils	**se**	lèvent
elles	**se**	lèvent

Je ne **me** lève pas avant neuf heures. I don't get up before nine o'clock.
Je **m'**appelle Arsène. My name is Arsène.

> Note the position of the reflexive pronoun between the subject and the verb.

19. Demonstrative pronouns

	masculine	feminine	neuter
singular	**celui-ci**	**celle-ci**	**ceci**
	celui-là	**celle-là**	**cela, ça**

Je cherche mon manteau. I'm looking for my overcoat.
C'est **celui-ci** ou **celui-là**? Is it this one or that one?

> To distinguish *this* from *that*, **-ci** (*here*) and **-là** (*there*) are added to the demonstrative pronouns.

20. Relative pronouns

Vous connaissez ces poids lourds **qui** traversent l'Europe. You know those heavy trucks that cross Europe.
Elle a compté douze personnes **qui** attendent avec impatience. She counted twelve people who are waiting impatiently.
C'est la rue **que** vous voyez là-bas. It's the street you see over there.
Il connaît ce **qu'**on voit de la route. He knows what one sees from the road.

> **Qui** is used as the subject and **que** as the object for both persons and things.

INDEFINITE PRONOUNS

21. Tout

	masculine	feminine
singular	tout	toute
plural	tous	toutes

Je suis chez moi **tout** le dimanche. I'm home all day on Sunday.
Il roule **toute** la nuit. He drives all night.
Le stationnement n'est pas libre dans **toutes** les rues. Parking is not unregulated on all streets.
Elle dîne chez elle **tous** les soirs. She dines at home every evening.

> Note the use of the definite article.

22. Quelque chose—quelques—quelqu'un

A. Quelque chose (something)

Avez-vous **quelque chose** pour une jeune fille? Do you have something for a young lady?
Vous voulez manger **quelque chose**? Would you like something to eat?

B. Quelques

Est-ce que vous acceptez de répondre à **quelques** questions? Are you willing to answer some questions?
Voici **quelques** questions et **quelques** réponses. Here are some questions and some answers.

C. Quelqu'un (fem. quelqu'une)

Papa, **quelqu'un** veut parler avec toi. Dad, someone wants to speak with you.
Quelqu'un cherche l'adresse de Mireille Lagloire. Someone is looking for Mireille Lagloire's address.

23. Plusieurs

Il traverse **plusieurs** pays. He crosses (travels through) several countries.

> *Note*
> **Plusieurs** doesn't change form.

24. On

On ne voit pas le Mont Blanc.
On se voit cet après-midi?
On constate que le nombre d'usines où l'on fait les trois-huit augmente.

You don't see Mont Blanc.
Are we seeing each other this afternoon?
One can see (verify) that the number of factories where the people work eight-hour shifts is increasing.

> *Note*
> **On** may be translated as *one, people, we, you, they*.

25. Rien

Ça **ne** fait **rien**.
Il demande si elle **n**'a **rien d'autre**.

That's nothing.
He asks if she hasn't anything else.

> *Note*
> **Rien** may mean *nothing* or *anything*.

26. Interrogative pronouns

A. Quel

	masculine	*feminine*
singular	quel	quelle
plural	quels	quelles

Quel âge avez-vous?
Quelle est la capitale?
Quelle heure est-il?
Quels sont les jours de la semaine?

How old are you?
What is the capital?
What time is it?
What are the days of the week?

B. Qui

Qui est-ce?
Avec **qui** es-tu sorti?

Who is it?
With whom did you go out?

C. Que? Qu'est-ce que?

Que pensez-vous du tunnel?
Qu'est-ce que c'est?

What do you think about the tunnel?
What is it?

D. Quand

Quand êtes-vous né? When were you born?

E. Comment

Comment allez-vous? How are you?
Et toi, **comment** vas-tu? And how are *you*?
D'abord, **comment** vous appelez-vous? First, what is your name?

F. Pourquoi

Pourquoi est-ce qu'on ferme l'usine? Why are they closing the factory?

G. Combien

Mademoiselle, **combien** coûte le peigne? Miss, how much does the comb cost?

H. Où

Où y a-t-il un bureau de change? Where is there an exchange office?

VERBS

> Regular French verbs are divided into three groups, according to their infinitive endings or conjugation.

27. Tenses

A. Le présent (Present)

		parler	finir	vendre
singular	je	parle	finis	vends
	tu	parles	finis	vends
	il / elle / on	parle	finit	vend
plural	nous	parlons	finissons	vendons
	vous	parlez	finissez	vendez
	ils / elles	parlent	finissent	vendent

> *Note*
> In the following, when only **il** and **ils** are used, they represent **elle, on** and **elles** as well.

B. L'impératif (Imperative)

	parler	finir	vendre
	parle	finis	vends
	parlez	finissez	vendez

C. Le passé composé (Past)

	parler	finir	vendre		sortir
j'ai	parlé	fini	vendu	je suis	sorti(e)
tu as	parlé	fini	vendu	tu es	sorti(e)
il a	parlé	fini	vendu	il est	sorti
nous avons	parlé	fini	vendu	elle est	sortie
vous avez	parlé	fini	vendu	on est	sorti
ils ont	parlé	fini	vendu	nous sommes	sorti(e)s
				vous êtes	sorti(e)(s)
				ils sont	sortis
				elles sont	sorties

> The passé composé is formed with either *avoir* or *être*. Most verbs use *avoir*. The following are formed with *être*:

aller	to go	*venir*	to come
arriver	to arrive	*partir*	to leave
entrer	to enter	*sortir*	to go out
rentrer	to return	*rester*	to stay
passer	to pass, to go	*descendre*	to go down

Madame Boule est sort**ie**. Mrs. Boule has gone out.
Les valises ne sont pas arriv**ées**. The suitcases haven't arrived.

> When the passé composé is formed with *être*, the past participle agrees with the subject in gender and number.

D. Le futur (Future)

	parler	finir	vendre
je vais	parler	finir	vendre
tu vas	parler	finir	vendre
il va	parler	finir	vendre
nous allons	parler	finir	vendre
vous allez	parler	finir	vendre
ils vont	parler	finir	vendre

Sekou **va faire** une interview.	Sekou is going to do an interview.
Il **va questionner** des Français.	He is going to ask some French people questions.

> The future may be expressed by **aller** + the infinitive of a verb.

28. Regular verbs

parler (to speak)

le présent	*l'impératif*	*le passé composé*
je parle	parle	j'ai parlé
tu parles	parlez	tu as parlé
il parle		il a parlé
nous parlons		nous avons parlé
vous parlez		vous avez parlé
ils parlent		ils ont parlé

Tu parles à Paul?	Are you speaking to Paul?
Non, je parle à Marie.	No, I'm speaking to Marie.

Other verbs ending in **-er**.

regarder	to look at, watch	*garder*	to put away, keep
téléphoner	to telephone	*regretter*	to be sorry, regret
placer	to put, place	*quitter*	to leave
fermer	to close		

A. Some spelling irregularities in -er verbs

se lever [ləve] (to get up)

je me l**è**ve	nous nous levons
tu te l**è**ves	vous vous levez
il se l**è**ve	ils se l**è**vent

À quelle heure est-ce que tu te lèves?	What time do you get up?
Je me lève vers 6 heures.	I get up around 6 o'clock.

B

s'appeler (to be called)

je m'app**elle**	nous nous appelons
tu t'app**elles**	vous vous appelez
il s'app**elle**	ils s'app**ellent**

Je m'appelle Arsène.	My name is Arsène.
Comment vous appelez-vous?	What is your name?
Je m'appelle Fernande Letellier.	My name is Fernande Letellier.

29. finir (to finish)

le présent	*l'impératif*	*le passé composé*
je finis	finis	j'ai fini
tu finis	finissez	tu as fini
il finit		il a fini
nous finissons		nous avons fini
vous finissez		vous avez fini
ils finissent		ils ont fini

Je regrette, madame. Fini.
Si la guerre en Asie finit, elle recommence en Afrique.
Remplissez cette fiche.

I'm sorry, ma'am. It's sold out.
If the war in Asia ends, it begins again in Africa.
Fill out this card.

Other verbs ending in **-ir**

remplir to fill out
choisir to choose

30. vendre (to sell)

le présent	*l'impératif*	*le passé composé*
je vends	vends	j'ai vendu
tu vends	vendez	tu as vendu
il vend		il a vendu
nous vendons		nous avons vendu
vous vendez		vous avez vendu
ils vendent		ils ont vendu

Je vends *Le Monde*.
Rendez-moi trois francs.
Il y a douze personnes qui attendent.

I sell *Le Monde*.
Give me back three francs.
There are twelve people waiting.

Other verbs in **-re**

répondre to answer
rendre to give back, to return
attendre to wait for

Irregular verbs

31. aller (to go)

le présent	*l'impératif*	*le passé composé*
je vais	**va**	je suis allé(e)
tu vas	allez	tu es allé(e)
il va		il est allé
nous allons		elle est allée
vous allez		nous sommes allé(e)s
ils **vont**		vous êtes allé(e)(s)
		ils sont allés
		elles sont allées

Où allons-nous? — Where are we going?
Nous allons voir. — We are going to see.

32. apprendre (to learn). See *prendre* (→ 50).

33. avoir (to have)

le présent	*le passé composé*
j'ai	j'ai eu
tu as	tu as eu
il a	il a eu
nous avons	nous avons eu
vous avez	vous avez eu
ils **ont**	ils ont eu

Vous avez une chambre double? — Have you a double room?

34. boire (to drink)

le présent	*l'impératif*	*le passé composé*
je bois	bois	j'ai bu
tu bois	buvez	tu as bu
il boit		il a bu
nous buvons		nous avons bu
vous buvez		vous avez bu
ils boivent		ils ont bu

Si on a soif on peut boire très vite dans un bar. — If one is thirsty, one can drink (something) very quickly in a bar.

35. comprendre (to understand). See *prendre* (→ 50).

Je ne comprends rien. — I don't understand anything.

36. connaître (to know)

le présent	*le passé composé*
je connais	j'ai connu
tu connais	tu as connu
il connaît	il a connu
nous connaissons	nous avons connu
vous connaissez	vous avez connu
ils connaissent	ils ont connu

On connaît bien Paris d'hier.   Old Paris is well known.
Vous connaissez la route.   You know the route (road).

37. courir (to run)

le présent	*l'impératif*	*le passé composé*
je cours	cours	j'ai couru
tu cours	courez	tu as couru
il court		il a couru
nous courons		nous avons couru
vous courez		vous avez couru
ils courent		ils ont couru

J'ai couru jusqu'à la station de taxi.   I ran to the taxi stand.

38. croire (to believe)

le présent	*l'impératif*	*le passé composé*
je crois	crois	j'ai cru
tu crois	croyez	tu as cru
il croit		il a cru
nous croyons		nous avons cru
vous croyez		vous avez cru
ils croient		ils ont cru

Je crois que c'est monsieur Lebœuf.   I believe it's Mr. Leboeuf.

39. devoir (must)

le présent
je dois
tu dois
il doit
nous devons
vous devez
ils doivent

Je dois travailler.   I must work.

40. dire (to say, tell)

le présent	l'impératif	le passé composé
je dis	dis	j'ai dit
tu dis	dites	tu as dit
il dit		il a dit
nous disons		nous avons dit
vous **dites**		vous avez dit
ils disent		ils ont dit

Mais tu sais bien, le poète dit… But as you well know, the poet says…
Dis que je ne suis pas là. Say that I'm not here.

41. dormir (to sleep)

le présent	l'impératif	le passé composé
je dors	dors	j'ai dormi
tu dors	dormez	tu as dormi
il dort		il a dormi
nous dormons		nous avons dormi
vous dormez		vous avez dormi
ils dorment		ils ont dormi

À trois heures du matin, At three in the morning
  je dors.   I'm sleeping.
Bertrand ne dort pas bien. Bertrand doesn't sleep well.

42. écrire (to write)

le présent	l'impératif	le passé composé
j'écris	écris	j'ai écrit
tu écris	écrivez	tu as écrit
il écrit		il a écrit
nous écrivons		nous avons écrit
vous écrivez		vous avez écrit
ils écrivent		ils ont écrit

Il écrit dans *Le Soleil*. He writes for *Le Soleil*.
Comment écrivez-vous votre nom? How do you write your name?

43. être (to be)

le présent	l'impératif	le passé composé
je suis	sois	j'ai été
tu es	soyez	tu as été
il est		il a été
nous sommes		nous avons été
vous **êtes**		vous avez été
ils **sont**		ils ont été

Nous sommes à 9000 mètres.   We are at (an altitude of) 9000 meters.
Paris est une très grande ville.   Paris is a very large city.

44. faire (to do, make)

le présent	l'impératif	le passé composé
je fais	fais	j'ai fait
tu fais	faites	tu as fait
il fait		il a fait
nous faisons		nous avons fait
vous **faites**		vous avez fait
ils **font**		ils ont fait

Ça fait 800 francs.   That makes 800 francs.
J'ai fait mes bagages.   I have packed.
Il fait beau; il fait soleil.   The weather is nice; it is sunny.
Vous faites le numéro.   You dial the number.

45. lire (to read)

le présent	l'impératif	le passé composé
je lis	lis	j'ai lu
tu lis	lisez	tu as lu
il lit		il a lu
nous lisons		nous avons lu
vous lisez		vous avez lu
ils lisent		ils ont lu

Je lis *Le Soir*.   I read *Le Soir*.

46. mettre (to put, place)

le présent	l'impératif	le passé composé
je mets	mets	j'ai mis
tu mets	mettez	tu as mis
il met		il a mis
nous mettons		nous avons mis
vous mettez		vous avez mis
ils mettent		ils ont mis

Ils mettent un "papillon" sur
  le pare-brise.
Vous mettez un franc.
J'ai mis quatre heures.
Mets ton pull.

They put a ticket on
  the windshield.
You put in a franc.
I spent four hours.
Put on your sweater.

47. ouvrir (to open)

le présent	*l'impératif*	*le passé composé*
j'ouvre	ouvre	j'ai ouvert
tu ouvres	ouvrez	tu as ouvert
il ouvre		il a ouvert
nous ouvrons		nous avons ouvert
vous ouvrez		vous avez ouvert
ils ouvrent		ils ont ouvert

Le magasin ouvre à neuf heures.
Vous ouvrez le casier.

The store opens at nine o'clock.
You open the package.

48. partir (to leave)

le présent	*l'impératif*	*le passé composé*
je pars	pars	je suis parti(e)
tu pars	partez	tu es parti(e)
il part		il est parti
nous partons		elle est partie
vous partez		nous sommes parti(e)s
ils partent		vous êtes parti(e)(s)
		ils sont partis
		elles sont parties

Il part le soir.
Je pars à 7 heures moins le quart.

He leaves in the evening.
I leave at quarter to seven.

49. pouvoir (to be able to)

le présent	*le passé composé*
je peux	j'ai pu
tu peux	tu as pu
il peut	il a pu
nous pouvons	nous avons pu
vous pouvez	vous avez pu
ils **peuvent**	ils ont pu

Non, à une heure je ne peux pas.
On peut regarder la télé.

No, at one o'clock I can't.
We can watch TV.

50. prendre (to take)

le présent	l'impératif	le passé composé
je prends	prends	j'ai pris
tu prends	prenez	tu as pris
il prend		il a pris
nous prenons		nous avons pris
vous prenez		vous avez pris
ils **prennent**		ils ont pris

Qu'est-ce que vous prenez? What are you eating?
Je prends une salade niçoise. I'm eating salad niçoise.
J'ai pris un taxi. I took a taxi.

51. recevoir (to receive)

le présent	l'impératif	le passé composé
je reçois	reçois	j'ai reçu
tu reçois	recevez	tu as reçu
il reçoit		il a reçu
nous recevons		nous avons reçu
vous recevez		vous avez reçu
ils reçoivent		ils ont reçu

L'usine ne reçoit plus de commandes. The factory is no longer receiving orders.

52. savoir (to know)

le présent	le passé composé
je sais	j'ai su
tu sais	tu as su
il sait	il a su
nous savons	nous avons su
vous savez	vous avez su
ils savent	ils ont su

Vous ne savez pas? Don't you know?

53. sentir (to feel, to smell)

le présent	le passé composé
je sens	j'ai senti
tu sens	tu as senti
il sent	il a senti
nous sentons	nous avons senti
vous sentez	vous avez senti
ils sentent	ils ont senti

Ça sent l'essence. Gasoline smells bad.

54. servir (to serve)

le présent	l'impératif	le passé composé
je sers	sers	j'ai servi
tu sers	servez	tu as servi
il sert		il a servi
nous servons		nous avons servi
vous servez		vous avez servi
ils servent		ils ont servi

C'est le propriétaire qui sert.   It's the owner who serves (the food).

55. sortir (to go out, leave)

le présent	l'impératif	le passé composé
je sors	sors	je suis sorti(e)
tu sors	sortez	tu es sorti(e)
il sort		il est sorti
nous sortons		elle est sortie
vous sortez		nous sommes sorti(e)s
ils sortent		vous êtes sorti(e)(s)
		ils sont sortis
		elles sont sorties

On sort ce soir?   Are we going out this evening?
Mme Boule est sortie de son cabinet.   Mrs. Boule has left her office.

56. tenir (to hold)

le présent	l'impératif	le passé composé
je tiens	tiens	j'ai tenu
tu tiens	tenez	tu as tenu
il tient		il a tenu
nous tenons		nous avons tenu
vous tenez		vous avez tenu
ils tiennent		ils ont tenu

Tenez, monsieur.   Here you are, sir.
Tiens, il est déjà 8 heures.   Say, its already eight o'clock.

57. traduire (to translate)

le présent	l'impératif	le passé composé
je traduis	traduis	j'ai traduit
tu traduis	traduisez	tu as traduit
il traduit		il a traduit
nous traduisons		nous avons traduit
vous traduisez		vous avez traduit
ils traduisent		ils ont traduit

Elle traduit d'allemand en français.   She translates from German to French.

58. venir (to come)

le présent	*l'impératif*	*le passé composé*
je viens	viens	je suis venu(e)
tu viens	venez	tu es venu(e)
il vient		il est venu
nous venons		elle est venue
vous venez		nous sommes venu(e)s
ils **viennent**		vous êtes venu(e)(s)
		ils sont venus
		elles sont venues

Il vient souvent chez elle.   He often comes to her house.

59. vivre (to live)

le présent	*le passé composé*
je vis	j'ai vécu
tu vis	tu as vécu
il vit	il a vécu
nous vivons	nous avons vécu
vous vivez	vous avez vécu
ils vivent	ils ont vécu

Il ose dire que nous vivons   He dares to say that we live
  mieux maintenant.   better now.

60. voir (to see)

le présent	*l'impératif*	*le passé composé*
je vois	vois	j'ai vu
tu vois	voyez	tu as vu
il voit		il a vu
nous voyons		nous avons vu
vous voyez		vous avez vu
ils voient		ils ont vu

Vous voyez la Seine.   You see the Seine.
On ne voit pas le Mont Blanc.   You can't see Mont Blanc.

61. vouloir (to want)

le présent	*le passé composé*
je veux	j'ai voulu
tu veux	tu as voulu
il veut	il a voulu
nous voulons	nous avons voulu
vous voulez	vous avez voulu
ils **veulent**	ils ont voulu

Tu veux bien répondre.   You answer willingly.
Je veux bien savoir.   I'd really like to know.

NEGATION

62. Formation of the negative

ne . . . pas	not
ne . . . jamais	never
ne . . . plus	no longer, not . . . any longer
ne . . . rien	nothing

Il **ne** voit **pas** la carte.	He doesn't see the menu.
Je **n'**ai **pas** de timbres.	I don't have any stamps.
Il **n'**y a **pas** de places ici.	There are no parking spaces here.
Les conferences **ne** donnent **jamais** de résultats.	Conferences never give any results.
Elle **n'**a **plus** son père.	She no longer has her father (i.e., he is dead).
Elle **n'**a **pas** trouvé d'appartement.	She has not found an apartment.

63. Word order with negation

A. Présent

subject	ne	verb	pas
il	ne	trouve	pas
elle	ne	sort	pas

> *Note*
> **Ne** is placed before the verb and **pas** is placed after.

B. Passé composé

subject	ne	verb	pas	past participle
il	n'	a	pas	trouvé
elle	n'	est	pas	sortie

> *Note*
> **Ne** is placed before *avoir* or *être*, which is followed by **pas** and the past participle.

PREPOSITIONS

64. à

Nous allons **au** Louvre.
Lucienne habite **à** Lyon.
Elle est **à** son travail.
Je suis allé **au** café pour prendre mon petit déjeuner.
Il prend le train **à** la gare d'Austerlitz.

We are going to the Louvre.
Lucienne lives in Lyon.
She is at work.
I went to the café to have breakfast.
He takes the train at Austerlitz station.

> The preposition **à** denotes direction and location.

Montréal est situé **au** Canada.   Montreal is located in Canada.

> **à** is used with masculine names of countries.

À quelle heure est-ce que tu te lèves?
Mlle Deborne se lève **à** huit heures.
Vous avez un train **à** 21 h 40.

What time do you get up?
Miss Deborne gets up at eight o'clock.
You have a train at 9:40 P.M.

> **à** is used to denote time.

65. en

Lyon est situé **en** France.
Il arrive **en** Angleterre par le ferry.
Il traverse plusieurs pays **en** Europe.
Je vais **en** France.

Lyon is situated in France.
He arrives in England by ferry.
He crosses several countries in Europe.
I'm going to France.

> **en** denotes direction and place.

Voir Paris **en** car, c'est très bien.
On va souvent plus vite **en** train.

Seeing Paris by car is very nice.
One can often go more quickly by train.

> **en** denotes the means of transportation.

Paulette est née **en** 1937.
Nous sommes déjà **en** avril.

Paulette was born in 1937.
We're already into April.

> **en** is used with months and years.

En été, quand il est huit heures
   à Paris...

In summer, when it's eight o'clock
   in Paris...

> **en** is used with seasons.

Exception
C'est comme **au** printemps.

It's like springtime.

66. dans

Le sac est **dans** le tiroir.
Dans toutes les rues où le
   stationnement est libre.

The handbag is in the drawer.
In all the streets where parking
   is permitted.

> **dans** denotes location.

WORD ORDER

67. Declarative sentences

A. Basic word order

À Nice, il ne pleut pas beaucoup.
Après trois kilomètres, on passe
   un pont. Et voilà!

In Nice it doesn't rain very much.
After three kilometers, you pass
   a bridge. And there it is!

> A declarative sentence has normal word order; i.e., subject before predicate.

B. Personal pronouns as direct and indirect objects

1. *Present*

| tu | ne | **la** | connais | pas |
| je | ne | **lui** | téléphone | pas |

Tu **la** connais très bien.
Elle **lui** téléphone chaque jour.
Elle ne **le** connaît pas.

You know her very well.
She telephones him every day.
She doesn't know him.

2. *Future*

| elle | va | **le** | visiter |
| nous | allons | **vous** | examiner |

Elle va **le** voir à Paris. — She's going to see him in Paris.
Je vais **vous** examiner. — I'm going to examine you.

3. *Positive imperative*

Cherchez-**le** bien. — Look for it carefully.
Téléphone-**lui.** — Telephone him/her.

> *Note*
> The object pronoun is placed after the verb. Note the hyphen.

4. *Negative imperative*

Ne **le** prends pas. — Don't take it.
Ne **lui** téléphone pas. — Don't phone him/her.

> *Note*
> The word order is: **ne** + pronoun + imperative + **pas**.

5. *Reflexive pronouns*

Je **me** lève à sept heures. — I get up at seven o'clock.
Marcel ne **se** lève pas à 7 heures. — Marcel doesn't get up at 7 o'clock.
Je vais **me** lever. — I'm going to get up.
Levez-**vous.** — Get up.
Ne **te** lève pas. — Don't get up.

> Reflexive pronouns follow the placement rules for direct and indirect objects. See 1–4.

68. Interrogative sentences with question words

Quand ouvre le magasin? — When does the store open?
Où est la clé? — Where is the key?
Pourquoi êtes-vous parti? — Why did you leave?
Comment vas-tu? — How are you?

> Note the inverted word order (i.e., predicate before subject).

69. Interrogative sentences without question words

A. Personal pronoun as subject

1. Vous habitez ici?   Do you live here?

> Note the normal word order.

2. Habitez-vous ici?   Do you live here?

> Note the inverted word order.

3. Est-ce que vous habitez ici?   Do you live here?

> Note the normal word order after *est-ce que*.

B. Subjects other than personal pronouns

1. Cette voiture est française?   Is this car French?

> Note the normal word order.

2. Cette voiture, est-elle française?   Is this car French?

> Note the inverted word order.

3. Est-ce que cette voiture est française?   Is this car French?

> Note the normal word order after *est-ce que*.

Pronunciation and Spelling Guide

I. The Alphabet

a [ɑ]   j [ʒi]   s [ɛs]
b [be]   k [kɑ]   t [te]
c [se]   l [ɛl]   u [y]
d [de]   m [ɛm]   v [ve]
e [œ]   n [ɛn]   w [dublǝve]
f [ɛf]   o [o]   or [-we]
g [ʒe]   p [pe]   x [iks]
h [aʃ]   q [ky]   y [igRɛk]
i [i]   r [ɛ:R]   z [zɛd]

II. Written Accents

´ **l'accent aigu** [ɛgy] is placed over the letter *e* to indicate the pronunciation [e]. *Example:* t**é**léphone [telefɔn].

` **l'accent grave** [gRav] is placed over the letter *e* to indicate a [ɛ] pronunciation. *Example:* tr**è**s [tRɛ]. The l'accent grave is also used over *a* and *u* to distinguish between certain words with identical spelling and pronunciation. *Examples:* **où** (where) *vs.* **ou** (or) *and* **à** (to, at) *vs.* **a** (has). *Note:* When *a* and *u* are capitalized, the accent grave is generally omitted.

^ **l'accent circonflexe** [siRkɔ̃flɛks] is used over any vowel (â, ê, î, ô, û), and generally lengthens the vowel sound.

ç **la cédille** [sedi:j] is used under the letter *c* to give it the sound of *s* before *a, o* and *u*. *Examples:* **ç**a [sa] gar**ç**on [gaRsɔ̃].

In addition to the above accent marks, notice the following:

- **le trait d'union** [tRɛdynjɔ̃] (hyphen). *Example:* l'après-midi

¨ **le tréma** [tRema] is used over *e, i* or *u* in words with two contiguous vowels to indicate that each vowel is pronounced separately. *Examples:* No**ë**l [nɔɛl]; Citro**ë**n [sitRɔɛn].

' **l'apostrophe** [-stRɔf] indicates that a vowel (generally *e*) has been omitted because the following word begins with a vowel. This is referred to as *elision*. *Examples:* C'est [sɛ]; j'ai [ʒe].

III. Phonetic Symbols

Letter	Phonetic Symbol	Example(s)
a	[a], [ɑ]	la, pas
b	[b]	bien
c	[k] [s]	clé, cent
d	[d]	dans
e	[e] [ɛ] [ǝ]	téléphone, elle, quatre
f	[f]	français
g	[g] [ʒ]	gare, gentil
h	-	
i	[i]	il
j	[ʒ]	bonjour
k	[k]	kilo
l	[l]	la
m	[m]	mère
n	[n]	numéro
o	[o] [ɔ]	allô, porte
p	[p]	papier
q	[k]	qui
r	[R]	franc, trop
s	[s] [z]	sortir, valise
t	[t]	taxi
u	[y]	tu
v	[v]	venir
w	[v]	wagon
x	[ks] [gz] [s] [z]	express, examiner, dix
y	[i] [j]	bicyclette, Lyon
z	[z]	zéro
(Nasals)		
	[ã]	chambre
	[ɛ̃]	important
	[ɔ̃]	nom

IV. Liaison or Linking

By *linking* or *liaison* is meant "the carrying over" of the last consonant of a word when the following word begins with a vowel or silent *h*. *Examples:* vous avez [vuzave]; un ami [œ̃nami]; un hôtel [œ̃nɔtɛl].

Through liaison:

1. *d* becomes [t], e.g., un grand hôtel [œ̃gRɑ̃tɔtɛl]

2. *f* becomes [v], e.g., à neuf heures [anœvœːʀ]
3. *s, z, x* become [z], e.g., vous avez [vuzave] chez elle [ʃɛzɛl] dix ans [dizɑ̃]

V. Elision

By *elision* is meant that the final vowel in a word (*e, a* or *i*) is dropped before words beginning with a vowel sound or silent *h* and is replaced by an apostrophe ('). *Examples:* c'est (ce + est), l'hôtel (le + hôtel), j'ai (je + ai), s'il vous plaît (si + il)

VI. Stress and Intonation

1. Stress is always placed on the final syllable whether in a word or in an utterance consisting of several words, e.g., mademoi**selle**, comment allez-**vous**?

2. Intonation, the rise and fall in voice pitch, reflects the nature of spoken phrases and sentences and indicates whether they are statements, questions or exclamative wishes. French has the following intonation patterns:

a) Falling intonation in short sentences of the following kind:

Voici une brosse.
Monique est là.
Elle travaille.
Elle travaille beaucoup.

b) In declarative sentences, each breath group has rising intonation with falling intonation on the final group:

Elle téléphone à sa mère, à son père et à son frère.

c) Rising intonation in questions of the following kind:

C'est une clé?
Vous êtes Français?
Elle travaille?

d) Falling intonation in questions beginning with question words:

Comment allez-vous?
Qui est-ce?
Où est la carte?
Quelle heure est-il?

Vocabulaire français-anglais

A

à to, 2; in, 3; at, 5; on, 5
à bientôt see you later, 1
à quatre kilomètres four kilometers away, 32
à 9000 mètres 9000 meters high, 6
abandonner to abandon, 16
d'abord first, 16
acceptable acceptable, 25
accepter to accept, 8
un accident accident, 28
d'accord all right, 16
un achat purchase, 12
acheter to buy, 10
un acteur actor, 29
actif, active lively, 29
actuel, actuelle current, 16
une addition bill, 18
une administration administration, 26
une adresse address, 10
un aéroport airport, 27
les affaires (f.) business, 14
affreux, affreuse awful, 12
africain African, 17
l'Afrique (f.) Africa, 13
un âge age, 14
quel âge avez-vous? how old are you?, 14
âgé -e old, 28
l'agriculture (f.) agriculture, 17
aider to help, 32
ailleurs elsewhere, 32
aimer to like, 12
aimer bien to like very much, 12
aîné -e older, 14
l'air air, 32
l'Algérie (f.) Algeria, 19
l'Allemagne (f.) Germany, 19
l'allemand (m.) German language, 13
aller to go, 4
aller bien to be well, 21
aller et retour round trip, 27
allô hello (on the telephone), 2
allongé -e stretched out, 28
une allumette match, 10
alors well, 1; then, 30
les Alpes Alps, 6
américain -e American, 8
un ami friend, 12
une amie friend, 29
amitiés (f.pl.) regards, 22
un amour love, 21
un an year, 11
ancien, ancienne old, 8
une angine sore throat, 28
anglais -e English, 16

l'anglais (m.) English language, 13
l'Angleterre (f.) England, 20
un animal, animaux (pl.) animal, creature, 25
une année year, 19
un anniversaire birthday, 14
une annonce ad, 14
un annuaire telephone directory, 5
une antenne (TV) channel, 29
août August, 19
un appareil phone, apparatus, appliance, 22
un appartement apartment, 25
appeler to call, 18
s'appeler to be called, 14
appuyer to press, 2
après after, 21
d'après according to, 25
un après-midi afternoon, 21
une arachide peanut plant, 17
l'argent money, 32
un arrêt break, rest, 25
arrêté -e stopped, discontinued, 16
arrêter to stop, 23; to arrest, 28
une arrivée arrival, 7
arriver to arrive, 7
un art art, 10
un article article, 15
l'Asie (f.) Asia, 32
une assemblée assembly, 31
l'Assemblée Nationale The National Assembly, 9
assez quite, rather, 9
être assis to be seated, 18
attendre to wait (for), 18
une attente wait, 28
la salle d'attente waiting room, 28
attention! look out!, 8
faire attention to take care, to look out, 24
une attention attention, 24
un atterrissage landing, 30
aucun -e any, 16
augmenter to increase, 12
aujourd'hui today, 9
au revoir good-bye, 1
aussi also, too, 1
un autobus bus, 21
automatique automatic, 3
l'automne (m.) fall, 20
en automne in the fall, 20
une autoroute super highway, 32
autre other, 9; else, 11
en avance early, 26
avant before, 32
d'avant-garde before it's time, 9

un avantage advantage, 24
avec with, 7
une avenue avenue, 10
un avion airplane, 6
avoir to have, 2
avoir besoin de to need, 28
avoir faim to be hungry, 18
avoir mal (à) to have pain, 28
avoir raison to be right, 16
avoir soif to be thirsty, 18
avoir tort to be wrong, 32
avouer to confess, 28
avril April, 19

B

les bagages (m.pl.) baggage, 30
faire ses bagages to pack, 30
le banc bench, 18
la banlieue suburb, 23
la banque bank, 7
le bar bar, 18
la barque de pêche fishing boat, 18
le bateau à moteur motorboat, 18
le bâtiment building, 6
battre to beat, to defeat, 32
bavard -e talkative, 29
beau, bel (m.), belle (f.), beaux (m.pl.) beautiful, lovely, 6; handsome, pretty, 29
beaucoup (de) many, much, 3; a lot (of), 8
belge Belgian, 8
la Belgique Belgium, 8
le besoin need, 28
bien fine, well, 1; really, 16
bien des choses de ma part my best regards, 22
bien sûr naturally, of course, 9
à bientôt see you soon, see you later, 1
la bière beer, 18
le billet ticket (e.g., theatre), 4
le bistrot pub, 18
bizarre odd, peculiar, strange, 8
blanc, blanche white, 12
bleu -e, blue, 12
le bloc-notes pad of paper, 18
blond -e blond, 29
la blouse blouse, 12
le blue-jeans (m.) blue jeans, 12
boire to drink, 18
bon, bonne good, 11
de bonne heure early, 11
bonjour hello, 1
la bouche mouth, 28
le boulevard boulevard, 14
le bout bit, scrap, 10

le **bout de papier** scrap of paper, 10
la **bouteille** bottle, 18
la **boutique** store, 3
le **bouton** button, 2
la **boxe** boxing, 19
le **bras** arm, 28
la **Bretagne** Brittany, 6
le **briquet** cigarette lighter, 11
la **bronchite** bronchitis, 28
la **brosse** brush, 3
(se) **brosser** to brush, 25
brusquement suddenly, 28
le **budget** budget, 32
le **bureau -x** desk, office, 8
le **bureau de change** exchange office, 8
le **bureau de poste** post office, 10
le **bureau de renseignements** information desk, information office, 9
le **bureau de tabac** tobacco store, 10
le **bureau des objets trouvés** lost and found, 30
le **bureau des réclamations** complaint department, 30

C

ça that, 1
ça n'a pas de sens it doesn't make sense, 16
ça ne fait rien it doesn't matter, 4
pour ça because of that, 25
ça va all right, 1
ça va? how is it going?, 1
ça va bien it's going fine, 1
la **cabine** booth, 2
le **cabinet** doctor's office, 28
la **cacahuète** peanut, 17
le **cadeau -x** gift, 11
le **café** cafe, coffee, 18
le **café noir** black coffee, 18
la **caisse** cash-register, 18
la **caisse de poissons** crate of fish, 18
le **calendrier** calendar, 10
calme calm, quiet, 5
le **camion** truck, 24
le **Canada** Canada, 8
canadien, canadienne Canadian, 8
une **Canadienne** Canadian woman, 14
le **canard** duck, 29
le **canon** cannon, 32
la **cantine** cafeteria, 22
la **capitale** capital, 6
le **car** motorcoach, 9
le **car de tourisme** tourist bus, 9
le **carafe** carafe, 18
carré -e square, 17
la **carte** menu, 5; card, 7; map, 20
la **carte d'identité** identification, 7
la **carte postale** postcard, 3

le **casier** locker, 3
la **catastrophe** catastrophe, 32
le **catholique** Catholic, 31
la **cause** cause, 32
à cause de on account of, 32
ce, ces that, this, 7
ce, cet (m.), **cette** (f.), **ces** (pl.) these, those, 10
la **ceinture** belt, 11
cela that, 10
celui-ci this one, 30
celui-là that one, 30
le **cendrier** ashtray, 18
cent one hundred, 3
central -e (m.pl. -aux) central, 27
le **centre** center, middle, 6
sans cesse continuously, without stopping, 20
c'est it is, 2
c'est ça that's it, 9
la **chaise** chair, 18
la **chambre** bedroom, 5
la **Chambre de Commerce** Chamber of Commerce, 6
une **chambre double** double room, 7
le **championnat** championship, 19
la **chance** luck, 27
avoir de la chance to be lucky, 27
changer to transfer, 23
chanter to sing, 29
le **chantier naval** naval shipyard, 14
le **chapeau -x** hat, 12
chaque each, 10
le **charbon** coal, 31
charger to load, 24
le **charme** charm, 29
le **chat** cat, 25
châtain brunette, 29
chaud -e warm, 17
le **chauffeur** chauffeur, driver, 18
la **chaussette** sock, 12
la **chaussure** shoe, 12
le **chef** boss, 30
le **chef de service** manager, 30
le **chemin** road, path, way, 23
la **chemise** shirt, 3
le **chèque** check, 8
le **chèque de voyage** traveller's check, 8
cher, chère expensive, 11
moins cher cheaper, less expensive, 22
chercher to look for, 10
le **cheval** horse, 21
à cheval on horseback, 6
les **cheveux** (m.pl.) hair, 25
chez home, at the home of, 14
le **chien** dog, 6
chimique chemical, 28
choisir to choose, 12
le **chômeur** unemployed person, 32
la **chose** thing, 9

chouette cute, 12
le **ciel** sky, 20
la **cigarette** cigarette, 10
le **cinéma** movies, theater, 25
cinq five, 3
la **circulation** traffic, 32
circuler to drive, 24
la **classe** class, 27
le **clé** key, 3
le **client, la cliente** customer, 3, 11
la **clientèle** clientele, 28
le **climat** climate, 17
le **coca-cola** coke, 18
le **coin** corner, 10
le **coin-couloir** aisle seat, 27
le **coin-fenêtre** window seat, 27
le **colibri** hummingbird, 30
le **colis** package, 26
les **collants** (m.) pantyhose, 12
le **collègue** colleague, 26
la **colonie** colony, 16
combien? how much?, 3
combien coûte...? how much is ..., how much does...cost?, 3
le **commandant** captain, 6
la **commande** order, 32
commander to order, 18
comme as, like, 12
commencer to begin, to start, 25
comment? how?, 1
comment allez-vous? how are you?, 1
comment faire? what does one do?, 2
comment vas-tu? how are you?, 2
le **commerçant** businessman, 12
le **petit commerçant** small shopkeeper, 12
le **commerce** commerce, 12
le **commissariat de police** police station, 10
la **communication** communication, 24; connection, 27
le **complet** suit, 12
complètement completely, 16
compliquer to complicate, 12
comprendre to understand, 22
compter to count, 8
le **concert** concert, 4
la **concurrence** competition, 12
conduire to drive, 7
la **confection pour dames**, women's clothing, 11
la **confection pour hommes** men's clothing, 11
la **conférence** conference, 32
confortable comfortable, 5
le **congrès** congress, 30
connaître to be familiar with, to know, 9, 24
conservateur, conservatrice conservative, 8
la **consigne** checkroom, 3
la **consigne automatique** coin-operated locker, 3

la **consommation** consumption, 32
constater to establish, 25
la **consultation** conference, 27; consultation, 28
appeler en consultation to call to a conference, 27
continental -e *(m.pl. -aux)* continental, 20
le **contractuel** parking patrol, 24
la **contravention** fine, 24
contre against, 16
le **contre-maître** foreman, 14
la **corbeille à papier** trashcan, 21
le **correspondant** correspondant, 14
le **costume** suit, 29
la **côte** coast, 20
la **Côte d'Azur** Riviera, 6
le **côté** side, 8
à côté (de) next to, 5; beside, 8
de l'autre côté de on the other side of, 9
la **couchette** bunk, 24
la **couleur** color, 12
de couleurs colored, 12
le **couloir** corridor, 27
couper to cut, 32
le **couple** couple, 10
couramment fluently, 30
courir to run, 26
le **cours** class, 21
le **cousin** cousin, 14
la **cousine** cousin, 14
coûter to cost, 8
coûter cher to cost too much, 12
la **coutume** custom, 18
couvert overcast, 20
la **cravate** tie, 11
creuser to dig, 16
croire to believe, 9
la **croix** cross, 24
le **croque-monsieur** grilled ham and cheese sandwich, 18
la **cuisine** kitchen, 5

D

la **dactylo** typist, 14
la **dame** lady, 10
le **danger** danger, 25
dangereux, dangereuse dangerous, 16
dans in, 2
danser to dance, 29
la **date** date, 19
de by, 4; from, 7; of, 10
le **début** beginning, 22
au début de at the beginning of, 22
décembre December, 19
déclarer to declare, 25
la **défense** prohibition, 10
défense de fumer no smoking, 10
le **déficit** deficit, 32
déjà already, 8

déjeuner to eat lunch, 22
le **petit déjeuner** breakfast, 25
demain tomorrow, 21
à demain until tomorrow, 21
demander to ask (for), to request, 7, 9, 11
demander le chemin to ask for directions, 23
demander l'heure to ask what time it is, 26
le **demi** glass of beer, 18
demi -e half, 19
la **demi-heure** half-hour, 28
la **dent** tooth, 25
le (la) **dentiste** dentist, 21
le **départ** departure, 8
le **département** department, 31
se dépêcher to hurry, 25
le **dépliant** brochure, 10
depuis since, 8
depuis des années for a number of years, 30
dernier, dernière last, 15
ces derniers temps lately, 28
derrière behind, 6
des some, 6
désagréable unpleasant, 29
le **désavantage** disadvantage, 24
descendre to get off, 23
la **description** description, 30
désolé -e devastated, 22
deux two, 3
deuxième second, 11
devant in front of, 2
développer to develop, 28
devoir to have to, ought to, 22
le **dictionnaire** dictionary, 10
différent -e different, 27
difficile difficult, 12
dimanche Sunday, 19
dîner to dine, to eat dinner, 22
dire to say, 8; to tell, 22
en direct live TV, 19
la **directrice d'école** school principal, 16
la **discussion** discussion, 16
diviser to divide, 31
dix ten, 3
le **docteur** doctor, 21
le **document** document, 31
documenté -e documented, 15
le **dollar** dollar, 8
le **domicile** residence, 28
c'est dommage that's too bad, 15
donner to give, 2
donner rendez-vous à to make an appointment with, 21
dormir to sleep, 19
le **dos** back, 28
douze twelve, 7
droit -e right, 6
avoir le droit de to have the right to, 31
le **droit** law, 27
la **droite** right-hand side, 6
à droite to the right, 6
drôle amusing, 12; funny, 29

E

l'**eau** *(f.)* water, 18
l'**eau minerale** mineral water, 18
une **écharpe** scarf, 11
une **école** school, 16
écouter to listen, 16
écrire to write, 7
une **édition** edition, 15
égaler to equal, 8
une **église** church, 31
électrique electrical, 31
l'**éléctronique** *(f.)* electronics industry, 14
élevé -e high, 31
élire to elect, 31
elle she, 2
un **emploi** job, 30
un **employé -e** employee, 9
en in, 5; to, 30
encombré -e crowded, 27
encore once more, 10
l'**énergie** *(f.)* nuclear energy, 16
un **enfant** child, 7
enfin finally, 32
ennuyeux, ennuyeuse boring, 29
une **enquête** investigation, inquiry, 25
enregistrer to check in, 30
une **enseigne** sign, 10
ensemble together, 21
un **ensemble** outfit, 12
ensuite then, 23
entendre to hear, 28
entre between, 6
une **entreprise** firm, corporation, 28
entrer (dans) to come in, to enter, 10
faire entrer to send in, 30
environ about, 17
envoyer to send, 26
une **épaule** shoulder, 28
une **époque** epoch, time, 16
épuisé -e sold out, 15
une **escale** stop, 30
faire escale to make a stop, 30
l'**Espagne** *(f.)* Spain, 19
l'**essence** *(f.)* gasoline, 32
l'**est** *(m.)* east, 6
n'est-ce pas? isn't it?, 15
et and, 1
un **étage** floor, 11
une **étagère** shelf, 5
un **état** state, 31
l'**été** *(m.)* summer, 20
en été in the summer, 19
étranger, etrangère foreign, 13
à l'étranger abroad, 27
un **étranger, une étrangère** foreigner, 7
être to be, 6
une **étude** study, 31
un **étudiant** student, 31
un **Européen** European, 16
examiner to examine, 28

excellent -e excellent, 16
excuser to excuse, to pardon, 22
un exemplaire copy, 15
un exemple example, 9
par exemple for example, 9
exister to exist, 8
expliquer to explain, 30

F

en face opposite, 8
facile easy, 23
le facteur postman, 14
faible weak, 32
faire to do, to make, 2; to be (weather), 20
faire des achats to go shopping, 12
faire entrer to let someone in, 28
faire mal to hurt, 28
faire ses bagages to pack, 30
faire ses études to study, 31
la famille family, 24
fantastique fantastic, 16
fatigant -e tiring, 24
fatigué -e tired, 25
il faut it is necessary, one must, 7
la femme wife, woman, 7
la femme d'affaires businesswoman, 14
la fenêtre window, 27
le fer iron, 31
fermer to close, 3
fermer à clé to lock, 3
le ferry ferry, 24
le feu stoplight, 21
février February, 19
le fiancé fiance, 14
la fiche registration form, 7
fidèle faithful, 28
la fièvre fever, 28
le figurant movie extra, 29
la fille daughter, 7
la jeune fille young girl, 6, 11
le film film, 29
le fils son, 7
fini -e finished, 15
finir to finish, 15
le flamand Flemish language, 13
la fleuve river, 6
la fois time, occasion, 9
foncé -e dark, 12
le football soccer, 32
la force strength, 25
former to form, 31
formidable fantastic, 16
le formulaire form, 30
fort -e strong, 12
fou, folle crazy, insane, 16
les frais (m. pl.) costs, 12
les frais du personnel personnel costs, 12
le franc (F) franc, 2
le français French language, 13
français -e French, 8

le Français Frenchman, 8
la Française Frenchwoman, 16
la France France, 4
franco-allemand -e Franco-German, 31
le frère brother, 14
froid -e cold, 20
la frontière border, 7
le fruit fruit, 10
fumer to smoke, 10

G

la gabardine raincoat, 12
gai -e cheerful, 29
le gant glove, 12
le garage garage, 21
le garçon waiter, 5; boy, 6; young man, 29
être de garde to be on duty, 32
garder to keep, to put away, 3
le gardien de nuit night watchman, 26
la gare railroad station, 9
gauche left, 6
le genou knee, 28
les gens (m. pl.) people, 18
gentil, gentille kind, nice, 4; pleasant, 29
le gilet vest, 12
la glace ice, ice cream, 18
la gorge throat, 28
le gouvernement government, 31
grand -e large, 6; big, 11
le grand Paris greater Paris, 31
la Grande-Bretagne Great Britain, 19
gratuit -e free, 9
gratuitement freely, 9
grillé -e roasted, 17
la grippe flu, 28
gris -e gray, 12
gros, grosse big, 8
la guerre war, 32
le guichet information window, ticket window, 27

H

un habitant inhabitant, 13
habiter to live (in), 14
une habitude custom, habit, 20
comme d'habitude as usual, 20
haut -e high, 31
la hauteur height, 31
un hebdomadaire weekly, 14
une heure hour, 6
de bonne heure early, 11
l'heure d'été daylight savings time, 19
l'heure standard standard time, 19
une heure supplémentaire overtime, 28
les heures d'ouverture business hours, 10

heureusement fortunately, luckily, 8
hier yesterday, 9
une histoire story, 26
l'hiver (m.) winter, 20
un homme man, 10
un hôpital hospital, 10
un horaire schedule, timetable, 25
un horloger watchmaker, 28
un hôtel hotel, 5
l'Hôtel de Ville town hall, 10
l'huile (f.) oil, 17
l'huile d'arachide peanut oil, 17
huit eight, 3
un hyper-marché supermarket, 12

I

ici here, 9
une idée idea, 11
un idiot idiot, 32
idiot -e idiotic, 16
une idole idol, 29
il he, 2
il n'y a pas de quoi you're welcome, 10
il y a there is, there are, 5
imaginaire imaginary, 28
un immeuble building, 17, 26
un immigré immigrant, 31
une impatience impatience, 28
un imperméable raincoat, 20
impossible impossible, 22
un impôt tax, 31
inacceptable unacceptable, 25
inaugurer to inaugurate, 32
indiqué -e shown, 10
une industrie industry, 31
industriel -le industrial, 31
une infirmière nurse, 14
une inflation inflation, 12
un ingénieur engineer, 14
un instant one moment, 2
intelligent -e intelligent, 29
une interdiction prohibition, 16
interdit -e prohibited, 24
intéressant -e interesting, 9
intéresser to interest, 32
international -e international, 30
un (une) interprète interpreter, 30
une interview interview, 16
introduire to introduce, 25
inutile useless, 30
invité -e invited, 22
l'Italie (f.) Italy, 19
l'italien Italian language, 13
italien, italienne Italian, 29

J

la jambe leg, 28
janvier January, 19
japonais -e Japanese, 32

jaune yellow, 12
je I, 2
le **jeton** token, 18
jeudi Thursday, 19
jeune young, 10
la **jeune fille** young girl, 6; young lady, 11
joli -e pretty, 11
jouer to play, 25
le **jour** day, 15
le **journal** newspaper, 10
le **journaliste** journalist, 14
juillet July, 19
juin June, 19
la **jupe** skirt, 12
le **jus** juice, 18
le **jus de fruit** fruit juice, 18
jusqu'à until, 25
juste just, right, 8; correct, exact, 9

K

le **kilomètre** kilometer, 17
le **kiosque** kiosk, 10
le **kiosque à journaux** newspaper stand, 10

L

la **the**, 3
là there, 2
là-bas over there, 9
le **laboratoire** laboratory, 28
laid -e ugly, 29
la **laine** wool, 29
laisser to leave (things), 3
la **langue** language, 13
la **langue maternelle** native tongue, 13
large broad, 29
large d'épaules broad-shouldered, 29
se laver to wash, 25
le **the**, 3
le **légume** vegetable, 24
le **lendemain** next day, 24
les the, 4
la **lettre** letter, 26
leur them, 30
se lever to get up, 25
la **lèvre** lip, 29
la **libération** liberation, 32
la **librairie** bookstore, 10
libre free, 14
le **libre-service** self-service, 12
au lieu de instead of, 18
la **ligne** line, 23
lire to read, 13
le **lit** bed, 5
la **livraison** delivery, 24
livrer to deliver, 24
loin far, 9
Londres London, 32
long, longue long, 30
longtemps long time, 24
lui him, 14

lui-même himself, 22
lundi Monday, 19
les **lunettes** (f. pl.) eyeglasses, 29
le **lycée** high school, 21

M

ma my, 7
madame (Mme) madam, Mrs., Ms., 1
mademoiselle (Mlle) Miss, Ms., 1
le **magasin** store, 11
le **grand magasin** department store, 10
mai May, 19
le **maillot de bain** bathing suit, 12
la **main** hand, 28
la **main d'oeuvre** manpower, 32
maintenant now, 6
la **mairie** town hall, 21
mais but, 8
la **maison** house, 23
mal bad, 22
avoir mal (à) to have pain, 28
faire mal to hurt, 28
pas mal de a fair amount of, 28
malade sick, 30
le **malade** patient, sick person, 28
la **maladie** illness, 28
la **malchance** bad luck, 22
malgré in spite of, 32
malin, maligne mischievous, 29
la **Manche** English Channel, 16
manger to eat, 17
le **manteau -x** coat, 30
le **marchand de journaux** newspaper vendor, 14
la **marchandise** merchandise, 24
le **marché** market, 24
le **Marché Commun** Common Market, 27
marcher to walk, 29
mardi Tuesday, 19
marié -e married, 14
se marier to marry, 31
le **mark** mark, 8
le **Marocain** Moroccan, 13
marrant -e very funny, 29
mars March, 19
le **match** match, 19
maternelle maternal, mother's, 13
le **matin** morning, 11
du matin in the morning, 19
mauvais -e bad, 20
le **mécanique** mechanic, 31
le **médecin** doctor, 28
le **médicament** medicine, 28
méditerranéen, méditerranéenne Mediterranean, 20
même same, 12
la **mer** ocean, 32
merci thank you, 1
merci beaucoup thank you very much, 3

mercredi Wednesday, 19
la **mère** mother, 14
mes my, 7
le **message** message, 26
messieurs-dames ladies and gentlemen, 18
la **météo** weather report, 20
le **métier** occupation, 24
le **mètre** meter, 6
le **métro** subway, 4
mettre to put, 2; to wear, 12; to put on, 20; to place, 24
mettre la radio to turn on the radio, 24
mettre une robe to put on a dress, 24
mettre la table to set the table, 24
mettre quatre heures to spend four hours, 27
le **midi** noon, 19
à midi at noon, 21
le **Midi** southern France, 26
mieux better, 32
au milieu de in the middle of, 6
mille one thousand, 3
le **milliard** billion, 32
le **millier** thousand, 31
le **million** million, 8
le **millionnaire** millionaire, 8
la **mine** mine, 31
mini mini, 31
le **ministère** ministry, 25
le **ministère du Travail** Ministry of Labor, 25
le **ministre** minister, 31
le **ministre des Finances** Minister of Finance, 32
le **minuit** midnight, 19
la **minute** minute, 18
le **miroir** mirror, 25
très à la mode very stylish, 12
moderne modern, 10
moi me, 2
moins minus, 20; less, 22
le **mois** month, 11
la **moitié** half, 31
le **moment** moment, 26
mon my, 7
le **monde** world, 12
la **monnaie** change, 15
monsieur (M.) Mister (Mr.), sir, 1
la **montagne** mountain, 31
la **montre** watch, 26
Montréal Montreal, 7
montrer to show, 11
Moscou Moscow, 19
le **mouchoir** handkerchief, 3
le **mouvement,** movement, 32
le **musée** museum, 10

N

national -e national, 4
naturellement naturally, 13
né -e born, 14
nécessaire necessary, 16

neiger to snow, 20
ne...jamais never, 32
ne...pas not (negation), 5
ne...plus no longer, 14
ne...rien nothing, 4
neuf nine, 3
neuf, neuve new, 30
le **nez** nose, 29
niçois -e from Nice, 18
le **niveau** level, standard, 32
le **niveau de vie** standard of living, 32
noir -e black, 18
le **nom** name, 5
le **nombre** number, 25
non no, 2
le **nord** north, 6
le **nord-est** northeast, 31
la **note** bill, 8
noter to note, to write down, 10
la **nourriture** food, 12
nouveau, nouvel (m.), **nouvelle** (f.), **nouveaux** (m. pl.) new, 8
de nouveau again, 16
la **nouveauté** novelty, 11
novembre November, 19
le **nuage** cloud, 6
la **nuit** night, 24
de nuit at night, 25
le **numéro** number, 2
le **numéro de téléphone** telephone number, 5

O

un **objet** object, 30
une **occupation** occupation, 16
s'occuper de to be busy with, 32
océanique oceanic, 20
octobre October, 19
un **oeil** eye, 28
un **oeuf** egg, 18
les **oeufs sur le plat** fried eggs, 18
officiel, officielle official, 17
on one, 6; we, 21
onze eleven, 7
une **opinion** opinion, 16
un **orchestre** orchestra, 4
l'**oreille** (f.) ear, 28
un **oreiller** pillow, 5
oser to dare, 32
ou or, 8
où? where?, 2
l'**ouest** west, 6
oui yes, 1
et oui oh, yes, 32
une **ouverture** opening, 10
un **ouvrier** worker, 14
ouvrir to open, 3

P

la **paille** straw, 18
le **pantalon** pants, 12
la **papeterie** stationery store, 10
le **papier** paper, 10
le **papillon** ticket, 24

par by, 5; per, 25
par là that way, 10
paraître to be published, 15
le **parapluie** umbrella, 3
parce que because, 21
le **pardessus** overcoat, 12
pardon excuse me, pardon me, 5
le **pare-brise** windshield, 24
paresseux, paresseuse lazy, 29
parfois sometimes, 14
le **parfum** perfume, 11
parisien, parisienne Parisian, 23
le **Parisien** Parisian, 13
le **parking** parking area, parking lot, 24
le **parking payant** paid parking, 24
le **Parlement** Parliament, 17
parler to speak, 2
sans parler de not to speak of, 25
la **partie** part, 13
partir to leave, 24
partout everywhere, 12
pas not, 11
pas du tout not at all, 20
le **passeport** passport, 7
passer to hand over, to pass, 7; to spend (time), 21
passer un film to broadcast a film, 29
le **patron**, la **patronne** boss, employer, 18
payer to pay, 8
le **pays** country, 13
le **peigne** comb, 3
se peigner to comb, 25
pendant during, 24
pendant que while, 16
la **penderie** wardrobe, 5
penser to think, 8
penser à (quelqu'un) to think of (someone), 16
penser de (quelque chose) to think of something, 16
perdre to lose, 30
le **père** father, 14
le **permis de conduire** driver's license, 7
la **personne** person, 28
le **personnel** personnel, 12
petit -e small, 5; little, 11
peu little, 32
un **peu** a little, 12
un **peu plus de** a little more than, 30
un **peu plus loin** a little further on, 10
peut-être maybe, perhaps, 4
la **pharmacie** pharmacy, 21
la **phénomène** phenomenon, 12
la **photo** photo, 15
la **pièce** document, 7; play, 30
la **pièce d'identité** identification, 7
le **pied** foot, 25
à pied on foot, walking, 25

la **pipe** pipe, 3
la **place** plaza, square, 9; place, 24
placer to place, to put into place, 3
le **plaisir** pleasure, 22
avec plaisir with pleasure, 22
s'il te plaît please, 2
s'il vous plaît please, 3
le **plan** map, 9
il pleut it's raining, 20
pleuvoir to rain, 20
la **plupart (des)** the majority (of), most, 27
plus more, plus, 18
plus de more than, 15
plus tard later, 6
plus vite faster, 27
le plus (the) most, 13
de plus en plus more and more, 32
plus mal worse, 25
plusieurs several, 13
plutôt rather, 18
la **poche** pocket, 30
la **poésie** poetry, 20
le **poète** poet, 20
poétique poetic, 20
le **poids lourd** heavy truck, 24
le **poisson** fish, 18
la **police** police, 25
la **pollution** pollution, 32
le **pompiste** gas station attendant, 23
le **pont** bridge, 23
la **population** population, 31
le **port** harbor, port, 18
la **porte** door, 3
le **portefeuille** wallet, 30
porter to carry, 31
le **portier** porter, receptionist, 5
le **portrait** portrait, 29
poser des questions to ask questions, to question, 16
la **possibilité** possibility, 32
possible possible, 22
la **poste** post office, 7
la **poubelle** garbage can, 32
pour for, in order to, 2
pour cent percent, 28
le **pourboire** tip, 18
pourquoi? why?, 16
c'est pourquoi that's why, 16
pourtant however, 6
pouvoir to be able to, 21
pratique practical, 7
pratiquer to practice, 31
premier, première first, 9
le **Premier Ministre** Prime Minister, 31
prendre to take, 12
prendre sa retraite to retire, 28
près de near, 18
se présenter to present oneself, 30
le **président** president, 31
presque almost, 15
prêter to lend, 2
je vous en prie don't mention it, 22

principal -e, principaux *(m.pl.)* main, principal, 17
le printemps spring, 20
au printemps in the spring, 20
le prix price, 28
le problème problem, 19
prochain -e next, 22
le produit product, 32
le programmeur programmer, 14
le projet project, 16
promettre to promise, 32
à propos by the way, incidentally, 32
le (la) propriétaire owner, 18
la province province, 6
la publicité à la télé television advertising, 16
puis then, 23
le pull pullover sweater, 20
le pullover pullover sweater, 12

Q

la qualité quality, 12
quand when, 8
quand même in any case, in any event, just the same, 6
le quart quarter, 19
le quartier neighborhood, 5
quatorze fourteen, 7
quatorzième fourteenth, 23
quatre four, 3
quatrième fourth, 11
que that, 7; than, 32
quel?, quelle? what?, 12
quelque some, 16
quelque chose something, 11
quelquefois sometimes, 8
quelque part somewhere, 28
quelqu'un someone, 10
qu'est-ce que c'est? what is it?, 3
la question question, 10
questionner to question, 16
qui? who?, 2; that, 32
quinze fifteen, 7
quitter to leave, 8
ne quittez pas hold on, please, 22
le quotidien daily newspaper, 15

R

raconter to tell, 26
avoir raison to be right, 32
raisonnable reasonable, 16
se raser to shave, 25
ravissant -e ravishing, 12
le rayon department, 11
la réalité reality, 8
en réalité in reality, 8
la réception reception desk, 5
la réclamation complaint, 30
la récolte crop, 17
recommencer to begin again, 16; to resume, 16
regarder to look at, 9
le regret regret, 26

regretter to be sorry, 4
régulièrement regularly, 24
la religion religion, 31
rembourser to reimburse, 28
remplacer to replace, 30
remplir to fill out, 7
recontrer to meet, 18
le rendez-vous appointment, meeting, 21
donner rendez-vous à quelqu'un to make (grant) an appointment with someone, 21
prendre rendez-vous to make an appointment, 21
le renseignement information, 9
rentrer to go home, 21
reparler de to speak again about, 16
répondre to answer, 10
la réponse answer, 16
le reportage report, 15
la république republic, 17
réserver to reserve, 27
respecter to respect, 10
respirer to breathe, 28
le responsable responsible person, 24
le restaurant restaurant, 5
au restaurant in the restaurant, 5
le reste remainder, rest, 30
du reste besides, 30
rester to remain, to stay, 25
le résultat result, 26
être en retard to be late, 26
le retour return, 24
retourner to return, 24
la retraite retirement, 28
retrouver to find again, to regain, 25
la réunion meeting, 22
se réveiller to wake up, 25
revenir to come back again, to return, 25
le Rhône Rhone River
le rhume cold, 28
rien nothing, 3
de rien you're welcome, 3
ça ne fait rien that's all right, 4
ne... rien d'autre nothing else, 11
risquer to risk, 28
la robe dress, 12
rouge red, 12
rouler to drive, 24
la route route, 23
la route Nationale major highway, 23
le routier long-distance driver, 24
la rubrique headline, 25
la rue street, 5

S

sa her, his, its, 7
le sac handbag, 5
la salade salad, 18
le salaire salary, 12

la salle d'attente waiting room, 28
le salon living room, 18
salut hi!, 1
samedi Saturday, 19
le sandwich sandwich, 18
sans without, 24
la santé health, 25
le satellite satellite, 19
la saucisse sausage, 18
sauf except, 7
savoir to know, 16
second -e second, 27
une seconde a second, 3
le (la) secrétaire secretary, 14
le secrétaire d'État cabinet secretary, 31
la sécurité security, 28
la sécurité sociale Social Security, 28
la Seine Seine River, 6
seize sixteen, 7
le sel salt, 18
la semaine week, 15
le Sénat Senate, 31
le Sénégal, 13
le Sénégalais Senegalese, 13
sentir to smell, 32
sept seven, 3
septembre September, 19
la série series, 21
sérieux, serieuse serious, 15
le serveur waiter, 18
la serveuse waitress, 18
le service service, 9, 30; service charge, 18
à votre service at your service, 9
le chef de service manager, 30
la serviette napkin, 18
servir to serve, 18
ses her, his, its, 7
seulement only, 8
si if, 10; too, 16; yes (following negation), 15
signer to sign, 26
simple simple, 18
sinon otherwise, 21
la situation situation, 12
situé -e located, 5
six six, 3
le slip underpants, 12
le snack-bar snack-bar, 22
social -e, sociaux *(m.pl.)* social, 28
la société society, 32
la société de consommation consumer society, 32
la soeur sister, 9
soigner to treat, to take care of, 28
le soir evening, 19
le soir (in the) evening, 24
du soir in the evening, 19
le soleil sun, 20
son her, his, its, 7
sonner to ring, 10
sortir to go out, 22

le **soulier** shoe, 29
le **soupir** sigh, 28
le **sourire** smile, 30
sous under, 16
le **soutien-gorge** brassiere, 12
souvent often, 7
le **spécialiste** specialist, 27
le **spectacle** sight, spectacle, 18
le **spectateur** spectator, 30
la **station** station, 8
la **station de taxi** taxi stand, 8
la **station-service** gas station, service station, 23
le **stationnement** parking, 24
la **statue** statue, 6
stupide stupid, 22
le **stylo** pen, 3
le **sud** south, 6
suffire to be enough, suffice, 20
suisse Swiss, 8
la **Suisse** Switzerland, 8
suivant -e following, next, 27
le **supermarché** supermarket, 10
supplémentaire extra, 28
sur on, 2; about, 10; in, 31
sûrement certainly, 9
la **surface** space, 12
la **grande surface** discount store, 12
surveiller to watch, 24
sympa nice, 29
le **Syndicat d'Initiative** tourist information bureau, 10
le **système** system, 28

T

ta your, 7
le **tabac** tobacco, 10
la **table** table, 5
le **tableau -x** painting, 4
la **taille** size, 12
tard late, 6
plus tard later, 6
la **tasse** cup, 18
le **taxi** taxi, 8
la **télé** TV, 21
télégraphier to wire, 30
le **téléphone** telephone, 10
téléphoner to telephone, 2
téléphonique telephone (adj.), 2
la **télévision** television, 19
la **température** temperature, 20
le **temps** time, 12; weather, 20
ces derniers temps lately, 28
tenir to take, 4
terminer to end, to finish, 25
la **terrasse** sidewalk, 18
tes your, 7
la **tête** head, 28
le **théâtre** theater, 30
le **ticket** ticket (e.g., airline), 4
tiens! *(tenir)* look!, 9
le **tiers** one third, 31
les **deux tiers** two thirds, 31
le **timbre** stamp, 4
le **tiroir** drawer, 5

les **titres de journaux** newspaper headlines, 8
toi you, 1
les **toilettes** toilets, 18
tomber to fall, 30
tomber malade to fall ill, 30
ton your, 7
la **tonne** ton, 24
le **tort** wrong, 32
toujours still, 8; always, 12
le **tour du monde** world tour, 13
la **Tour Eiffel** Eiffel Tower, 6
le **touriste** tourist, 10
tous, toutes all, every 18, 25
tous les soirs every evening, 25
tout -e all, 12
tout de suite immediately, right away, 18
tout droit straight ahead, 10
tout le monde everyone, everybody, 25
tout le temps all the time, 12
ne...pas du tout not at all, 20
tout près de very near, 18
traduire to translate, 30
le **train** train, 25
les **transports en commun gratuits** free public transportation, 16
le **travail, travaux** *(pl.)* work, 11
travailler to work, 10
traverser to cross, 24
le **traversin** bolster, 5
treize thirteen, 7
très very, 1
très bien very well, 1
le **tricot** sweater, 12
trois three, 3
triste sad, 29
les **trois-huit** three eight-hour shifts, 25
faire les trois-huit to work three shifts, 25
troisième third, 11
trop too, 11
trouver to find, 11
tu you, 2
la **Tunisie** Tunisia, 19
le **tunnel** tunnel, 16

U

un a, 2; an, 2
une a, 3; an, 3
une **usine** factory, 25
utile useful, 16
utiliser to use, 13

V

la **valise** suitcase, 3
varié -e varied, 20
la **vendeuse** saleslady, 3
vendre to sell, 10
vendredi Friday, 19
venir to come, 14
la **vente** sale, 32

le **ventre** stomach, 28
le **verre** glass, 18
vers around, 25
vert -e green, 12
le **vestiaire** checkroom, 30
le **veston** jacket, 12
la **victoire** victory, 10
la **vie** life, 28
vieux, vieil *(m.)*, **vieille** *(f.)*, **vieux** *(m.pl.)* old, 31
vif, vive bright, 12
la **ville** town, 6
le **vin** wine, 18
vingt twenty, 7
la **visite** visit, 10
la **visite à domicile** house call, 28
visiter to visit, 9
vite fast, quickly, 10
la **vitrine** showcase, 28
vivre to live, 32
voici here are, here is, 4
voilà there is, there are, 2
la **voilà** there it is, 3
le **voilà** there it is, 3
les **voilà** there they are, 4
voir to see, 4
se voir to see one another, 21
le **voisin, la voisine** neighbor, 28
la **voiture** car, 6; vehicle, 11
la **voiture d'enfant** baby carriage, 11
la **voiture d'occasion** used car, 21
la **voix** voice, 22
le **vol** robbery, theft, 8; flight, 30
voler to steal, 28
le **voleur** thief, 28
volontiers willingly, 14
voter to vote, 31
votre your, 6
vouloir to want, 7, 16
vous you, 1
le **voyage** trip, 8
bon voyage! have a nice trip!, 27
voyager to travel, 30
vrai -e true, 32
vraiment really, 16

W

le **woulof** wolof (language spoken in Senegal), 17

Y

y there, 23
les **yeux** eyes, 28

Z

zéro zero, 20

Vocabulaire anglais-français

A

a, an un, 2; une, 3
to **abandon** abandonner, 16
about sur, 10; environ, 17
abroad à l'étranger, 27
to **accept** accepter, 8
acceptable acceptable, 25
accident un accident, 28
according to d'après, 25
actor un acteur, 29
ad une annonce, 14
address une adresse, 10
administration une administration, 26
advantage un avantage, 24
a fair amount of pas mal de, 28
Africa l'Afrique (f.), 13
African africain, -e, 17
after après, 21
afternoon un après-midi, 21
again de nouveau, 16
against contre, 16
age un âge, 14
agriculture l'agriculture (f.), 17
air l'air (m.), 32
airplane un avion, 6
airport un aéroport, 27
aisle seat le coin-couloir, 27
Algeria l'Algérie (f.), 19
a little un peu, 12
a little further on un peu plus loin, 10
a little more than un peu plus de, 30
all tout -e, tous (m.pl.), toutes (f.pl.), 12
all right ça va, l; d'accord, 16
all the time tout le temps, 12
almost presque, 15
Alps les Alpes (m.), 6
already déjà, 8
also aussi, 1
always toujours, 12
American américain -e, 8
amusing drôle, 12
and et, 1
animal un animal, animaux (pl.), 25
to **answer** répondre, 10
answer la réponse, 16
any aucun -e, 16
apartment un appartement, 25
apparatus l'appareil (m.), 22
appliance l'appareil, 22
appointment le rendez-vous, 21
April avril, 19
arm le bras, 28
around vers, 25
arrest arrêter, 28
arrival une arrivée, 7
to **arrive** arriver, 7
art un art, 10

article un article, 15
as comme, 12
ashtray le cendrier, 18
Asia l'Asie (f.), 32
to **ask (for)** demander, 7
to **ask for directions** demander le chemin, 23
to **ask questions** poser des questions, 16
to **ask what time it is** demander l'heure, 26
assembly une assemblée, 31
as usual comme d'habitude, 20
at à, 5
at night de nuit, 25
at noon à midi, 21
attention une attention, 24
at your service à votre service, 9
August août, 19
automatic automatique, 3
avenue une avenue, 10
awful affreux, affreuse, 12

B

baby carriage la voiture d'enfant, 11
back le dos, 28
bad mauvais -e, 20; mal, 22
bad luck la malchance, 22
baggage les bagages (m.pl.), 30
bank la banque, 7
bar le bar, 18
bathing suit le maillot de bain, 12
to **be** être, 6
to **be able to** pouvoir, 21
to **be busy with** s'occuper de, 32
to **be called** s'appeler, 14
to **be enough** suffire, 20
to **be familiar with**, to **know** connaître, 9
to **be hungry** avoir faim, 18
to **be late** être en retard, 26
to **be lucky** avoir de la chance, 27
to **be on duty** être de garde, 22
to **be right** avoir raison, 16
to **be seated** être assis, 18
to **be sorry** regretter, 4
to **be thirsty** avoir soif, 18
to **be (weather)** faire, 20
to **be well** aller bien, 21
to **be wrong** avoir tort, 32
to **beat** battre, 32
beautiful beau, belle (f.), beaux (m.pl.), 6
because parce que, 21
because of that pour ça, 25
bed le lit, 5
bedroom la chambre, 5
beer la bière, 18
before avant, 32
before its time d'avant-garde, 9

to **begin** commencer, 25
to **begin again** recommencer, 16
beginning le début, 22
au début de at the beginning of, 22
behind derrière, 6
Belgian belge, 8
Belgium la Belgique, 8
to **believe** croire, 9
belt la ceinture, 11
bench le banc, 21
beside à côté de, 8
besides du reste, 30
better mieux, 32
between entre, 6
big gros, grosse, 8; grand -e, 11
bill la note, 8; une addition, 18
billion un milliard, 32
birthday un anniversaire, 14
bit le bout, 10
black noir -e, 18
black coffee le café noir, 18
blond -e blond, 29
blouse la blouse, 12
blue bleu -e, 12
blue jeans les blue-jeans (m.pl.), 12
bolster le traversin, 5
bookstore la librairie, 10
booth la cabine, 2
border la frontière
boring ennuyeux, ennuyeuse, 29
born né -e, 14
boss le patron, la patronne, 18; le chef, 30
bottle la bouteille, 18
boulevard le boulevard, 14
boxing la boxe, 19
boy le garçon, 6
brassiere le soutien-gorge, 12
break un arrêt, 25
breakfast le petit déjeuner, 25
to **breathe** respirer, 28
bridge le pont, 23
bright vif, vive, 12
Brittany la Bretagne, 6
broad large, 29
to **broadcast a film** passer un film, 29
broad-shouldered large d'epaules, 29
brochure le dépliant, 10
bronchitis la bronchite, 298
brother le frère, 14
brunette châtain, 29
brush la brosse, 3
to **brush** (se) brosser, 25
budget le budget, 32
building le bâtiment, 6; un immeuble, 17
bunk la couchette, 24
bus un autobus, 21
business les affaires (f.), 14

business hours les heures d'ouverture, 10
businessman le commerçant, 12
businesswoman la femme d'affaires, 14
but mais, 8
button le bouton, 2
to **buy** acheter, 10
by de, 4; par, 5
by the way à propos, 32
by train en train, 27

C

cabinet secretary le secrétaire d'État, 31
cafe le café, 18
cafeteria la cantine, 22
calendar le calendrier, 10
to **call** appeler, 27
calm calme, 5
Canada le Canada, 8
Canadian canadien, canadienne, 8
cannon le canon, 32
captain le commandant, 6
capital la capitale, 6
car la voiture, 6
carafe le carafe, 18
card la carte, 7
to **carry** porter, 31
cash-register la caisse, 18
cat le chat, 25
catastrophe la catastrophe, 32
Catholic le catholique, 31
cause la cause, 32
center le centre, 6
central central -e, 27
certainly sûrement, 9
chair la chaise, 18
Chamber of Commerce la Chambre de Commerce, 6
championship le championnat, 19
change la monnaie, 15
channel (TV) une antenne, 29
charm le charme, 29
chauffeur le chauffeur, 18
cheaper moins cher, 22
check le chèque, 8
to **check in** enregistrer, 30
checkroom la consigne, 3; le vestiaire, 30
cheerful gai -e, 29
chemical chimique, 28
child un enfant, 7
to **choose** choisir, 12
church une église, 31
cigarette la cigarette, 10
cigarette lighter le briquet, 11
class les cours (m.pl.), 21; la classe, 27
clientele le clientèle, 28
climate le climat, 17
to **close** fermer, 3
clothing (men's) la confection pour hommes, 11

clothing (women's) la confection pour dames, 11
cloud le nuage, 6
coal le charbon, 31
coast la côte, 20
coat le manteau, 30
coffee le café, 18
coin-operated locker la consigne automatique, 3
coke le coca-cola, 18
cold froid -e (adj.), 20; le rhume (n.), 28
colleague le collègue, 26
colony la colonie, 16
color la couleur, 12
colored de couleurs, 12
comb le peigne, 3
to **comb** se peigner, 25
to **come** venir, 14
to **come back again** revenir, 25
to **come in** entrer (dans), 10
comfortable confortable, 5
commerce le commerce, 12
Common Market le Marché Commun, 27
communication la communication, 24
competition la concurrence, 12
complaint la réclamation, 30
complaint department le bureau des réclamations, 30
completely complètement, 16
to **complicate** compliquer, 12
concert le concert, 4
conference la consultation, 27; la conférence, 27
to **confess** avouer, 28
congress le congrès, 30
connection la communication, 27
conservative conservateur, conservatrice, 8
consultation la consultation, 27
consumer society la société de consommation, 32
consumption la consommation, 32
continental continental -e, 20
continuously sans cesse, 20
copy un exemplaire, 15
corner le coin, 10
corporation une entreprise, 28
correct juste, 9
correspondent le correspondant, 14
corridor le couloir, 27
to **cost** coûter, 8
to **cost too much** coûter cher, 12
costs les frais, 12
to **count** compter, 8
country le pays, 13
couple le couple, 10
cousin le cousin, la cousine, 14
crate of fish la caisse de poissons, 18
crazy fou, folle, 16
creature un animal, 25

crop la récolte, 17
cross la croix, 24
to **cross** traverser, 24
crowded encombré -e, 27
cup la tasse, 18
current actuel, actuelle, 16
custom la coutume, 18; une habitude, 20
customer le client, 3; la cliente, 11
to **cut** couper, 32
cute chouette, 12

D

daily newspaper le quotidien, 15
to **dance** danser, 29
danger le danger, 25
dangerous dangereux, dangereuse, 16
to **dare** oser, 32
dark foncé -e, 12
date la date, 19
daughter la fille, 7
day le jour, 15
daylight savings time l'heure d'été, 19
December décembre, 19
to **declare** déclarer, 25
to **defeat** battre, 32
deficit le déficit, 32
to **deliver** livrer, 24
delivery la livraison, 24
dentist le (la) dentiste, 21
department le département, 31; le rayon, 11;
department store le grand magasin, 10
departure le départ, 8
description la description, 30
desk le bureau, 8
devastated désolé -e, 22
to **develop** développer, 28
dictionary le dictionnaire, 10
different différent -e, 27
difficult difficile, 12
to **dig** creuser, 16
to **dine** dîner, 22
disadvantage le désavantage, 24
discontinued arrêté -e, 16
discount store la grande surface, 12
discussion la discussion, 16
to **divide** diviser, 31
to **do** faire, 2
doctor le docteur, 21; le médecin, 28
doctor's office le cabinet, 28
document la pièce, 7; le document, 31
documented documenté -e, 15
dog le chien, 6
dollar le dollar, 8
don't mention it je vous en prie, 22
door la porte, 3

double room une chambre double, 7
drawer le tiroir, 5
dress la robe, 12
to **drink** boire, 18
to **drive** conduire, 7; circuler, 24; rouler, 24
driver le chauffeur, 18
driver's license le permis de conduire, 7
duck le canard, 29
during pendant, 24

E

each chaque, 10
ear l'oreille (f.), 28
early de bonne heure, 11; en avance, 26
east l'est (m.), 6
easy facile, 23
to **eat** manger, 17
to **eat dinner** dîner, 22
to **eat lunch** déjeuner, 22
edition une édition, 15
egg un oeuf, 18
Eiffel Tower la Tour Eiffel, 6
to **elect** élire, 31
electrical électrique, 31
electronics industry l'éléctronique (f.), 14
eleven onze, 7
else autre, 11
elsewhere ailleurs, 32
employee un employé, une employée, 9
employer le patron, 18
to **end** terminer, 25
engineer un ingénieur, 14
England l'Angleterre (f.), 20
English anglais -e, 16
English Channel la Manche, 16
English language l'anglais (m.), 13
to **enter** entrer (dans), 10
epoch une époque, 16
to **equal** égaler, 8
to **establish** constater, 25
European un Européen, 16
evening le soir, 19
every evening tous les soirs, 25
everybody tout le monde, 25
everyone tout le monde, 25
everywhere partout, 12
exact juste, 9
to **examine** examiner, 28
example un exemple, 9
for example par exemple, 9
excellent excellent -e, 16
except sauf, 7
exchange office le bureau de change, 2
to **excuse** excuser, 22
excuse me pardon, 5
to **exist** exister, 8
expensive cher, 11
to **explain** expliquer, 30

extra (movies) le figurant, 29
eye, eyes un oeil (s.), 28; les yeux, (pl.), 28
eyeglasses les lunettes, 29

F

factory une usine, 25
faithful fidèle, 28
fall l'automne, (m.), 20
to **fall** tomber, 30
to **fall ill** tomber malade, 30
family la famille, 24
fantastic fantastique, 16; formidable, 16
far loin, 9
fast vite, 10
faster plus vite, 27
father le père, 14
February février, 19
ferry le ferry, 24
fever la fièvre, 28
fiance le fiancé, la fiancée, 14
fifteen quinze, 7
to **fill out** remplir, 7
film le film, 29
finally enfin, 32
to **find** trouver, 11
to **find again** retrouver, 25
fine bien (adj.), 1; la contravention (n.), 24
to **finish** finir, 15; terminer, 25
firm une entreprise, 28
first premier, 9; d'abord, 16
fish le poisson, 18
fishing boat la barque de pêche, 18
five cinq, 3
Flemish language le flamand, 13
flight le vol, 30
floor un étage, 11
flu la grippe, 28
fluently couramment, 30
following suivant -e, 27
food la nourriture, 12
foot le pied, 25
for pour, 2
for a number of years depuis des années, 30
for example par exemple, 9
foreign étranger, étrangère, 13
foreigner un étranger, 7
foreman le contre-maître, 14
form le formulaire, 30
to **form** former, 31
fortunately heureusement, 8
four quatre, 3
fourteen quatorze, 7
fourteenth quatorzième, 23
fourth quatrième, 11
franc le franc, 2
France la France, 4
Franco-German franco-allemand, franco-allemande, 31
free gratuit -e, 9; libre, 14
freely gratuitement, 9

French de France, 4; français -e, 8
French language le français, 13
French person le Français, 8; la Française, 16
Friday vendredi, 19
fried eggs les œufs sur le plat, 18
friend un ami, 12; une amie, 29
from de, 7
fruit le fruit, 10
fruit juice le jus de fruit, 18
funny drôle, marrant -e, 29

G

garage le garage, 21
garbage can la poubelle, 32
gasoline l'essence, (f.), 32
gas station la station-service, 23
gas station attendant le pompiste, 23
German language l'allemand (m.), 13
Germany l'Allemagne (f.), 19
to **get off** descendre, 23
to **get up** se lever, 25
gift le cadeau, 11
to **give** donner, 2
glass le verre, 18
glass of beer le demi, 18
glove le gant, 12
to **go** aller, 4
to **go home** rentrer, 21
to **go out** sortir, 22
to **go shopping** faire des achats, 1
good bon, bonne, 11
good-bye au revoir, 1
government le gouvernement, 31
gray gris -e, 12
Great Britain la Grande-Bretagne, 19
greater Paris le grand Paris, 31
green vert -e, 12
grilled ham and cheese sandwich le croque-monsieur, 18

H

habit une habitude, 20
hair les cheveux, 25
half demi -e, 19; la moitié, 31
half-hour la demi-heure, 28
hand la main, 28
handbag le sac, 5
handkerchief le mouchoir, 3
to **hand over** passer, 7
handsome beau, belle, 29
harbor le port, 18
hat le chapeau, 12
to **have** avoir, 2
to **have a back ache** avoir mal au dos, 28
to **have a headache** avoir mal à la tête, 28
have a nice trip! bon voyage!, 27

to **have pain** avoir mal (à), 28
to **have the right to** avoir le droit de, 31
to **have to** devoir, 22
he il, 2
head la tête, 28
headline(s) les titres de journaux *(m.pl.)* 8; la rubrique, 25
health la santé, 25
to **hear** entendre, 28
heavy truck le poids lourd, 24
height la hauteur, 31
hello (on the telephone) allô, 2
hello (in person) bonjour, 1
to **help** aider, 32
her sa, son, ses, 7
here ici, 9
here is voici, 4
here are voici, 4
hi! salut!, 1
high élevé -e, haut -e, 31
high school le lycée, 21
him lui, 14
himself lui-même, 22
his sa, ses, son, 7
hold on, please (phone) ne quittez pas, s'il vous plaît, 22
home, at the home of chez, 14
horse le cheval, 21
on horseback à cheval, 6
hospital un hôpital, 10
hotel un hôtel, 5
hour une heure, 6
house la maison, 23
house call la visite à domicile, 28
how? comment?, 1
how are you? comment allez-vous?, 1; comment vas-tu?, 2
how does one make (do)...? comment faire?, 2
however pourtant, 6
how is it going? ça va?, 1
how much? combien?, 3
how much does...cost? combien coûte...?, 3
how much is...? combien coûte...?, 3
hummingbird le colibri, 30
hundred cent, 3
to **hurry** se dépêcher, 25
to **hurt** faire mal, 28

I

I je, 2
ice la glace, 18
ice cream la glace, 18
idea une idée, 11
identification la carte d'identité, la pièce d'identité, 7
idiot un idiot, 32
idiotic idiot -e, 16
idol une idole, 29
if si, 10
illness la maladie, 28
imaginary imaginaire, 28
immediately tout de suite, 18

immigrant un immigré, 31
impatience une impatience, 28
impatiently avec impatience
impossible impossible, 22
in dans, 2; à, 3; en, 5; sur, 31
in any case, in any event quand même, 6
in front of devant, 2
in order to pour, 2
in spite of malgré, 32
in the evening du soir, 19; le soir, 24
in the fall en automne, 20
in the middle of au milieu de, 6
in the morning du matin, 19
in the spring au printemps, 20
in the summer en été, 19
in the winter en hiver, 20
to **inaugurate** inaugurer, 32
incidentally à propos, 32
to **increase** augmenter, 12
industrial industriel, industrielle, 31
industry une industrie, 31
inflation une inflation, 12
information le renseignement, 9
information desk le bureau de renseignements, 9
information office le bureau de renseignements, 9
information window le guichet, 27
inhabitant un habitant, 13
inquiry une enquête, 25
insane fou, folle, 16
instead of au lieu de, 18
intelligent intelligent -e, 29
to **interest** intéresser, 2
interesting intéressant -e, 9
international international -e, 30
interpreter un (une) interprète, 30
interview une interview, 16
to **introduce** introduire, 25
investigation une enquête, 25
invited invité -e, 22
iron le fer, 31
isn't it? n'est-ce pas?, 15
Italian italien, italienne, 29
Italian language l'italien *(m.)*, 13
Italy l'Italie *(f.)*, 19
it is... c'est..., 2
it's going fine ça va bien, 1
its sa, ses, son, 7

J

jacket le veston, 12
January janvier, 19
Japanese japonais -e, 32
job un emploi, 30
journalist le journaliste, 14
juice le jus, 18
July juillet, 19
June juin, 19

just juste, 8
just the same quand même, 6

K

to **keep** garder, 3
key la clé, 3
kilometer le kilomètre, 17
kind gentil, gentille, 4
kiosk le kiosque, 10
kitchen la cuisine, 5
knee le genou, 28
to **know** connaître, 9; savoir, 16

L

laboratory le laboratoire, 28
ladies and gentlemen messieurs-dames, 18
lady la dame, 10
landing un atterrissage, 30
language la langue, 13
large grand -e, 6
last dernier, dernière, 15
late tard
lately ces derniers temps, 28
later plus tard, 6
law le droit, 27
lazy paresseux, paresseuse, 29
to **leave** partir, 24
to **leave** (place) quitter, 8
to **leave** (things) laisser, 3
left gauche, 6
leg la jambe, 28
to **lend** prêter, 2
less expensive moins cher, 22
less good moins bon, 22
to **let someone in** faire entrer, 28
letter la lettre, 26
level le niveau, 32
liberation la libération, 32
life la vie, 28
like comme, 12
to **like** aimer, 12
to **like very much** aimer bien, 12
line la ligne, 23
lip la lèvre, 29
to **listen** écouter, 16
little petit -e (adj.), 11; peu (adv.), 32
live (TV) en direct, 19
to **live** vivre, 32
to **live (in)** habiter, 14
lively actif, active, 29
living room le salon, 18
to **load** charger, 24
located situé -e, 5
to **lock** fermer à clé, 3
locker le casier, 3
London Londres, 32
long long, longue, 30
long-distance driver le routier, 24
long time longtemps, 24
look! tiens!, 9
to **look at** regarder, 9
to **look for** chercher, 10
to **look out** faire attention, 24

look out! attention!, 8
to **lose** perdre, 30
lost and found le bureau des objets trouvés, 30
a lot of beaucoup de, 8
love un amour, 21
lovely beau, 6
luck la chance, 27
luckily heureusement, 8
lunch le dejeuner, 22

M
Madam Madame, 1
main principal -e, 17
major highway la route nationale, 23
the majority of le plupart (des), 27
to **make** faire, 2
to **make an appointment** prendre rendez-vous, 21
to **make (grant) an appointment with someone** donner rendez-vous à quelqu'un, 21
to **make a stop** faire escale, 30
man un homme, 10
manager le chef de service, 30
manpower la main d'œuvre, 32
many beaucoup, 3
map le plan, 9; la carte, 20
March mars, 19
market le marché, 24
mark le mark, 8
married marié -e, 14
to **marry** se marier, 31
match une allumette, 10; le match, 19
maternal maternelle, 13
it doesn't matter ça ne fait rien, 4
May mai, 19
maybe peut-etre, 4
me moi, 2
mechanic le mécanique, 31
medicine le médicament, 28
Mediterranean méditerranéen, méditerranéenne, 20
to **meet** rencontrer, 18
meeting le rendez-vous, 21; la réunion, 22
menu la carte, 5
merchandise la marchandise, 24
message le message, 26
meter le mètre, 6
middle , le centre, 6
midnight le minuit, 19
million le million, 8
millionaire le millionnaire, 8
mine la mine, 31
mineral water l'eau minérale, 18
mini mini, 31
minister le ministre, 31
Minister of Finance le Ministre des Finances, 32
ministry le ministère, 25
Ministry of Labor le ministère du Travail, 25

minus moins, 20
minute la minute, 18
mirror le miroir, 25
mischievous malin, maligne, 29
Miss mademoiselle, 1
Mister monsieur, 1
modern d'avant-garde, 9; moderne, 10
moment le moment, 26
Monday lundi, 19
money l'argent (m.), 32
month le mois, 11
Montreal Montréal, 7
more plus, 18
more and more de plus en plus, 32
more than plus de, 15
morning le matin, 11
Moroccan (person) le Marocain, 13
Moscow Moscou, 19
most le plus, 13
most la plupart (des), 27
mother la mère, 14
motorboat le bateau à moteur, 18
motorcoach le car, 9
mountain la montagne, 31
mouth la bouche, 28
movement le mouvement, 32
movies le cinéma, 25
Mrs. madame, 1
Ms., Miss mademoiselle, 1
much beaucoup, 3
museum le musée, 10
must devoir, 22
one must il faut, 7
my ma, mes, mon, 7
my best regards bien des choses de ma part, 22

N
name le nom, 5
napkin la serviette, 18
national national -e, 4
The National Assembly l'Assemblée Nationale, 9
native tongue la langue maternelle, 13
naturally bien sûr, 9; naturellement, 13
naval shipyard le chantier naval, 14
near près de, 18
necessary nécessaire, 16
it is necessary il faut, 7
need le besoin, 28
to **need** avoir besoin de, 28
neighbor le voisin, la voisine, 28
neighborhood le quartier, 5
never ne...jamais, 32
nevertheless pourtant, 6
new nouveau, nouvelle (f.), nouveaux (m.pl.), 8; neuf, neuve, 30
newspaper le journal, -aux (pl.) 10
newspaper headlines les titres de journaux (m.), 8; les rubriques (f.), 25
newspaper stand le kiosque à journaux, 10
newspaper vendor le marchand de journaux, 14
next prochain -e, 22; suivant -e, 27
next day le lendemain, 24
next to à côté de, 5
nice gentil, 4; sympa, 29
night la nuit, 24
night watchman le gardien de nuit, 26
no non, 2
no longer ne...plus, 14
noon le midi, 19
north le nord, 6
northeast le nord-est, 31
no smoking défense de fumer, 10
nose le nez, 29
not ne...pas, 5; pas, 11
not at all ne...pas du tout, 20
to **note** noter, 10
nothing rien, 3
nothing else ne...rien d'autre, 11
not to speak of sans parler de, 25
novelty la nouveauté, 11
November novembre, 19
now maintenant, 6
nuclear energy l'énergie nucléaire, 16
number le numéro, 2; le nombre, 25
nurse une infirmière, 14

O
object un objet, 30
occasion la fois, 9
occupation une occupation, 16; le métier, 24
ocean la mer, 32
oceanic océanique, 20
October octobre, 19
odd bizarre, 8
of de, 10
of course bien sûr, 9
office le bureau, 11
official officiel, officielle, 17
often souvent, 7
oh! ah!, 5
oh, yes! et oui!, 32
oil l'huile (f.), 17
old ancien, ancienne, 8; âgé -e, 28; vieux, vieille (f.), vieux (m.pl.), 31
how old are you? quel âge avez-vous, 14
older aîné -e, 14
on sur, 2; à, 5
on account of à cause de, 32
on foot à pied, 25
on the other side of de l'autre côté de, 9
once more encore, 10
one un, 3; on, 6
one moment un instant, 2

one third le tiers, 31
only seulement, 8
to **open** ouvrir, 3
opening une ouverture, 10
opinion une opinion, 16
opposite en face, 8
or ou, 8
orchestra un orchestre, 4
order la commande, 32
to **order** commander, 18
other autre, 9
otherwise sinon, 21
ought to devoir, 22
outfit un ensemble, 12
overcast couvert -e, 20
overcoat le pardessus, 12
over there là-bas, 9
overtime une heure supplémentaire, 28
owner le (la) propriétaire, 18

P

to **pack** faire ses bagages, 30
package le colis, 26
pad of paper le bloc-notes, 18
paid parking le parking payant, 24
painting le tableau, 4
pants le pantalon, 12
pantyhose les collants *(m.)*, 12
paper le papier, 10
to **pardon** excuser, 22
pardon me pardon, 5
Parisian person le Parisien, 13
parking le stationnement, 24
parking area, parking lot le parking, 24
parking patrol le contractuel, 24
Parliament le Parlement, 17
part la partie, 13
to **pass** passer, 7
passport le passeport, 7
path le chemin, 23
patient le (la) malade, 28
to **pay** payer, 8
peanut la cacahuète, 17
peanut oil l'huile d'arachide *(f.)*, 17
peanut plant une arachide, 17
peculiar bizarre, 8
pen le stylo, 3
people les gens *(m.pl.)*, 18
per par, 25
percent pour cent, 28
perfume le parfum, 11
perhaps peut-être, 4
person la personne, 28
personnel le personnel, 12
personnel costs les frais du personnel, 12
pharmacy la pharmacie, 21
phenomenon le phénomène, 12
phone l'appareil *(m.)*, 22
photo la photo, 15
pillow un oreiller, 5
pipe la pipe, 3

place la place, 24
to **place** placer, 3; mettre, 24
play la pièce, 30
to **play** jouer, 25
plaza la place, 9
pleasant gentil, gentille, 29
please s'il te plaît, 2; s'il vous plaît, 3
pleasure le plaisir, 22
plus plus, 18
pocket la poche, 30
poet le poète, 20
poetic poétique, 20
poetry la poésie, 20
police la police, 25
police station le commissariat de police, 10
pollution la pollution, 32
population la population, 31
port le port, 18
porter le portier, 5
portrait le portrait, 29
possibility la possibilité, 32
possible possible, 22
postcard la carte postale, 3
postman le facteur, 14
post office la poste, 7; le bureau de poste, 10
practical pratique, 7
to **practice** pratiquer, 31
to **present oneself** se présenter, 30
president le président, 31
to **press** appuyer, 2
pretty joli -e, 11; beau, belle, beaux *(m.pl.)*, 29
price le prix, 28
Prime Minister le Premier Ministre, 31
principal directrice d'école (n.), 16; principal -e, (adj.), principaux *(pl.)*, 17
problem le problème, 19
product le produit, 32
programmer le programmeur, 14
prohibited interdit -e, 24
prohibition la défense, 10; une interdiction, 26
project le projet, 16
to **promise** promettre, 32
province la province, 6
pub le bistrot, 18
pullover sweater le pullover, 12; le pull, 20
purchase un achat, 12
to **put** mettre, 2
to **put away** garder, 3
to **put into place** placer, 3
to **put on** mettre, 20, 24

Q

quality la qualité, 12
quarter le quart, 19
question la question, 10
to **question** poser des questions, questionner, 16

quickly vite, 10
quiet calme, 5; pas très bavard, 29
quite assez, 9

R

railroad station la gare, 9
to **rain** pleuvoir, 20
raincoat la gabardine, 12; un imperméable, 20
rather assez, 9; plutôt, 18
ravishing ravissant -e, 12
to **read** lire, 13
reality la réalité, 8
in reality en réalité, 8
really bien, 16; vraiment, 16
reasonable raisonnable, 16
reception desk la réception, 5
receptionist le portier, 5
red rouge, 12
to **regain** retrouver, 25
regards les amitiés, 22
my best regards bien des choses de ma part, mes amitiés, 22
registration form la fiche, 7
regret le regret, 26
regularly régulièrement, 24
to **reimburse** rembourser, 28
religion la religion, 31
to **remain** rester, 25
remainder le reste, 30
to **replace** remplacer, 30
report le reportage, 15
republic la république, 17
to **request** demander, 7
to **reserve** réserver, 27
residence le domicile, 28
to **respect** respecter, 10
responsible person le responsable, 32
rest un arrêt, 25; le reste, 30
restaurant le restaurant, 5
result le résultat, 26
to **resume** recommencer, 16
to **retire** prendre la retraite, 28
retirement la retraite, 28
return le retour, 24
to **return** retourner, 24; revenir, 25
Rhone River le Rhône, 6
right droit -e, 6; la droite, 6; le droit, 31
right away tout de suite, 18
to **ring** sonner, 10
to **risk** risquer, 28
river la fleuve, 6
Riviera la Côte d'Azur, 6
road le chemin, 23
roasted grillé -e, 17
robbery le vol, 8
round trip aller et retour, 27
route la route, 23
to **run** courir, 26

S

sad triste, 29
salad la salade, 18

salary le salaire, 12
sale la vente, 32
saleslady la vendeuse, 3
salt le sel, 18
same même, 12
sandwich le sandwich, 18
satellite le satellite, 19
Saturday samedi, 19
sausage la saucisse, 18
to **say** dire, 8
scarf une écharpe, 11
schedule un horaire, 25
school une école, 16
school principal la directrice d'école, 16
scrap le bout, 10
scrap of paper le bout de papier, 10
second la seconde, 3; deuxième, 11; second -e, 27
secretary le (la) secrétaire, 14
security la sécurité, 28
to **see** voir, 4
to **see one another** se voir, 21
see you later à bientôt, 1
see you soon à bientôt, 1
Seine River la Seine, 6
self-service le libre-service, 12
to **sell** vendre, 10
Senate le Sénat, 31
to **send** envoyer, 26
Senegal le Sénégal, 13
Senegalese le Sénégalais, 13
sense le sens, 16
it doesn't make sense ça n'a pas de sens, 16
September septembre, 19
series la série, 21
serious sérieux, sérieuse, 15
to **serve** servir, 18
service le service, 30
service charge le service, 18
service station la station-service, 23
to **set the table** mettre la table, 24
seven sept, 3
several plusieurs, 13
to **shave** se raser, 25
she elle, 2
shelf une étagère, 5
shirt la chemise, 3
shoe la chaussure, 12; le soulier, 29
shoulder l'épaule, 28
to **show** montrer, 11
showcase la vitrine, 28
shown indiqué -e, 10
sick malade, 30
sick person le malade, 28
side le côté, 8
sidewalk la terrasse, 18
sigh le soupir, 28
sight le spectacle, 18
sign une enseigne, 10
to **sign** signer, 16
simple simple, 18
since depuis, 8

to **sing** chanter, 29
sir monsieur, 1
sister la sœur, 9
situation la situation, 12
six six, 3
sixteen seize, 7
size la taille, 12
skirt la jupe, 12
sky le ciel, 20
to **sleep** dormir, 19
small petit -e, 5
small shopkeeper le petit commerçant, 12
to **smell** sentir, 32
smile le sourire, 30
to **smoke** fumer, 10
no smoking défense de fumer, 10
snack-bar le snack-bar, 22
to **snow** neiger, 20
soccer le football, 32
social social -e, sociaux (pl.), 28
Social Security la sécurité sociale, 28
society la société, 32
sock la chaussette, 12
sold out épuisé -e, 15
some des, 6; quelque, 16
someone quelqu'un, 10
something quelque chose, 11
sometimes quelquefois, 8; parfois, 14
somewhere quelque part, 28
son le fils, 7
sore throat une angine, 28
south le sud, 6
southern France le Midi, 26
space la surface, 12
Spain l'Espagne (f.), 19
to **speak** parler, 2
to **speak again about (something)** reparler de (quelque chose), 16
specialist le spécialiste, 27
spectacle le spectacle, 18
spectator le spectateur, 30
to **spend (time)** passer, 21
spring le printemps, 20
square la place, 9; carré -e, 17
stamp le timbre, 4
standard le niveau, 32
standard of living le niveau de vie, 32
standard time l'heure standard (f.), 19
to **start** commencer, 25
state un état, 31
station la station, 8
stationery store la papeterie, 10
statue la statue, 6
to **stay** rester, 25
to **steal** voler, 28
still toujours, 8
stomach le ventre, 28
stop une escale, 30
to **stop** arrêter, 23
stoplight le feu, 21
stopped arrêté -e, 16

store la boutique, 3; le magasin, 11
story une histoire, 26
straight ahead tout droit, 10
strange bizarre, 8
straw la paille, 18
street la rue, 5
strength la force, 25
stretched out allongé -e, 28
strong fort -e, 12
student un étudiant, 31
study une étude, 31
to **study** faire ses études, 31
stupid stupide, 22
stylish à la mode, 12
suburb la banlieue, 23
subway le métro, 4
suddenly brusquement, 28
to **suffice** suffire, 20
suit un complet, un ensemble, 12; le costume, 29
suitcase la valise, 3
summer l'été, 20
sun le soleil, 20
Sunday dimanche, 19
super highway une autoroute, 32
supermarket le supermarché, 10; un hyper-marché, 12
sweater le tricot, 12
Swiss suisse, 8
Switzerland la Suisse, 8
system le système, 28

T

table la table, 5
to **take** tenir, 4; prendre, 12
to **take care** faire attention, 24
talkative bavard -e, 29
tax un impôt, 12
taxi le taxi, 8
taxi stand la station de taxi, 8
telephone téléphonique (adj.), 2; le téléphone, (n.), 10
to **telephone** téléphoner, 2
telephone directory un annuaire, 5
telephone number le numéro de téléphone, 5
television la télévision, 19
television advertising la publicité à la télé, 16
to **tell** dire, 22; raconter, 26
temperature la température, 20
ten dix, 3
than que, 32
thank you merci, 3
thank you very much merci beaucoup, 3
that ça, 1; que, 7; qui, 32
that one celui-là, 30
that's all right ça ne fait rien, 4
that's it c'est ça, 9
that's nice of you c'est gentil, 4
that's too bad c'est dommage, 15
that way par là, 10

the le, la, 3; les, 4
theater la cinéma, 25; le théâtre, 30
theft le vol, 8
thief le voleur, 28
them leur, 30
then ensuite, puis, 23; alors, 30
there là, 2; y, 23
there are voilà, 2; il y a, 5
there is voilà, 2; il y a, 5
there it is le voilà, la voilà, 3
there they are les voilà, 4
these ces, 7
thing la chose, 9
to think penser, 8
to think of (someone) penser à (quelqu'un), 16
to think of (something) penser de (quelque chose), 16
third troisième, 11
this ce, cet, cette, 7
this one cela, 10; celui-ci, 30
those ces, 7
thousand le millier, 31
three trois, 3
throat la gorge, 28
Thursday jeudi, 19
ticket (theatre) le billet, 4
ticket (airline) le ticket, 4
ticket (fine) le papillon, 24
ticket window le guichet, 27
tie la cravate, 11
time la fois, 9; le temps, 12; une époque, 16
timetable un horaire, 25
tip le pourboire, 18
tired fatigué -e, 25
tiring fatigant -e, 24
to à, 2; en, 30
tobacco le tabac, 10
tobacco store le bureau de tabac, 10
today aujourd'hui, 9
together ensemble, 21
toilets les toilettes (f.), 18
token le jeton, 18
tomorrow demain, 21
ton la tonne, 24
too aussi, 1; trop, 11; si, 16
tooth la dent, 25
tourist le touriste, 10
tourist bus le car de tourisme, 9
tourist information bureau le Syndicat d'Initiative, 10
town la ville, 6
town hall l'Hôtel de Ville, (m.), 10; la mairie, 21
traffic la circulation, 32
train le train, 25
to transfer changer, 23
to translate traduire, 30
trashcan la corbeille à papier, 21
to travel voyager, 30
traveller's check le chèque de voyage, 8
to treat soigner, 28
trip le voyage, 8

truck le camion, 24
true vrai -e, 32
Tuesday mardi, 19
Tunisia la Tunisie, 19
tunnel le tunnel, 16
to turn on the radio mettre la radio, 24
TV la télé, 21
twelve douze, 7
twenty vingt, 7
two deux, 3
two thirds les deux tiers, 31
typist la dactylo, 14

U

ugly laid -e, 29
umbrella le parapluie, 3
unacceptable inacceptable, 25
under sous, 16
underpants le slip, 12
to understand comprendre, 22
unemployed person le chômeur, 32
unpleasant désagréable, 29
until jusqu'à, 25
until tomorrow à demain, 21
to use utiliser, 13
used car la voiture d'occasion, 21
useful utile, 16
useless inutile, 30

V

varied varié -e, 20
vegetable le légume, 24
vehicle la voiture, 11
very très, 1; tout, 18
very well très bien, 1
vest le gilet, 12
victory la victoire, 10
visit la visite, 10
to visit visiter, 9
voice la voix, 22
to vote voter, 31

W

to wait (for) attendre, 18
waiter le garçon, 5; le serveur, 18
wait une attente, 28
waiting room la salle d'attente, 28
waitress la serveuse, 18
to wake up se réveiller, 25
to walk marcher, 29
walking à pied, 25
wallet le portefeuille, 30
to want vouloir, 16
war la guerre, 32
wardrobe la penderie, 5
warm chaud -e, 17
to wash se laver, 25
watch la montre, 26
to watch surveiller, 24
watchmaker un horloger, 28
water l'eau (f.), 18

way le chemin, 23
weak faible, 32
to wear mettre, 12
weather le temps, 20
weather report la météo, 20
Wednesday mercredi, 19
week la semaine, 15
weekly un hebdomadaire, 14
you're welcome de rien, 3; il n'y a pas de quoi, 10
well alors, 1; bien, 1
west l'ouest, 6
what? quel, quelle, 12
what is it? qu'est-ce que c'est?, 3
when quand, 8
where où, 2
while pendant (que), 16
white blanc, blanche, 12
who qui, 2
why pourquoi, 16
wife la femme, 7
willingly volontiers, 14
window la fenêtre, 27
window seat le coin-fenêtre, 27
windshield le pare-brise, 24
to wire télégraphier, 30
wine le vin, 18
winter l'hiver, 20
with avec, 7
without sans, 18
without stopping sans cesse, 20
with pleasure avec plaisir, 22
woman la femme, 7
wool la laine, 30
work le travail, 11
to work travailler, 10
to work three shifts faire les trois-huit, 25
worker un ouvrier, 14
world le monde, 11
world tour le tour du monde, 13
worse plus mal, 25
to write écrire, 7
to write down noter, 10
wrong le tort, 32
to be wrong avoir tort, 32

Y

year un an, 11; une année, 19
yellow jaune, 12
yes oui, 1; si (following negation), 15
yesterday hier, 9
you toi, 1; vous, 1; tu, 2
young jeune, 10
young girl la jeune fille, 6
young lady la jeune fille, 11
young man un garçon, 29
your votre, 6; ta, tes, ton, 7

Z

zero zéro, 20